"物链芯工程"与"央链全球"系列图书

链改

——区块链中国方案

廖博谛　何　超　冯国东　李祥明　段仁洪　李志蛟

严　峥　李栋杰　胡建雷　侯月文　徐建福　于佳宁

窦　俊　吴高斌　吴庆豹　王　军　著

北京科学技术出版社

图书在版编目（CIP）数据

链改：区块链中国方案 / 廖博谛等著. — 北京：北京科学
技术出版社，2020.10
ISBN 978 - 7 - 5714 - 0813 - 8

Ⅰ. ①链… Ⅱ. ①廖… Ⅲ. ①电子商务—支付方式—研究
Ⅳ. ①F713. 361. 3

中国版本图书馆 CIP 数据核字（2020）第 034067 号

责任编辑：韩 晖
责任校对：贾 荣
装帧设计：名宸书韵
责任印制：吕 越
出 版 人：曾庆宇
出版发行：北京科学技术出版社
社 址：北京西直门南大街 16 号
邮政编码：100035
电 话：0086 - 10 - 66135495（总编室） 0086 - 10 - 66113227（发行部）
网 址：www. bkydw. cn
印 刷：北京盛通印刷股份有限公司
开 本：787mm × 1092mm 1/16
字 数：251 千字
印 张：15. 25
版 次：2020 年 10 月第 1 版
印 次：2020 年 10 月第 1 次印刷
ISBN 978 - 7 - 5714 - 0813 - 8

定 价：115. 00 元

序 一

理论先导为技术发声，应用落地为产业服务

2019 年 10 月 24 日，习近平总书记在中共中央政治局第十八次集体学习时强调，区块链技术的集成应用在新的技术革新和产业变革中起着重要作用。我们要把区块链作为核心技术自主创新的重要突破口，明确主攻方向，加大投入力度，着力攻克一批关键核心技术，加快推动区块链技术和产业创新发展。习近平总书记的讲话指明了我国区块链产业的发展方向，是我国发展数字经济的重要推动力，我们要学习、贯彻、践行习近平总书记重要讲话精神。

2019 年 10 月 24 日是一个值得纪念的日子，也是我们区块链行业研究"链改"经济、落地"链改"工程、赋能实体、应用民生、走向未来的新起点。理论先导为技术发声，应用落地为产业服务，是我们不变的初心。

中国通信工业协会区块链专业委员会（CCIAPCB）发文倡导区块链产业各相关机构学习、践行习近平总书记重要讲话精神，引起行业积极响应。2019 年 10 月 26 日，CCIAPCB 收到央链实验室（深圳）有限公司、国经安实验室（深圳）有限公司、物链芯工程技术研究院（北京）股份有限公司等单位联合提交的《关于将每年 10 月 24 日作为区块链中国日的建议》。该建议认为，习近平总书记 10 月 24 日的讲话精神具有划时代意义，CCIAPCB 作为中央和国家机关工委领导、中华人民共和国工业和信息化部业务指导的中国通信工业协会所属权威机构，在行业发展中具有重要地位、发挥重要作用，是全国第一个国家级协会中的区块链行业组织，发起的区块链赋能实体经济"链改行动"具有引领作用和很强的号召力，因此，CCIAPCB 应当发起倡导每年 10 月 24 日为区块链中国日。CCIAPCB 立

即召开秘书长团队办公会，研究报请主任委员会议通过，经总会批准，决定联合各界发出倡议，将每年10月24日作为区块链中国日。

2019年11月26日，中国通信工业协会总会在钓鱼台专题听取CCIAPCB倡议"1024区块链中国日"工作汇报，对CCIAPCB三年来的工作和成绩予以充分肯定，强调CCIAPCB要学习、贯彻好习近平总书记讲话精神，继续发挥产业引领作用，遵照中央和国家机关工委关于开展"不忘初心、牢记使命"主题教育活动的相关要求，不断增强"四个意识"、坚定"四个自信"、做到"两个维护"，加大力度学深学透，细学细悟、一体领会贯彻，推动区块链行业健康、有序发展。CCIAPCB就《焦点访谈》报道的区块链相关情况进行了细节汇报并再次重温了习近平总书记讲话精神，提出在实现"打造创新型平台，示范引领"第一个三年奋进目标要求的基础上，确定"理论先导为技术发声，应用落地为产业服务"为第二个三年任务方向，务实做好每年"1024区块链中国日"活动，发起起草区块链产业促进法的建议，共识、共筑、共享"区块链共同体"，以目标为原点，以会员为多中心，构建分布式区块链产业集群，积极开展"链改"理论研究和"链改"行动，融组互信市场联合体，共筑产业应用新格局，为数字经济发展做出贡献。

2019年12月21日，首届"区块链中国大会"召开，发布了"1024区块链中国日"倡议书、旗帜及标识草案。2020年9月28日，第二届"区块链中国大会"召开，正式启动对"1024区块链中国日"的倡导，获得各界积极响应，相关协会、政府部门、广大区块链机构和媒体高度赞誉将10月24日作为"1024区块链中国日"的倡导，均表示愿意共同推动每年"1024区块链中国日"系列活动。

2020年，新型冠状病毒肺炎疫情爆发，全民自觉、自发响应习近平总书记和党中央、国务院的号召，区块链行业也积极投身抗疫行动中，在艰难的经济环境和国际形势下，不断践行习近平总书记"1024"区块链讲话精神，推进网链的融合创新发展，区块链产业化发展和产业区块链化发展（简称"区块链两化发展"）得到全面提升，赋能实体经济"链改"成果初步呈现。

"1024 区块链中国日"是值得所有区块链从业者纪念的日子。CCIAPCB 将与央链全球（YAB）、物链芯工程技术研究院（北京）股份有限公司（TCC）共同举办第一个"1024 区块链中国日"系列活动。2020 年 10 月 22 日，将召开"学习贯彻践行习近平总书记区块链重要讲话一周年座谈会暨建议国家尽快起草区块链产业促进法发起工作启动会"，达成"1024 超共识"写入区块链，组织"中国通信工业协会区块链专业委员会第一届第三次全体委员会议暨第二届第一次全体委员会议"进行换届，举行"区块链院士会议暨链改论坛"，发布"链改行动 2.0 版"，推出《"链改"——区块链中国方案》图书，展示"链改"案例成果，表彰为"区块链两化发展"做出贡献的单位和个人。同时，将实践与落地习近平总书记讲话精神，运用区块链思想、区块链技术、区块链社群等各种方式，于 2020 年 10 月 24 日下午在北京设立开放式主会场，举行第一个"1024 区块链中国日"仪式并开展区块链技术研讨、产业运营、项目大赛、场景应用等活动。另设立 21 个超级节点分会场，在全球选择 1024 个传播节点，期待政府机构、行业组织、科研院校、新闻媒体、企事业单位、兴趣社群等积极参与。

在第一个"1024 区块链中国日"来临之际，CCIAPCB 呼吁全社会以各自的方式，积极参与到"1024 区块链中国日"系列活动中来，以行动来践行习近平总书记的讲话精神，宣扬普及区块链技术，加速为"区块链两化发展"集智献策，为共识、共筑、共享"区块链共同体"发声，推动人类命运共同体发展。

《"链改"——区块链中国方案》一书将在第一个"1024 区块链中国日"活动上首发，这是 CCIAPCB 自 2018 年 8 月 5 日提出"链改行动"之后两年的成果浓缩。

"链改"是一个新名词，也将是一种新的社会经济发展现象，需要人们对其进行深入的挖掘分析。要让社会各阶层民众充分清晰地认识到"链改"巨大的社会价值，并熟练掌握"链改"的原则方法，投入"链改"的发展潮流中，就需要有专业著作对其进行系统化的阐述。

CCIAPCB 作为聚集了全国区块链技术专家和企业技术能手的全国区块

链专业组织，充分认识到了"链改"在消减和化解社会冲突、优化社会变迁方式、确保改革平稳进步、建构诚信和谐社会等方面的价值，精心组织相关人士撰写了《"链改"——区块链中国方案》一书，为党政机关和企事业单位全面深入推进区块链技术应用提供理论和实务的参考。

《"链改"——区块链中国方案》一书对区块链技术进行了提纲挈领的综述，并对区块链技术应用的本质做了深入细致的挖掘展示；对应用区块链技术的社会经济原理进行了阐释。其技术与发展观点鲜明，主题突出，理据充分，文笔厚实而严谨，既可作为经济技术工作之常阅读物，又可作为专业学术教材。

《"链改"——区块链中国方案》一书有以下4个显著特点。

一是观点鲜明、表达明确。"链改"是社会经济发展势所必然；"链改"兼具了理论、政策与法律、技术的基础；"链改"是更高层次的"技改"，将取得比"股改"更显著的成就；联盟链是推进"链改"的重要抓手；公有链及token在适宜的场景条件下也可以参与"链改"；建议国家尽快制定区块链产业促进相关法律法规。书中提出的这些观点简明扼要，体现了著者的自信，也给了读者清楚肯定的方向。

二是思想新颖、阐述完备。本书鲜明的观点中蕴含了让人耳目一新的思想，作者对其进行了全方位的阐述。"链改"的政治、经济与社会学理论基础，"链改"的帕累托改进原则，分权制衡理论在区块链技术与项目中的应用，"链改"通过顶层设计、自上而下地架构部署可稳健落地实施；即便对于产权未必清晰的项目，"链改"后也能形成必要的，可确保持续、可靠发展的激励机制，从而达到其他任何改革方式难以或根本不可能达到的效果等。这些都是基于体系化思想的展现。本书绝非常见的区块链技术书籍，而是蕴含着丰富的社会经济学思想。

三是践行案例、萃精分析。本书完美地实现了理论与实务的紧密结合。IPFS区块链分布式存储、自助售货机产业、银行金融票据贴现、世界航运巨头马士基集团与美国国际商用机器公司（IBM）合作建设的"贸易透镜"平台等，《"链改"——区块链中国方案》对这些正在实践推进中的案例，萃取其本质精要并进行了透彻分析，以求透过这些案例，领悟在中国开展"链改"的原则方法。

四是前瞻倡议、行远自迩。本书不仅对理论与现实进行了分析阐述，也提出了富于远见的倡导建议，如"双链战略"的提出、"链改""以链治链"国家体系化机构的建设建议、区块链产业促进法的立法建议等。本书通过著述的方式对这些问题进行严谨审慎的分析阐述，在区块链领域中是首创的。

总之，"半亩方塘一鉴开，天光云影共徘徊"，细读此书，既可领略区块链技术与中国实体经济紧密结合的广阔前景，也可了解各社会经济组织投身参与"链改"的路径方法。在"改革再出发，创新向未来"的当前，如何从"乱花渐欲迷人眼"的区块链中鉴别真伪，进而充分发挥区块链技术构建诚信社会的基础性作用，党政机关、社会团体及企事业单位的工作人员特别需要《"链改"——区块链中国方案》一书作为参考、引导。《"链改"——区块链中国方案》一书贯彻习近平总书记关于区块链技术的集成应用在新的技术革新和产业变革中应发挥重要作用的讲话精神，体现了"理论先导为技术发声，应用落地为产业服务"的任务要求。

"一点浩然气，千里快哉风"，好书如美景，展开了铸建诚信的区块链技术，造就中国社会灿烂前景的壮伟画卷，读之，浩然之气盈荡心田，无穷快意如春风拂面，怡然，欣然。

中国通信工业协会区块链专业委员会在学习贯彻践行习近平总书记区块链讲话精神一周年，倡导"1024 区块链中国日"之际，向全社会隆重推荐《"链改"——区块链中国方案》一书。

中国通信工业协会区块链专业委员会
2020 年 10 月 24 日

序 二

2016 年 12 月，区块链首次作为战略性前沿技术被写入《国务院关于印发"十三五"国家信息化规划的通知》（国发〔2016〕73 号），鼓励针对区块链等战略性前沿技术进行提前布局，发挥先发主导优势。

2017 年 5 月 26 日，国务院总理李克强在致信祝贺中国国际大数据产业博览会在贵州省贵阳市开幕时提出，当前新一轮科技革命和产业变革席卷全球，大数据、云计算、物联网、人工智能、区块链等新技术不断涌现，数字经济正深刻地改变着人类的生产和生活方式，作为经济增长新动能的作用日益凸显。

2018 年 5 月 28 日，习近平总书记在中国科学院第十九次院士大会、中国工程院第十四次院士大会上发表讲话，提出进入 21 世纪以来，全球科技创新进入空前密集活跃的时期，新一轮科技革命和产业变革正在重构全球创新版图、重塑全球经济结构。以人工智能、量子信息、移动通信、物联网、区块链为代表的新一代信息技术加速突破应用。这次讲话肯定区块链技术是新一代信息技术的发展方向，是科技强国战略的重要组成部分，标志着"区块链中国共识"的正式达成。

2019 年 10 月 24 日，习近平总书记在主持中央政治局第十八次集体学习时强调，要把区块链作为核心技术自主创新的重要突破口，加快推动区块链技术和产业创新发展。会议精神引起了中华大地各阶层民众对区块链技术的高度重视，并掀起了学习区块链技术的全国性热潮。

正是在党和政府的支持和鼓励下，区块链技术在中国得到了相当大的发展，但同时也出现了依附区块链技术大肆发行和投机代币、空气币，并美其名曰搞"币改"而谋取非法利益的现象。党和政府密切关注这些将区块链技术引入歧途并极有可能严重阻碍其健康发展的问题，及时出台了打击加密数字货币发行（ICO）的政策，扭转了区块链技术"脱实入虚"的危险倾向。

区块链技术之所以被认为是继蒸汽机、电力、互联网之后的新一代颠覆性核心技术，是因为其只需要综合发挥数学、加密学、计算机科学等学科的原理，不需要通过中心化增信机构也能够低成本地建立起社会信用，从而造就一个人、政、企"两两可信互信"的美好社会形态。这也是党和国家大力推进区块链技术研发及应用的初衷。

因此，只有应用区块链前沿技术赋能实体经济，使区块链技术应用"脱虚入实"，改造现有的社会经济组织以实现技术与治理的升级，降低成本、提高效率，促进物质和服务增值及财富的持续稳健增长，才是区块链技术发展的正途。这就是"链改"的本意及目标所在。倡导"链改"就是举起指向这条康庄大道的最鲜明的旗帜！

"链改"大旗在2018年8月由中国通信工业协会区块链专业委员会树起之后，很快得到了相关产业、区块链行业企业和政府部门的积极响应。

建设"诚信中国"这个伟大事业需要系统而扎实的理论做指导、支撑，为了让政府及社会更全面、系统地理解、支持并投身"链改"事业，中国通信工业协会区块链专业委员会组织专家开展课题研究，撰写理论书籍。由经济学专家廖博谛主笔，中国通信工业协会区块链专业委员会秘书长何超及区块链行业知名公司负责人等共同参与，凝聚了区块链前沿技术与思想精华的《"链改"——区块链中国方案》一书就是承载着"链改"的理念与希望精心撰写而成的。厚积而薄发，这些在计算机、数学、经济学、金融学、政治学等学科领域沉淀积累了30多年的专家学者，为"链改"事业提供了体系全面、实践章法完备的思想圭臬。

读者阅读本书后将能够对"链改"的理论基础、政策与法律基础、技术基础有透彻的认识，也将能够对"链改"与"技改""股改"之间的联系与区别了如指掌，由此懂得通过架构联盟链可以实现顶层设计，自上而下、稳健有序地推进"链改"的实务操作性，并最终贯彻帕累托改进原则，优化社会形态。当然，也就可以瞻望可信社会经济组织实现低成本、高效率融资的发展前景。基于时间与信用积累的可信经济组织即便必须通证发行，也有了可持续发展的可能，也为政府防范 STO 再度泡沫化与投机化提供了监管原则。因此，企事业单位工作人员、社会科学与自然科学工作者等皆适合阅读本书。

　　本书值得诸位细读、多读！

孙钱章

中共中央党校原校务委员兼学术委员会委员，管理科学研究

中心主任，函授学院院长，教授、博士生导师

前　言

一

区块链（block chain）是什么？工业和信息化部信息化和软件服务业司在《2016 中国区块链技术和应用发展白皮书》中是这样定义的：狭义来讲，区块链是一种按照时间顺序将数据区块以最成熟的相连方式组合成链式数据结构，并以密码学方式保证的不可篡改和不可伪造的分布式账本。广义来讲，区块链技术是利用块链式数据结构来验证与存储数据、利用分布式节点共识算法来生成和更新数据、利用密码学的方式保证数据传输和访问的安全、利用由自动化脚本代码组成的智能合约来编程和操作数据的一种全新的分布式基础架构与计算范式。

区块链是分布式数据存储、链式数据结构、点对点传输、共识机制、加密算法、智能合约等计算机技术的新型应用模式。

分布式是指不依赖于中心服务器（集群），而是利用广为分散的计算机资源进行计算的模式。

在运行中，区块链由多方共同维护，使用密码学保证传输和访问安全，可实现数据一致存储、难以篡改、防止抵赖等功能。在区块链系统中，各参与方按照事先约定的规则共同存储信息并达成共识。为了防止共识信息被篡改，系统以区块（block）为单位存储数据，区块之间按照时间顺序、结合密码学算法构成链式（chain）数据结构，通过共识机制选出记录节点，由该节点决定最新区块的数据，其他节点共同参与最新区块数据的验证、存储和维护，数据一经确认，就难以删除和更改，只能进行授权查询操作。

区块链具有广泛的现实应用价值，被认为是继蒸汽机、电力、互联网之后的新一代颠覆性核心技术，是打造人、政、企"两两可信互信"社会的现代化机器，有望使人类社会进入更理想、更高阶的形态。

理论的描述可以畅想，但实践之路总是艰难而漫长。在尚未通过区块链改造使社会形成机制化保障的诚信之前，贪婪总是以高效率的方式暴露出来，一些人假借区块链的名义迅速攫取投机的暴利。因此，财富的集中体现者——与货币最为接近的代币 ICO（代币的发行、流通与交易）和"币改"之说，冲在了区块链技术应用的最前面。所谓"币改"，就是号称要推动已有的成熟产品或企业经过通证化改造，完成上市交易。

这种代币 ICO 可以不需要信用，不需要经过历史与业绩的考察，只需要洋洋洒洒几千字乃至几百字甚至只是复制所谓的"白皮书"就能换来普通人一辈子辛苦劳动都未必能得到的货币财富。煽动、诱骗、欺诈、贪婪、投机、设陷、造谣、攻讦……与诚信背道而驰的所有现象都出现在代币的发行与流通交易结算过程中。这哪里是在打造诚信的社会？纯粹是打开了"潘多拉魔盒"！

政府当然不会坐视不管。经政府严厉打压之后，ICO 空气币原形毕露，宣告了"币改"之说的彻底破产。

按下了葫芦，又浮起了瓢，"通证""票改"与 STO 又开始出现于区块链的名义之下。所谓的"通证"，只不过是"代币"换了个"马甲"而已，其也是从英文 token 翻译过来的，妄图在"代币"的发行、流通与交易被政府禁止之后，重新披上一件"迷彩衣"继续聚拢嗜赌的投机者，继续存量财富的换庄游戏。"通证"本质上与"代币"并没有什么区别，也难以打造一个人、政、企"两两可信互信"的社会形态。

而"票改"的本质，其实也是从英文 token 延伸出来的一个区别于"代币""通证"的中文翻译而已。"票改"被定义为对实体资产进行票证化改造，用"物链票"来替代"通证"。"物链票"依赖的据说是区块链3.0 的底层公有链技术，其宣称可以将真实世界中的实物资产映射到数字世界中，并将服务于实体企业的资产"上链"以实现流通、交易。

STO 是 security token offering 的简称，中文意思是"证券通证发行"。STO 大意就是将现有的传统资产，如股权、债权、房产、利润、艺术品等作为担保物进行通证化（tokenize），"上链"后变成证券化通证。

　　ST 是 security token 的简称，也可译为"证券化通证"。这是在美国受到联邦证券法监管的一种资产数字化发行流通的方式。因为受到政府法律严格监管，所以目前 ST 仍然在探讨观望之中，尚未成为现实。但既然需得到政府审核批准，这种发行与流通方式仍然与主流的证券首次发行（IPO）无本质区别，只是发行的标的及相应的一些权益不同而已。

　　以上这些都是可以与法定货币建立直接关联的，满足了人们快捷获得财富的欲望，所以容易被哄抬起来并热闹地炒作一把，还能让一些人借这些概念及相关操作大发一笔横财，乃至赚得盆满钵满。

　　但对于构建诚信的社会形态，这些方式都难以发挥作用，甚至会助长浮躁投机、诱骗欺诈等社会风气的形成，其结果只不过是在区块链概念之下扩散了区块链诚信目标建设的反面词汇——骗人！正如今天，当向人提及"区块链"时，不少民众第一反应是"骗人的东西"！显然，这种后果是非常严重的，是在为区块链技术与产业"挖坑造坟"。

　　因此，我们认为，上述这些绝对不应是区块链技术应用的发展方向，应用区块链技术去机制性地造就诚信社会才是正确的发展方向，即通过区块链技术与思想去改造现有的社会经济组织以实现技术与治理的升级，构建全面诚信社会。这就是"链改"之路。

　　具体说来，"链改"就是将区块链技术应用到包括政府在内的各类单位组织的业务运行过程中，以改造目前普遍存在的信息易被篡改、因难以确定或分清责任而容易弄虚作假且易得逞的管理规则、程序、方式等。通过由链式数据结构、密码学、共识算法、智能合约等现代信息科学发展起来的具有"不可篡改、历史可追溯"属性的区块链思想与技术对上述领域进行治理改造，使组织信息透明、人员职责明晰且利权分明，使监管、运行乃至投融资效率得以提升，扬正抑邪，促进劳动社会有效化，进而实现社会经济的发展。

　　"链改"是一种现代技术改造，也可以视为一种"技改"。"链改"也是社会治理模式的现代化改造。"链改"的结果是实现人、政、企"两两可信互信"，实现更加美好的社会形态。

显然，追求构建人、政、企"两两可信互信"的"链改"才是区块链发展的正途，才能够建成区块链未来可持续发展的康庄大道。"链改"的普及及深化造就的可信经济组织，在融资发展中也可以实现低成本、高效率发展。

在传统经济活动中，信任主要靠权威、契约等方式维持，但这种对人或者组织的信任，不可避免地会产生失信的情况，从而使一方或多方遭受损失。而区块链用对技术的信任替代对人和组织的信任，如强化智能合约的部署与执行就能改善社会的信任关系，降低信任成本，提高合作及协作效率。

而融资也应该是基于两两互信的自发行为，而绝非用区块链技术来通证化、代币化，后者根本推进不了社会经济的发展。

总之，"链改"与"币改""票改"、STO 具有本质的区别。如果一定要强调"币改""票改"、STO 乃至 ICO 等说法，那也应在"链改"普及、深化并形成大量的可信经济组织之后。这就是本书最为鲜明的观点。

二

为了系统阐明"链改"之路，给"如何在中国实践'链改'"之类的问题提供完备的答案，本书从理论与实务两方面做了全面论述。

本书在开门见山地提出"'链改'是什么"之后，继续回答"为什么要'链改'"以及"为什么能'链改'"这样的问题，这是本书前 3 章的内容。

在政治学理论基础方面，本书认为"链改"有利于促进改革开放全面深化，有利于贯彻践行实事求是的思想路线，有利于政治发展迈向更高形态。

在经济学理论基础方面，本书通过对"财富＝资源＋有效劳动"经济规律的阐述，说明"链改"的落地处就是使劳动有效化及社会有效化，可深化资源利用、提升财富创造能力；在产权不清晰状态下，"链改"也可力促形成较有效的创造财富所需的激励机制，"链改"是消减信息不对称的有力方式。

在社会学理论基础方面，本书认为，"链改"的源起正契合社会学的缘由及其追求的价值目标；"链改"能够消减社会冲突，促进进步的社会变迁。基于"链改"的普及与深化后诚信社会的建成，可为其他改革提供平稳的社会环境。

在国家政策和相关法律方面，本书整理收集的材料清楚地展现了我国政府大力支持区块链技术的发展及其与实体经济紧密结合，但对 ICO 严加监管的政策取向。

在技术基础方面，区块链技术的产生及不断完善将构筑并夯实"链改"的可行、普及与深入的基础。在 2014 年前后，全世界范围内开启了以金融行业为突破口的联盟链部署实践，使区块链技术通过组建联盟链的方式应用到实体经济中，逐步显现了区块链技术对社会经济组织强大的改造与赋能作用，也使"链改"具备了颇为成熟的落地抓手。

改革开放是我国的基本国策，因此，诸如"教改""医改""房改""技改""股改"等各种改革之说为广大民众所熟知。"链改"也可以被认为是改革开放的内容之一，其内涵与"教改""医改""房改"的内涵区别很明显，一般不易混淆，但从"链改"的定义等内容来看，它与"技改""股改"有较多关联。那么"链改"与"技改""股改"是什么关系呢？如何理解？如何辨别？如何借力？如何过渡？这就是本书第四章和第五章阐述的内容。

本书认为，区块链技术改造是一种更高层次的"技改"。政府完全可以在现有"技改"优惠政策的基础上，出台力度更大的鼓励资助政策，从而推动"链改"走向社会经济生活的方方面面。在"链改"的普及与深化之下，将中国社会打造为一个更加自觉、诚信的美好社会。

中国 30 年前启动的"股改"，深刻地改变了中国曾经颇为落后的社会经济面貌，相较于 20 世纪 80 年代的中国，今天的中国可谓发生了翻天覆地的变化，尽管仍然存在不少问题，但整个社会取得了巨大进步是毋庸置疑的。其中，在经济制度方面取得的成果，与大力倡导与踏实推进"股改"是密不可分的。将"链改"与"股改"进行系统化对比之后就能明白，"链改"也可以被视为"股改"的继续深化，这将为中国社会经济更加稳健、强劲地发展提供助力，也将为社会经济面貌、社会形态的深刻变化提供支持。

既然"链改"是高层次的"技改"，并非寻常的"技改"，也非"股改"，就不能将"链改"完全划入"技改"和"股改"范畴之内，也不能完全照搬"技改"和"股改"的范式和规则，那么如何在前述基础之上实施"链改"呢？

本书认为，各社会经济组织成功实施"链改"的突破口应在区块链之联盟链技术的科学严谨的实践应用上。先应用联盟链技术对各类社会经济组织进行管理、生产、营销、财务等诸多方面的改造，以帕累托改进原则，渐进地实现各类经济组织及社会治理水平的整体优化提升。

联盟链技术符合中国的国情，在技术储备、风险管控、共识机制的灵活且加密可国产化等方面已经颇为成熟，通过联盟链技术进行改造之后，各社会经济组织将具备低成本、高效率融资的优势，故联盟链技术可以成为成功实施"链改"的重要抓手。本书认为，尽管基于分权制衡共识机制算法和科学完善的公有链可大力推动"链改"全面普及、深化，但公有链投入大、周期长、测试风险难把控且与我国国情适合程度相对较低，因此不宜成为实施"链改"的首选。

联盟链技术在社会经济组织中已经多有实施并取得了良好效果，这些成功案例也为"链改"在全国范围内推广提供了示范，有的甚至可以进行商品化复制推广。这充分证明通过大力倡导"链改"以赋能实体经济转型升级，推动新旧动能转换，消减欺上瞒下、偷梁换柱、贪赃枉法等不良现象，形成人人互信、人社互信、人政互信的社会有充分的实践可行性。这是第六章和第七章阐述的内容。

尽管区块链之联盟链是"链改"的重要抓手，但区块链之公有链也可以实现"链改"赋能实体产业、构建诚信社会的目标。例如，对分布式存储数据行业以及自助售货机行业，只有通过公有链以及精心设置的 token 才能消除阻碍其发展的痛点、促进其飞跃增长，本书第八章总结了公有链参与"链改"的适宜场景条件。

随着习近平总书记在中央政治局第十八次集体学习时关于区块链技术

地位讲话的发表，"链改"作为实现推动作为核心技术的区块链及其产业创新发展之国家战略抓手的作用得以凸显。为加速有序促进全国各行业领域投身"链改"大潮，本书在第九章结合习总书记讲话中所提及的行业领域前景做了概述性分析，并对组织实施"链改"的组织架构方式提出了系统的政策建议，对制定区块链产业促进法的意义、撰写内容和工作步骤进行了阐述。

三

"链改"兼具了理论、政策、法律与技术的基础，"链改"是更高层次的"技改"。我们有理由相信，"链改"将取得比"股改"更显著的成就。"链改"适合中国国情，符合帕累托改进原则，可以顶层设计，自上而下地架构部署，稳健地落地实施。经过"链改"后的经济组织，即使产权未必完全清晰，也能形成必要的可确保持续、可靠发展的激励机制。这是其他改革方式难以或根本不可能达到的效果。

"链改"还有其他可确保改革平稳进行的机制。"链改"主要是通过将社会经济组织在其运行过程中认为可以进行区块链技术化处理的信息、行为等"上链"来实现互相信任机制的形成，而不是直接去分配财富，不会调整既有的利益，因此更容易被接受并主动推行，不会像"房改""医改""教改"等改革面临各种阻力。

"链改"是以联盟链而非公有链作为抓手的，这就已经蕴含了试点、试验的成分。各地、各行业应用区块链技术组建的联盟链必然不是全国性的，而一定是局部性的，这就为"链改"推进的稳步性夯实了基础。

"链改"可通过设立试验区的方式实施，还可以采取由政府部门主导建立"监管沙盒"的方式，将风险置于完全可控的范围之内。

这些已经被技术与实践证明有效的手段，可以在"链改"实施全国落地过程中化解各种大大小小的风险，运行于构建"诚信中国"的轨道之上。

基于以上方方面面审慎的研究与实践，在区块链技术被国家认定为核心技术要加速突破的政策春风中，本书希望以区块链技术思想组建相应的

"链改"行政机构，并尽快启动区块链产业促进法的立法工作，推动所有的社会经济组织及全国人民积极有序"上链"，从而打造出一个人人可信互信的社会！

四

本书的写作得到了中国通信工业协会区块链专业委员会的大力支持；赵立超女士直接参与了第三章的资料整理工作；毕业于清华大学计算机科学与技术系软件专业的汪冬梅女士也参与了本书的策划工作，并提供了技术指导。

本书虽然沉淀了多位参与者多年的区块链技术与经济学、金融学、社会学、政治学等方面的知识，以及近30年的金融与科技领域的具体的工作经验，但区块链毕竟是一门复合性技术，区块链技术的应用方兴未艾，存在错漏之处在所难免，一望读者多多包涵，二望读者不吝赐教！

目 录

第一章 "链改"的理论基础

第一节 "链改"的定义

"链改"，简而言之，就是应用区块链思想和技术去改造现有的社会经济组织，以实现技术与治理的升级，全面构建诚信社会。具体说来，就是将区块链技术应用到包括政府在内的各类单位和组织的业务运行过程中，改造目前普遍存在的信息易被篡改、因难以确定或分清责任而容易弄虚作假且易得逞的管理规则、程序、方式等。通过由链式数据结构、密码学、共识算法、智能合约等现代信息科学发展起来的具有"不可篡改、历史可追溯"属性的区块链思想与技术，使组织信息透明、人员职责明晰且利权分明，使监管、运行乃至投融资效率在各环节节点密切相关基础上得以提升，扬正抑邪，促进劳动社会有效化，实现社会经济发展进步。

"链改"是一种现代技术改造，也可以视为更高层次的"技改"；"链改"也是社会治理模式的现代化改造。"链改"将实现人、政、企"两两可信互信"，实现更加美好的社会形态，如图 1 - 1 所示。

从上述定义可知，"链改"的主体和对象是各类社会经济组织，包括政府、企业、社群等；"链改"的方式是应用区块链思想与技术去改造业务运行中的各管理规则、程序、方式等；"链改"的具体过程不拘一格，因此，没有必要在定义中规定；"链改"的目标是通过改造实现技术与治理的升级，实现人、政、企"两两可信互信"和美好社会形态。图 1 - 2 展示了"链改"的要素。

当然，这只是本书对"链改"下的定义，"链改"还有其他的定义和说法。有的定义认为，"链改"就是对传统的股权制企业进行区块链经济化改革或者改造，目标是形成一种按劳分配的区块链公社；有的定义则断

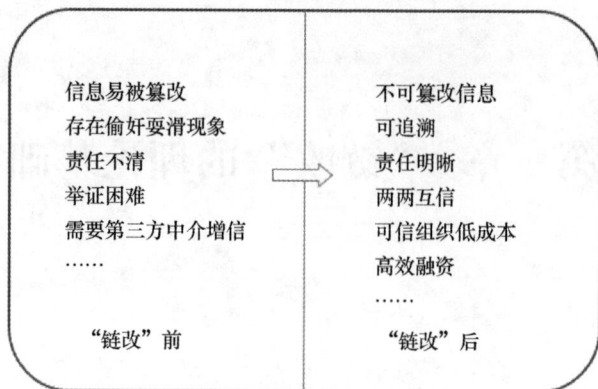

信息易被篡改 → 不可篡改信息
存在偷奸耍滑现象   可追溯
责任不清   责任明晰
举证困难   两两互信
需要第三方中介增信   可信组织低成本
……   高效融资
        ……

"链改"前   "链改"后

图1-1 "链改"让社会更诚信、更美好

言,"链改"就是把原有单中心的复式组织改造成多中心的链式组织的过程;也有定义把区块链改造传统实业(包括互联网企业)的历史潮流称为"链改";还有的定义认为"链改"就是区块链改革,可赋能实体经济,不是去发币和炒币。

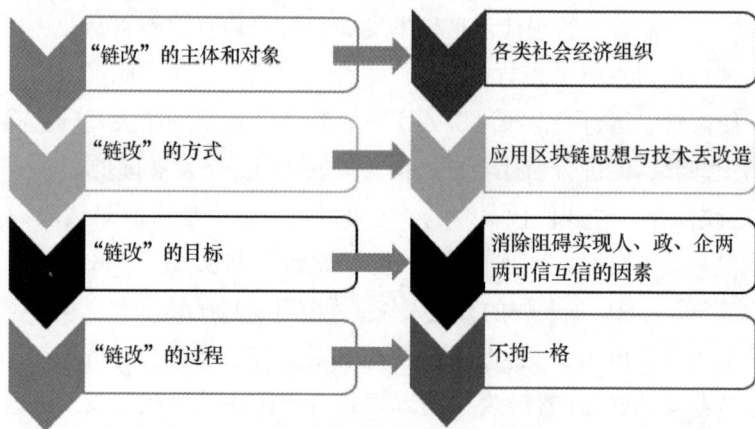

"链改"的主体和对象 → 各类社会经济组织

"链改"的方式 → 应用区块链思想与技术去改造

"链改"的目标 → 消除阻碍实现人、政、企两两可信互信的因素

"链改"的过程 → 不拘一格

图1-2 "链改"要素展示

本书开篇即对"链改"进行了分层次、较详尽的规范定义,以明确本书要阐述和分析的方向,并为后面内容的展开提供一个认知基础,也为判明其他"链改"的定义及主张是否正确可行提供具体的参照对比。

本书认为,"链改"是应用区块链思想和技术去改造现有的社会经济组织,以实现技术与治理的升级,构建全面诚信社会。这个定义是明确的，不过，接下来引发的就是诸如"'链改'有何理论基础""'链改'有何价值意义""为什么能'链改'""为何'链改'后能形成全面诚信社会""'链改'与其他各种各样的改革到底是什么关系""如何让'链改'落地""'链改'需要什么样的政策引导"等一系列问题。后面的章节将围绕这些问题展开论述。

第二节 "链改"的政治学理论基础

一、区块链技术得到了国家的认可

区块链技术被认为是继大型计算机、个人电脑之后计算模式的颠覆式创新，在社会生产、生活中具有广泛的应用，其发展前景得到了我国政府和国家相关部门的认可。

2016 年 10 月，工业和信息化部发布《中国区块链技术和应用发展白皮书（2016）》，总结了国内外区块链技术发展现状和典型应用场景，并列举了 6 个相对成熟、前景广阔或具有潜在价值的应用场景，对区块链技术的应用价值进行了展望，还介绍了我国区块链技术发展的路线图以及未来区块链技术的方向和进程。工业和信息化部作为国务院直属部门，率先拉开了鼓励中国发展区块链技术与产业的大幕，业界也由此将 2016 年称为中国的"区块链元年"。

2016 年 12 月，区块链首次作为战略性前沿技术被写入《国务院关于印发"十三五"国家信息化规划的通知》（国发〔2016〕73 号），鼓励针对区块链等战略性前沿技术进行提前布局，发挥先发主导优势。该规划中明确：强化战略性前沿技术超前布局。立足国情，面向世界科技前沿、国家重大需求和国民经济主要领域，坚持战略导向、前沿导向和安全导向，重点突破信息化领域基础技术、通用技术以及非对称技术，超前布局前沿技术、颠覆性技术。加强量子通信、未来网络、类脑计算、人工智能、全息显示、虚拟现实、大数据认知分析、新型非易失性存储、无人驾驶交通工具、区块链、基因编辑等新技术基础研发和前沿布局，构筑新赛场先发主导优势。加快构建智能穿戴设备、高级机器人、智能汽车等新兴智能终端产业体系和政策环境。鼓励企业开展基础性前沿性创新研究。

2017 年 1 月，工业和信息化部发布《软件和信息技术服务业发展规划（2016—2020 年）》（工信部规〔2016〕425 号），提出了使区块链领域创新达到国际先进水平的要求。

2017 年 6 月 27 日，中国人民银行发布《中国金融业务信息技术"十三五"发展规划》（银发〔2017〕140 号），鼓励推动区块链基础技术研究，开展区块链技术在金融方面的应用研发；积极推进区块链和人工智能等新技术应用研究，并组织进行国家数字货币的试点。

2017 年 8 月，国务院发布《关于进一步扩大和升级信息消费 持续释放内需潜力的指导意见》（国发〔2017〕40 号），在提高信息消费供给水平方面，重点强调要开展基于区块链、人工智能等新技术的试点应用。

2017 年 10 月，国务院办公厅发布的《关于积极推进供应链创新与应用的指导意见》（国办发〔2017〕84 号）提出，要研究利用区块链、人工智能等新兴技术，建立基于供应链的信用评价机制。

2018 年 5 月，工业和信息化部发布《2018 年中国区块链产业白皮书》，认为区块链是一项颠覆性技术，正在引领全球新一轮技术变革和产业变革，有望成为全球技术创新和模式创新的"策源地"，推动信息互联网向价值互联网变迁。白皮书同时肯定了区块链应用呈现的多元化的特点，认为从金融到实体经济产业领域，区块链技术在所有的产业场景中都能落地应用，原因是所有的产业场景都涉及交易。区块链技术应用落地的主战场是实体经济产业领域，区块链技术的价值也将集中体现为落地产业场景后带来的价值增量。

2018 年 5 月 28 日，习近平总书记在中国科学院第十九次院士大会、中国工程院第十四次院士大会上发表讲话，提出进入 21 世纪以来，全球科技创新进入空前密集活跃的时期，新一轮科技革命和产业变革正在重构全球创新版图、重塑全球经济结构。以人工智能、量子信息、移动通信、物联网、区块链为代表的新一代信息技术加速突破应用，肯定了区块链技术与人工智能、量子信息、移动通信、物联网皆为新一代信息技术。

2019 年 10 月 24 日下午，习近平总书记在主持中共中央政治局第十八次集体学习时强调，区块链技术的集成应用在新的技术革新和产业变革中起着重要作用。我们要把区块链作为核心技术自主创新的重要突破口，明确主攻方向，加大投入力度，着力攻克一批关键核心技术，加快推动区块链技术和产业创新发展。

从我国政府及相关部门发布的政策文件及国家领导人的讲话中可以清楚地看到，我国政府已经充分认识并肯定了区块链技术的发展和应用前景，也给出了区块链技术"现代前沿先进科学技术要加快发展"的定位。

这项由分布式数据存储、链式数据结构、点对点传输、密码学、共识算法、智能合约等现代科学技术发展起来的，确保不能更改、删除，具有不可篡改、不可逆、历史可追溯等属性的复合技术，在实体经济组织中得到深入、普及应用后，可革除社会经济组织中存在的不利于发展的弊端和问题，使经济组织信息真实透明、权责利明晰，从而成为贯彻践行实事求是思想路线的科学保障机制之一，促进劳动的社会有效化及生产力的不断提升，为建成现代、和谐、文明、发展的国家提供坚实的信用支持。

区块链技术在社会经济组织中的应用，正是本书前面所说的区块链技术改革传统社会经济组织中的情景。"链改"就是要努力推动这项前沿、先进的科学技术应用到现有经济组织中去，以实现技术与治理的升级，兴利除弊，全面构建诚信社会。

综上所述，"链改"是"应用区块链思想和技术去改造现有的社会经济组织，以实现技术与治理的升级，构建全面诚信社会"的落地实践。通过"链改"，将实事求是思想路线进一步落实到人们具体的生活、工作中，并使其成为人们生活、工作的"自然"作风，从而尽早实现全面建成小康社会的伟大目标。

二、"链改"是政治发展理论的经典诠释，使政治发展迈向更高形态

全面深化改革开放、大力发展高新技术是为了推动生产力及社会经济的发展，而社会经济及生产力的发展是政治发展的重要基础与支柱保障。

政治发展是工业化社会的特征，是非工业化社会竭力追求的目标。所谓政治发展，就是政治的现代化，就是非现代化社会通过现代化确立合理的政治模式的过程。政治发展也是行政管理和法治的发展，建设有公信力、有效率的政府是政治发展的中心；政治发展还是公民的政治组织化程度和政治参与程度提高的过程。

政治发展的内容有以下几个基本方面。

第一，政治发展意味着社会成员政治参与的广度和深度的增加。原来的社会政治体系中，社会成员中只有少部分人能参与政治过程。随着政治发展，参与政治过程的公民不断增多。政治系统越发达，广泛深入参与政治过程的公民就越多。

第二，政治发展意味着政治系统功能会增强。随着政治发展，政府开始管理一些在传统社会中不在政府职责范围之内的事务，如促进科学技术的发展、组织公共教育、提供社会福利、对经济和社会的发展进行规划，并将政府的决策有效地贯彻到社会的各个层次。

第三，政治发展体现为分权制衡理论和实践不断发展的过程。集权专制是政治发展程度较低的社会常态，一个机构或角色同时承担若干乃至所有不同的功能。最高统治者往往总揽立法、行政、司法等权力。随着分权制衡理论的发展及实践，政治权力的分立使政治机构与政党及经济、文化、宗教等逐渐分化，政治机构内部各部门亦逐步分化，分别承担各自比较确定的任务，彼此间既分工又合作，既有效均衡制约又互相协调，使政治系统得以捍卫全体民众利益，有效地发挥其功能。

第四，政治发展也体现为参与型政治文化的形成，公民具有参与政治的积极性，有服从合法权威、遵守法律的意识，以及尊重和容忍不同意见的精神。

政治发展体现出政治体制改革与完善的目标追求，这也是马克思主义的政治发展观。马克思主义认为：政治发展是政治形态不断从低级走向高级的总体性过程；政治发展的动力是一个以经济变革为基础的复合系统；政治体制的改革和完善是政治发展的重要内容，完善表现为政治结构的合理化、政治功能的完善化、政治变革的自主化。

区块链技术综合了计算机科学、数学、加密学、经济学、政治学等学科，是分布式数据存储、点对点传输、共识机制、加密算法等计算机技术在互联网时代的创新应用模式。它在社会经济组织中的深入及广泛的应用，即"链改"，将使社会成员科学、规范、有序地参与到社会政治、经济活动中，并自觉调整自己的社会经济行为，真实、坦诚地建立和处理与他人、企业、政府的交往关系，从而改善个人与个人、个人与企业及政府的良性互动关系。

本书后面的章节将会阐述如何开展"链改"工作，这些实务方面的内容将充分展现"链改"在政治发展理论的指导下，通过高新技术的发展及应用，进行改革实践，从而推进社会政治、经济的全面现代化，在权力分解与互相均衡制约常态下提升国家行政管理与法治的水平，并有相当广度与深度的公民政治参与度。"链改"将是政治发展理论的经典诠释，有利于构建更加和谐、稳健的社会，使政治形态呈现出不断从相对低级走向高级的总体性发展态势。

当然，可为"链改"提供政治学理论支撑的还有其他思想观点，但本书选择支撑"链改"最为有力的理论进行阐述分析，使读者明白"链改"既顺应科技发展的规律，也顺应我国政府倡导的发展方向，从而能够积极响应"链改"的号召，共同参与到利用区块链技术打造全面诚信社会的宏伟事业中来。

第三节 "链改"的经济学理论基础

"链改"在政治学方面有深厚、强大的理论支撑，并将丰富和发展现代政治学理论；在经济学理论方面，"链改"自然也有其扎实稳健的基础力量。同样，随着"链改"的普及与深化，"链改"经济学也将应运而生。

一、劳动有效化及深化资源利用、提升财富创造能力需要"链改"积极推进

1. "财富 = 资源 + 有效劳动"的经济规律

经济学研究追求的目标是促使财富持续、稳健地增长，从而满足人类不断增长的物质与精神的需求。而财富是资源与有效劳动两大要素紧密结合的结果，即财富 = 资源 + 有效劳动。

自然资源不能自动转化为人类可以享用的财富，需要通过人类的劳动才能转化为人类可享用的财富；生产资源则只能通过人类结合自然资源进行智慧化劳动才能产生、获得。自然资源要经由生产资源生产出人类可享用的财富，这个过程必须融入人类的智慧化劳动。

中国有句古话叫"临渊羡鱼，不如退而结网"，鱼在水中游的时候就

是自然资源，而网就是人类付出智慧化劳动，结合藤之类的自然资源制作出的生产资源。网并不是人类可以直接享用的财富，鱼才是人类要从自然资源转化来的可享用的财富。要获得更多的鱼——即增长可享用的财富，就得"退而结网"，即进行智慧化劳动，将自然资源转变为生产资源。要获得增长的财富，人类就必须付出劳动并将劳动与自然资源相结合。

不经过人类的劳动，自然资源不会自动转变为人类可享用的财富。要喝干净的水，人类得劳动；要享用自然生长于树上的水果，人类也得付出采摘的劳动。当然，倘若没有可结合的资源（自然资源与生产资源），劳动者的劳动也就没有意义。自然本身不可能创造出人类可享用的财富。

总之，最简单的人类可享用的财富也体现着人类的劳动与资源结合的规律性现象。

自然资源经由生产资源，并与劳动（或智慧化劳动）相结合而生产出可享用的财富，简称为增长的财富。它体现的是质和量的增长。这个增长的过程必须由人与资源——自然资源及生产资源结合并付之以有效劳动（智慧化劳动）才能实现。

劳动按能否实现效用、达到满足人类需求的目的可分为有效劳动与无效劳动、社会有效劳动和社会无效劳动。社会有效劳动是指经过人与资源结合生产的物品或提供的服务能够满足非生产者本人的需求并具备为人类社会所认可的效用的劳动；社会无效劳动是指经过人与资源结合生产的物品或提供的服务不能够满足人的需求或者不为除生产者本人外的所有人所认可的劳动，即使为之付出长时间和高强度劳动，也是社会无效劳动。

总之，人与资源结合时付出的劳动是有风险的，未必所有的劳动都是社会有效劳动。

如果劳动者所生产的产品只为满足本人的需要而不面向社会中的其他人，可以用该产品对劳动者本人有使用价值来描述该产品的价值，即该产品没有商品价值，但具有使用价值。因为产品具备能够满足本人需要的效用，所以该劳动者为之付出的劳动可以称为有效劳动。如果劳动者的劳动与资源结合后所生产的产品连本人的需求都不能满足，则其劳动是无效劳动；由于仅满足劳动者个人需要的有效劳动不与社会发生联系，其不能作为判断社会无效劳动和社会有效劳动的标准。也就是说，无效劳动必然是社会无效劳动，有效劳动未必是社会有效劳动，也未必是社会无效劳动，这要结合劳动与劳动的效用结果是否能为社会所认可并为之支付对价实物或货币来判断。

简单的劳动未必就是无效劳动或社会无效劳动；复杂的劳动也未必就是有效劳动或社会有效劳动。同样，体力劳动与脑力劳动都可能是无效或有效、社会有效或社会无效的劳动。

社会有效劳动价值总量与创造效用价值的总量成正相关；在社会有效劳动中结合的资源价值总量，也将与创造的价值总量成正相关。而社会无效劳动的价值总量为 0 或负值；社会无效劳动中结合的资源价值总量，可能为负值、0 或改换用途后在新的社会有效劳动中体现正值价值总量。其函数模型为：

$$V = f(L_e, S_e)$$

方程式为：

$$V = L_e a \times S_e (1 - a)$$

式中，V 为效用价值；L_e 为社会有效劳动中的劳动价值；S_e 为社会有效劳动中所结合的资源价值；a 为系数或价值贡献度。显然，社会有效劳动与资源的结合共同对效用价值做贡献，其总系数为 1。

综上所述，财富的创造增长是资源与有效劳动的结合，无效劳动是无法创造财富的，甚至可能浪费资源，因此，财富=资源+有效劳动。

可享用财富的增长原动力来自对人类基础需求的强制满足以及对人类衍生需求的尽力满足。而要实现这个目标，人类就不能不与资源结合并付出智慧化有效劳动。

智慧化有效劳动在财富创造增长过程中起着主动的作用，即在"财富=资源+有效劳动"这个公式中，"有效劳动"这个变量是至关重要的；在有了自然资源或生产资源后，就得看劳动能否对资源进行深化改造，使之有效化及社会有效化。而要充分发挥劳动在深化改造资源方面的重要作用，使之有效化，就要通过改革消除阻碍因素、强化积极因素。

而"链改"就是合乎上述目标取向的改革举措，即将高新技术应用于实体经济中，以追求劳动的有效化及社会有效化。

2. "链改"的落地处就是使劳动有效化及社会有效化

人类社会经济发展首先面对的是人的问题，人能够充分发挥聪明才智，使劳动与资源有效结合，使财富源源不断地被创造出来。"财富=资源＋有效劳动"是一个经济规律，社会经济活动围绕着财富的创造与获得来进行，自然资源与生产资源的状态是决定财富质与量的关键要素，有效劳动也是重要因素。只有将有效劳动与资源有机、有效地结合起来，财富才会被持续地创造出来。

而要实现劳动的社会有效化，保证信息的真实与流动畅通，确保信息管理的精准及高效，做到权责分明、赏优汰劣，是非常必要的。很难想象，基于混乱不实的信息能够做出准确、正确的决策；也很难想象一个弄虚作假、投机取巧、人浮于事之风盛行的经济组织能够有持续良好的经济效益。

在区块链技术产生之前，主要是通过带有主观能动性的人的说教及制定规则来使劳动有效化。人治方式有其优点，但"人心不可妄测"，那些投机取巧者往往利用规则词汇的可变通性、可解释性以及具有治理权的人易受影响的缺陷，"上有政策，下有对策""欺上瞒下、偷梁换柱"，挫伤了踏实进行有效劳动的人员的积极性，助长了偷奸耍滑的风气。

"链改"有利于中央政府对地方政府及中央管理企业各类信息的真实性及有效性进行把握，从而为决策的准确性和及时性奠定基础，也为整个社会劳动有效化奠定坚实的基础。

"链改"将解决"监管落不到实处"的问题，使原来如同一座座"孤岛"的企业、基层政府及中央政府通过"上链"有机、硬约束地联系起来，从而彻底改变高层与部属信息不对称的尴尬现象，使得劳动有效化的水平得到普遍提升。

例如，应用区块链技术后，中国人民银行等监管机构不再需要逐个审查相关机构的操作记录，只需要访问交易的共享记录就能监控现金流，并对金融体系内的整体流动和风险分布有清晰的认识。管理着众多分公司、子公司的集团企业也可以通过"链改"低成本、高效率地使整个集团的人、财、物各尽其用，劳动有效化的水平自然可以再上一层楼。

显然，为了促进劳动的有效化与社会有效化，"链改"宜尽快在全国推广。

二、产权不清晰状态下，"链改"可促成有效创造财富所需的激励机制

产权理论的创始人科斯在 1991 年获得诺贝尔经济学奖，标志着现代产权理论的完善及其在世界范围内的影响力的形成。

现代产权理论认为，没有产权的社会是一个效率低下、资源配置无效的社会，在激励方面存在很大的外部性。而在产权明晰的社会，收益和成本都是由所有者承担的，这种收益和成本的对称性可消除产权模糊状态的外部性，使收益权和控制权有机结合以保证激励机制的有效性，即只有明确产权才是边界清晰、最有效率的产权形式。

现代产权理论还认为，能够保证经济高效率的产权应该具有以下特征：

明确性：它是一个包括财产所有者的各种权利及对限制和破坏这些权利的人会受到的处罚的完整体系。

专有性：它使因一种行为而产生的所有报酬和损失都直接与有权采取这一行动的人相联系。

可转让性：这些权利可以被引导到最有价值的用途上去。

可操作性：它是可以具体实施的。

清晰的产权同样可以很好地解决外部不经济（指某项活动使得社会成本高于个体成本的情形，即某项事务或活动对周围环境造成不良影响，而行为人并未因此而付出任何代价）问题。

正如现代产权理论所述，收益权和控制权有机结合以保证激励机制的有效性，就明确了所有权及收益权的个体归属，从而形成了内生劳动社会有效化的机制，无须外力驱使，就可以促使财富源源不断地被创造出来。而在产权不清晰的状态中，易出现资源闲置与无效劳动共存、难以创造财富的局面。

确定资源之产权归属的根本性意义就在于此，社会经济学界也由此经常呼吁要明晰资源产权以促进社会发展。但一些国家很多可创造财富的资源产权并不清晰，其中也包括中国。

区块链技术的产生为优化这个问题的解决方案提供了可能。在资源产权尚不能明确之前，可以通过区块链技术形成一种有硬约束保障的激励机

制，从而使资源与劳动的结合更加有效，以弱化财富的创造与产权清晰程度的关联性。

显然，区块链技术的应用可使与劳动者有关的合约权、责、利明确，并在计算机信息系统加密算法、共识机制、智能合约规定下，以及众机构、众人分布式的参与见证、验证所形成的可信而不可篡改的证据确保下，通过公开、透明化资源与劳动结合的信息以及公众确认，基本达到明晰产权下内生促进财富可持续创造的效果，只不过效果可能是离散的、有时限的。因此，对于政府机构、社会组织及国有企业，如果能够参与到"链改"中来，并非不能达到产权明晰后的那种劳动社会有效化的效果；只不过这是通过计算机区块链先进技术实现的，而非明晰产权下内生的结果。

因此，我国的国有企业也是可以参与到"链改"的潮流中来的，也是应该"上链"的，这样做至少有以下益处。

（1）帮助高层，尤其是最高层管理者掌握来自各方面的真实、客观的信息，从而高效、精准地实现管理的战略意图。

（2）让所有具体的经济行为都能确定明晰权责并留证，强化谨慎、有效的管理，避免"拍脑袋"工程，防止职务犯罪。

（3）有利于上下级关系的处理。

（4）是监事会有效制约董事会等运营班子的工具手段，证据的可信能让监察、检察及司法系统更有效地对管理层形成影响力。

（5）能可信、高效、安全而又低成本地获得融资与放贷者的信息，信息的可信有利于价格发现及客观判断。

三、"链改"是消减信息不对称的有力方式

3位美国经济学家——约瑟夫·斯蒂格利茨、乔治·阿克尔洛夫和迈克尔·斯彭斯因为在20世纪70年代系统提炼并阐述了信息不对称理论而共同获得了2001年度诺贝尔经济学奖，这标志着信息不对称理论成为经济学中著名的显性理论。

信息不对称理论是指在社会经济活动中，各类人员对有关信息的了解程度是有差异的，掌握信息比较充分的人员往往处于比较有利的地位，而信息贫乏的人员则处于相对不利的地位。

显然，依照这个定义，在一个经济组织中，处于高层的管理者不一定能够获得更多准确、有效的信息，倘若没有科学有效的可消除信息不对称的工具、方式，下层或低层有意欺上瞒下、偷梁换柱、弄虚作假，高层管理者也会处于严重的信息不对称状态。

在没有产权观念的计划经济时代，缺乏有效激励和惩罚机制的情况普遍存在，广大普通民众与领导者是一个个信息的"孤岛"，互相之间难以获得彼此的真实、客观的信息，从而产生了众多问题。

随着市场经济发展走向的确立，各类资源与产品的流动性加强，相较于计划经济时代，信息不对称的现象有所弱化。因为市场中买卖双方拥有信息较少的一方会努力从另一方获取信息，市场信号在一定程度上可以弥补信息不对称的问题，但这也扩大了商品层面的信息不对称现象。毕竟市场中卖方比买方更了解有关商品的各种信息。掌握更多信息的一方可以通过向信息贫乏的一方传递可靠信息而在市场中获益。

互联网时代的到来以及互联网各种应用工具的发展，使得广大民众可以用极低成本获取各类信息，极大地消减了信息不对称现象。但同时，由于互联网中提供各类信息的组织机构仍然是中心化乃至绝对中心化的，从这个角度看，又强化了互联网产业中垄断及寡头垄断集团与广大民众之间的信息不对称程度。这些互联网产业中垄断及寡头垄断集团以其掌握的广大用户的信息谋取巨额利益，而广大用户本来可得的利益只能被少数企业吞食攫取。

区块链技术的到来及其广泛应用，将打破这种由垄断及寡头垄断集团掌握与广大民众远远不对称的巨量信息的畸形状态。

区块链技术变革了数据输入和获取的管理方式，使之从中心化管控转变为分布式协同，从各组织维护自己的数据资产转变为每个参与者都能够创建、访问、维护、共享数据库。

区块链技术应用下提供的集体维护的一致账套，能够替代第三方互联网服务巨头的角色，让多家企业使用同一套记账系统，记录同一个账本，这个账本是高效且安全的，可以广泛使用。因为区块链数据库具有一致、历史不可篡改等特性，所以可以在简化和变革业务流程的同时保护数据的完整性，提高业务的运营质量与管理效率；即使某一个节点瘫痪，也不会造成整个业务的中断。

区块链的这种多方参与和共享机制、数据统一维护的一套账模式、数据链完整性及可追溯的数据源，为消减信息不对称现象提供了极为有力的机制、工具与方式。

在多方参与的场景下，各协同方能够通过共享新闻、动态、业务信息、专业观点等，加强各方协作和整体进展的统筹安排。

在数据存储与共享方面，不同参与者使用统一的数据来源，而非零散且需要不断通过第三方验证和校正的数据库；在数据链完整性方面，区块链保证了各方数据的完整性和可追溯性，确保各参与方可以持续更新并保持数据链的完整；在数据合规性管理方面，区块链可以记录每次数据的具体内容，包括数据产生的时间、交易双方的信息等，确保数据操作的真实行为得以存证。实质上，业务交互的核心是数据的流动。

显然，区块链技术能够高效、有力地消除信息不对称现象，重塑社会和经济的运行方式，可以为广大民众开启利用自己的信息相对平等地获取相应利益的大门。

第四节 "链改"的社会学理论基础

社会学是近代机器工业文明发展的产物，旨在为人类阐明进入工业文明时代以后，社会如何才能和谐、稳健、昌盛；政治学、经济学是社会学的基础，而非其研究的目标；人类的政治活动与经济活动只有为社会的和平、稳定、健康、有序发展做出贡献才有其终极价值。依循其逻辑，"链改"也能在社会学中找到坚实的理论基础。

一、"链改"的源起契合社会学形成的缘由及其追求的价值目标

社会学是一门利用经验考察和批判分析来研究社会良性运行和协调发展的条件和机制的综合性学科。社会学通过研究个人及其社会行为、社会群体或群体生活、社会组成或社会制度、社会关系、社会发展及其方法和规律，寻求社会生活的系统联系和发展规律，发现社会良性运行和协调发展的条件，促使社会和谐稳健地运行。

社会学在理论方面具有以下作用。

（1）向人们提供科学的社会知识，告诉人们社会现象是什么（描述）、为什么会出现该社会现象（解释）、该社会现象将来会怎样变化（预测）。

（2）社会学不仅提供现成的社会知识，而且通过提供社会学的视角、社会学的方法，帮助人们获得新的社会知识，树立科学的社会观，为人们选择社会"应该怎么样"提供理论帮助。

社会学在实践方面具有以下作用。

（1）社会学帮助人们掌握科学的社会基础知识，进而帮助人们在维护和改善现存社会结构、社会制度，改革不利于社会发展的社会体制时避免盲目性、增强自觉性，使自己的社会行动更加合理、更加符合规律。

（2）社会学以自己的研究成果，对科学地管理社会和制定正确的社会政策提供有依据的、经过论证的实际建议，为改革开放服务，为发展市场经济服务，促进社会的良性运行、协调发展。

总之，社会学可以帮助人们学习管理社会，也可以引导人们利用一个科学的社会行为规范，促进政策、法令、法律的改进以及社会各个系统的协调运行，帮助规定目标、组织对各个领域进行管理，为管理者提供信息和管理模式，依靠社会规范和社会制度约束人们的社会行为，维护社会和谐发展。

社会学的历史并不悠久，它是近代机器工业文明发展的产物，也是人与人的社会关系及社会秩序大动荡、大变换的产物。

尽管中国古代思想家荀子提出过"人生不能无群"的观点，尽管人类的社会化已经有了漫长的历史，尽管人类对由自身活动所构成的社会生活进行思考研究，但在人类漫长的历史中并没有产生"社会学"这门学科。19世纪法国著名思想家孔德（Auguste Comte，1798—1857）首创了"社会学"一词，并通过其撰写的《实证哲学教程》《论实证精神》等书对社会学进行了开创式的阐述分析，试图使用一种物理学的方法来统一所有的人文学科——包括历史学、心理学、哲学和经济学，以建立经得起科学规则考验的学科，实现重建法国社会秩序的根本目标。

第一本以"社会学"为标题的书是19世纪中期英国哲学家赫伯特·斯宾塞于1850年撰写的《社会静力学》。在这本书中，斯宾塞首次反思了人类社会。

1890年肯萨斯大学开设的"社会学元素"是人类历史上第一个社会学

课程。1892 年艾比安·斯莫尔在芝加哥大学成立了美国第一个社会学独立大学学院，并创立了《美国社会学学报》。1895 年，法国波尔多大学成立了欧洲第一个社会学学院。1904 年伦敦政治经济学院成立了英国第一个社会学学部。

直至今天，社会学俨然成为一门重要学科，不少大学设立了社会学专业，有的学校已经获得了社会学专业博士学位授予权。

社会学能够得到迅猛发展主要归结于以下社会经济因素。

18 世纪的英国工业革命推动了机器化大生产，商品生产的发展促进了市场的扩大，强化了人类社会世界范围内的交往、竞争和斗争的关系。在欧洲，宗教组织逐渐失去往日的神秘感和绝对权威性，日渐世俗化；法律由维护原有封建贵族特权转向以调节经济活动为目的，欧洲从过去的封建专制社会变成世俗工业社会，社会关系的重构也造成了社会失序等诸多社会问题。经济收入分配不公导致的社会财富分配的显著不平等，使社会矛盾日益尖锐。19 世纪 30—40 年代先后暴发的各种武力冲突，表明欧洲主要国家社会不同利益阶层的冲突日趋加剧。为了克服社会面临的重要危机，一些社会思想家试图运用社会组织规律重新指导和安排社会生活秩序，以满足社会改良和社会发展的需要。

随着近代理性实验科学的兴起，以力学和生物学为代表的自然科学取得了长足发展；地质学、化学、生理学也有了重大突破；细胞学说、能量守恒和转化定律、生物进化论的提出使人类对自然的看法有了革命性的转变。这些自然科学取得的令人瞩目的成就及积累的大量实证科学知识，为社会科学提供了一种崭新的思维方式和研究方法，从而使其可能摆脱过去局限于理论思辨和定性描述的传统窠臼，开拓了观察问题的视野，引发了新的突破。以亚当·斯密和大卫·李嘉图为代表的英国古典经济学家取得的成就，就是这一时期社会科学取得突破的例证。

当自然科学与社会科学取得的成就达到一定数量时，作为对近代突出性社会矛盾进行科学系统回应的社会学便应运而生。

这个突出性社会矛盾体现在：世界变得越来越小和越来越整体化，个人的世界经验却变得越来越分裂和分散。社会学家不但希望了解是什么使得社会团体聚集起来，更希望了解社会瓦解的过程，从而对错误行为做出"纠正"，使人类社会更加和谐进步。孔德、斯宾塞、涂尔干、卡尔·马克思、迪尔·凯姆、马克斯·韦伯等著名的社会学研究者的研究都是基于这个理由及目标的。

今天，社会学家对社会的研究包括了一系列从宏观结构到微观行为的思考，涵盖了从种族、民族、阶级和性别，到家庭结构、个人社会关系模式的探索。社会学系划分了更多、更细的研究方向，包括犯罪、离婚及个体人的行为关系等。社会学除了采取参与观察、深度访谈、专题小组讨论等收集资料的方法，以及基于扎根理论、内容分析等定性资料的分析方法，还常用定量研究的方法从数量上来描述一个社会总体结构，以此来研究可以预见社会变迁和人们对社会变迁反应的定量模型。这种由拉扎斯费尔德（Paul F. Lazarsfeld）倡导的研究方法，是当前社会学研究的主要方法之一。

综上所述，社会失序、失范及社会动荡，加上各种学科的发展，促进了社会学的形成。社会学试图通过系统、科学的研究为人类社会的良性运行和协调发展提供思想理论指导。

正如前面几节所述，区块链技术对实体经济进行改造的目标也是通过构建机制性可信系统来实现诚信社会，从而推动社会良性发展，即社会学理论追求的目标和"链改"的目标是完全契合的。

区块链通过多学科知识发展起来的分布式数据存储、点对点传输、共识机制、加密算法、智能合约等技术具有不依赖于第三方、去绝对中心化、不可篡改、不可逆等特点，可以用于解决非安全环境中的可信交往和交易问题。

因此，对于一个个完整的交易过程来说，区块链可以通过维持一个不可更改的分布式账本，基于共同承认、无法抵赖的行为追溯实现对数据及过程的监管。

区块链技术使"上链"信息无法被删除或修改，让使用者可以确保这些信息是最原始的资料，这些信息必须是真实可信的，否则提供者将为其付出代价，这就为通过验证共享档案、追踪供应链上的产品、杜绝和打击仿冒产品提供了硬约束机制保障。

可以预见，在区块链技术被广泛而深入地应用于社会经济中生产、生活的方方面面时，将会呈现出普遍诚信、可信以及和谐健康的社会形态。普遍诚信的社会，必然会是和谐健康的社会。如果社会充斥着尔虞我诈、阴谋诡计，必然人人自危，必然会丧失秩序，这绝不可能是良性发展的社会。

因此，区块链及"链改"的社会行动，一方面可以为社会学理论提供强劲支撑，另一方面也可以为社会学理论的扩展开辟无限广阔的空间。

二、"链改"可消减社会冲突，促进社会进步

在信息严重不对称以及难以通过机制化确保人与人之间诚信的社会形态中，社会冲突现象是普遍存在的，有时非常严重。这种社会状态绝不是人类社会所希望拥有的，这也是社会学理论研究一直想化解乃至消除的社会状态。消减、消除社会冲突，促进社会进步的社会变迁理论作为社会学理论的一支得到了普遍支持。

社会冲突论是基于社会常见的冲突现象而形成的一种社会学理论，认为社会问题是不同利益群体相互冲突所产生的必然结果；个人之间、群体之间以及阶层之间的冲突必然导致一系列社会问题。冲突有价值冲突、群体冲突、阶级冲突之分。

卡尔·马克思的社会学理论可以被划入冲突论范畴，他继承并发扬了批判主义社会学研究传统，认为社会学理论知识的主要任务和作用就在于对现实社会的批判性检视，其基本特征就是不断强调社会学理论批判的、革命的性质，强调理论和理论家在改造、变革现实社会中的重要作用，反对旨在维护、修补现存社会结构的单纯解释性的"科学"研究和把现代工业社会的既定现实视为合法的做法。

社会变迁（social change）是指一切社会现象发生变化的动态过程及其结果。在社会学中，社会变迁这一概念比社会发展、社会进化具有更广泛的内涵，包括各方面和各种意义上的变化。社会变迁是社会的发展、进步、停滞、倒退等一切现象和过程的总和。社会变迁既包含社会的进步和退步，又包括社会的整合和解体。

社会变迁之进化论认为，人类社会是不断渐进发展的，表现为由低级到高级、由简单到复杂、由此及彼地向前发展。卡尔·马克思就是持这种观点的，他坚信社会会朝着更加理想、美好的方向变化。当然，社会变迁还有循环论、均衡论之说。

进步的社会变迁是社会学理论研究追求的目标，因此，消除社会冲突

也是社会学研究追求的理想境界。

区块链的技术特点及"链改"的定义、主张都注重社会运行和社会发展的机制性平衡与协调，反对通过对利益的强行调整而滋长冲突，从而有利于确保"稳定的秩序"。

正因为考虑到这些，基于现实国情稳步推进的策略设计，"链改"落地的抓手主张构建的是联盟链，而非脱离实际去顽固追求理应完全"去中心化"目标的公有链。总之，"链改"主张以通过帕累托改进原则在时间的磨合中平衡各方的利益来稳步推进。

"链改"的过程是"接地气"的实践过程，同时注重培训教育，培育社会沿着化解社会冲突、使社会更加和谐稳定的方向发展。"链改"是建设，而不仅仅是批判，更不可能是对抗性激烈的批判；"链改"是消减乃至消除社会冲突、促进社会进步的优良的实践手段和方式。

例如，良性社会变迁社会学理论主张通过司法系统的"链改"来更好地化解社会冲突。法院公正判案被认为是化解社会冲突有效的良性方式，而区块链技术的应用将为法院公正判案提供证据，使其可以更积极、有效地化解社会冲突以促进社会健康发展。

在应用区块链之前，传统的证据固定方式主要依赖第三方的公证处；但这种方式响应时间长，保全证据成本高，应用场景难以满足电子数据存证的动态化、即时化和大数据化的需求；而且公证处是否公正本身就存在着不低的风险，公证处做假或帮助做假的案例绝非个别，毕竟公证处本身就是一种中心化的存在。

而利用"去中心化"、分布式记账、共识机制、加密机制、不可逆、时间戳以及防篡改的区块链技术，就可以通过电子数据存储平台以低成本、高效率、稳固的优势实现证据的固定；而且区块链技术使得这种计算机信息系统处于绝对的不可通融状态，而让人相信其客观真实性。

2018年8月，在杭州法院审理的一起侵害作品信息网络传播权的纠纷案中，就引入区块链技术以判断电子数据是否真实上传。结果只需要经历以下两个步骤就能确定。

第一步，原告提供的交易哈希值，可以在存证区块链上面进行搜索。搜索之后，便能够察看这条交易值当中的交易所对应的哈希值存放的内容和生成的时间。同时，根据原告提交的区块链区块高度，也可以从区块高度上来查询哈希值存放的时间和内容上传时间。这里，区块链区块高度、生成时间符合调用日志当中的生成时间以及存证的区块链打包规则时间，三者之间存在着必然的逻辑关系。

第二步，把另外一个区块链与当前区块链做一个比对。原告把相应的哈希值同时绑定到两个区块链当中，区块高度在比特币区块链当中也同样能够产出一个交易的哈希值。这时法院不需要再针对它们之间的生成时间做逻辑上的比对，只需把区块链中的哈希值和存证存放的哈希值进行比对，如果发现两者之间存放的哈希值是完全一致的，就能认定电子数据当时是真实上传到了两个区块链当中。

这个案例体现了区块链技术的应用，即"链改"在公正判案、化解矛盾冲突中的作用。2018 年 9 月 3 日，最高人民法院审判委员会第 1747 次会议通过了《最高人民法院关于互联网法院审理案件若干问题的规定》（法释〔2018〕16 号），并于 2018 年 9 月 7 日起正式施行。其中，第十一条第二款明确规定：当事人提交的电子数据，通过电子签名、可信时间戳、哈希值校验、区块链等证据收集、固定和防篡改的技术手段或者通过电子取证存证平台认证，能够证明其真实性的，互联网法院应当确认。

这既是中国司法的重要进步，也是对区块链技术的一种公正态度，对于通过"链改"而实现区块链技术在更多领域的应用具有重要的意义。

当然，这仅是一个小案例，但从这个小案例也能够看到，"链改"在全社会广泛、深入地推广应用后，将化解更多的社会冲突，促进社会和谐、健康发展。

"链改"不像"房改""医改""教改"等，这些改革是对现实利益的直接调整，而"链改"主要是通过社会经济组织将其运行过程中认为可以进行区块链技术化处理的信息、行为等"上链"，以此实现互相信任机制的形成，而不是直接去分配财富、调整既有的利益。

不仅如此，诸如"房改""医改""教改"等对现实利益进行直接调整的改革，倘若能够结合"链改"来进行，执行会更为顺畅；毕竟基于两两互信基础上的改革，往往会更公平、公正，可做到让改革涉及的各方更加"心平气和"。

由此可见，"链改"将为社会学理论的方法论研究增添指引方向的新篇章。

第二章 "链改"的政策基础和法律基础

　　区块链技术及其在社会经济中的应用在我国尚处于起步阶段，我国还没有制定针对区块链技术的专门或专项法律，涉及区块链的一些社会经济行为都参照可能与之有关的法律条款进行调整。支持鼓励区块链技术的发展及其应用主要是通过中央和地方政府出台的相关政策来实现。因此，本章整理、收集、分析的主要是中央及省市地方的相关政策。政府发布的各项政策内容，体现了大力扶持、鼓励乃至奖励区块链技术的研发应用，打击通过 ICO 或假借"区块链"名义进行的金融欺诈。

第一节 "链改"的政策基础

一、推动区块链技术发展的国家政策

1. 积极促进区块链技术发展的政策

　　区块链思想及技术于 2009 年萌芽。最初的区块链应用主要以民间参与获取及交易比特币的方式进行，当时并没有引起政府与产业的特别关注，政府出台的政策也多是对炒作比特币风险的警示与监控。2013 年 12 月，中国人民银行等部门发布《关于防范比特币风险的通知》（银发〔2013〕289 号），提出比特币具有无集中发行方、总量有限、使用不受地域限制和匿名性 4 个主要特点，并将比特币定性为虚拟商品，提示民众参与购买和交易比特币具有一定的风险。

　　随着欧美国家区块链技术的发展，国内一些金融机构也参与到区块链技术的研究与应用中，并取得了一定的经验和成果，人们对区块链技术的应用前景有了更充分的认识。我国政府进而开始密切关注区块链技术的进展状态，并逐步出台扶持鼓励政策。

2016 年 10 月，工业和信息化部发布《中国区块链技术和应用发展白皮书（2016）》。

2016 年 12 月，区块链首次作为战略性前沿技术被写入《国务院关于印发"十三五"国家信息化规划的通知》（国发〔2016〕73 号）。

2017 年 1 月，工业和信息化部发布《软件和信息技术服务业发展规划（2016—2020 年）》（工信部规〔2016〕425 号），提出区块链等领域创新达到国际先进水平等要求。

2017 年 8 月，国务院发布《关于进一步扩大和升级信息消费持续释放内需潜力的指导意见》（国发〔2017〕40 号），在提高信息消费供给水平方面，重点强调要提升信息技术服务能力，鼓励利用开源代码开发个性化软件，开展基于区块链、人工智能等新技术的试点应用。

2017 年 10 月，国务院办公厅发布《关于积极推进供应链创新与应用的指导意见》（国办发〔2017〕84 号），提出要研究利用区块链、人工智能等新兴技术，建立基于供应链的信用评价机制。

2018 年 3 月，工业和信息化部发布《2018 年信息化和软件服务业标准化工作要点》，提出推动组建全国信息化和工业化融合管理标准化技术委员会、全国区块链和分布式记账技术标准化委员会。

2019 年 1 月 10 日，国家互联网信息办公室发布《区块链信息服务管理规定》（国家互联网信息办公室令 第 3 号），并于 2 月 15 日正式施行。该规定意味着我国正式迎来对于区块链信息服务的"监管时代"。

2019 年 8 月 18 日，国务院印发了《关于支持深圳建设中国特色社会主义先行示范区的意见》，提出要支持在深圳开展数字货币研究和移动支付等创新应用；促进深圳与港澳金融市场互联互通和金融（基金）产品互认；在推进人民币国际化上先行先试，探索创新跨境金融监管。

2019 年 8 月 27 日，国家发展改革委审议通过了《产业结构调整指导目录（2019 年本）》（中华人民共和国国家发展和改革委员会令 第 29 号）。该目录在"鼓励类"信息产业中增加了"大数据、云计算、信息技术服务及国家允许范围内的区块链信息服务"，是我国区块链发展的重要支持性文件。

从上述政策发文可以看出，2016 年 12 月至 2017 年 8 月，区块链在国务院印发的重要报告中出现过 3 次，这表明中央政府已经充分认识到了区块链技术的重要性。

作为主管金融业务的领导部门，中国人民银行高度关注区块链技术在金融业务中的应用，并陆续出台了相关政策以推动区块链技术在金融行业的深入应用。

2015 年 7 月，中国人民银行等十部门发布了《关于促进互联网金融健康发展的指导意见》（银发〔2015〕221 号），要求按照"依法监管、适度监管、分类监管、协同监管、创新监管"的原则，确立互联网支付、网络借贷、股权众筹融资、互联网基金销售、互联网保险、互联网信托和互联网消费金融等互联网金融主要业态的监管职责分工，落实监管责任，明确业务边界。

2017 年 6 月 27 日，中国人民银行发布《中国金融业务信息技术"十三五"发展规划》（银发〔2017〕140 号，以下简称《规划》）。在《规划》中，中国人民银行明确提出了"十三五"金融业信息技术工作的指导思想、基本原则、发展目标、重点任务和保障措施。

《规划》确立了"十三五"期间金融业信息技术工作的发展目标，主要包括金融信息基础设施达到国际领先水平、信息技术持续驱动金融创新、金融业标准化战略全面深化实施、金融网络安全保障体系更加完善、金融信息技术治理能力显著提升。

《规划》明确了云计算、大数据、区块链、人工智能、互联网技术及监管科技 5 项具体任务。《规划》要求积极推动新技术的应用，对金融创新发展持开放的态度，为区块链、人工智能、大数据等新兴科技在金融领域的应用释放更多有利空间。

2. 对比特币等加密数字货币投资及 ICO 的监管政策

中央政府在积极鼓励推动区块链技术发展的同时，也对比特币等加密数字货币及所谓的数字货币发行 ICO 进行了严密的监管。

2013 年 12 月，中国人民银行等部委发布《关于防范比特币风险的通知》（银发〔2013〕289 号），认为比特币具有无集中发行方、总量有限、使用不受地域限制和匿名性 4 个主要特点，并将比特币定性为虚拟商品，而采用同样技术手段产生的新的虚拟货币——分叉币，从根本上与比特币没有太大区别，是由技术人员基于比特币的底层协议而开发的，并具有比特币的 4 种特性。该文件对防范比特币风险进行了系统规定，对比特币交易进行了限制。

2014 年 3 月，中国人民银行发布《关于进一步加强比特币风险防范工作的通知》，禁止内地银行和第三方支付机构替比特币交易平台提供开户、充值、支付、提现等服务，对比特币交易主体进行限定，禁止未经批准公开发行股权。

2015 年 8 月 3 日，中国证监会出台《关于对通过互联网开展股权融资活动的机构进行专项检查的通知》（证监办发〔2015〕44 号），决定对包括但不限于以"私募股权众筹""股权众筹""众筹"名义开展股权融资活动的平台进行检查。检查目的是摸清股权融资平台的底数，发现和纠正违规、违法行为，排查潜在的风险隐患，引导股权融资平台围绕市场需求明确定位，切实发挥服务实体经济的功能和作用。此次专项检查工作严格落实了《国务院办公厅关于严厉打击非法发行股票和非法经营证券业务有关问题的通知》（国办发〔2006〕99 号）、《中国证券监督管理委员会关于贯彻〈国务院办公厅关于严厉打击非法发行股票和非法经营证券业务有关问题的通知〉有关事项的通知》（证监发〔2007〕40 号）等文件的要求。

2016 年 10 月 14 日，15 部委联合出台《股权众筹风险专项整治工作实施方案》（证监发〔2016〕29 号），针对股权众筹的互联网金融平台进行专项整治，禁止平台上的融资者擅自公开或者变相公开发行股票。

2017 年 8 月 30 日，中国互联网金融协会发布《关于防范各类以 ICO 名义吸收投资相关风险的提示》，指出国内外部分机构采用各类误导性宣传手段，以 ICO 名义从事融资活动，相关金融活动未取得任何许可，涉嫌诈骗、非法证券活动、非法集资等行为。

2017 年 9 月 2 日，互联网金融风险专项整治工作领导小组办公室向各省市金融办（局）发布了《关于对代币发行融资开展清理整顿工作的通知》（整治办函〔2017〕99 号文），要求各省市金融办（局）对辖区内相关平台的高级管理人员进行约谈和监控，对账户进行监控，必要时冻结资金资产，防止平台卷款跑路；全面停止新发生代币发行融资活动，建立代币发行融资的活动监测机制，防止其"死灰复燃"；对已完成的 ICO 项目要进行逐案研判，针对大众发行的要清退，打击违法违规行为；要求各地互金整治办对已发项目逐案研判，对违法违规行为进行查处。

2017 年 9 月 4 日，中国人民银行等七部委发布了《关于防范代币发行融资风险的公告》。该公告指出，发行比特币、以太币等所谓虚拟货币，本质上是一种未经批准非法公开融资的行为，代币发行融资与交易存在多重风险，包括虚假资产风险、经营失败风险、投资炒作风险等，投资者须自行承担投资风险。要求停止各类代币发行融资活动，已完成代币发行融资的组织和个人应当做出清退等安排。禁止任何组织和个人从事代币发行融资活动；加强代币融资交易平台的管理；禁止各个金融机构和非银行机构开展与代币发行融资交易相关的业务。

2018年1月22日，中国人民银行支付结算处下发《关于开展为非法虚拟货币交易提供支付服务自查整改工作的通知》（银管支付〔2018〕11号），通知各单位及分机构开展自查整改工作，严禁为虚拟货币交易提供服务。

2018年1月23日，中国互联网金融协会颁布《关于防范境外ICO与"虚拟货币"交易风险的提示》，警告投资者防范境外发币机构带来的金融风险和政策风险，保持理性。

2018年7月9日，互联网金融风险专项整治工作领导小组负责人明确提出，首次代币发行以及各类变相的筹资行为，涉及非法集资和非法发行证券，是不允许的。

2018年8月起，中国互联网金融举报信息平台网页显示，该平台已在"互联网金融举报范围"内列入"代币发行融资"内容，接受对"代币发行融资"的举报、监督、查处工作。

2018年8月24日，中国银保监会、中央网信办、公安部、中国人民银行、国家市场监管总局共同发布《关于防范以"虚拟货币""区块链"名义进行非法集资的风险提示》，指出一些不法分子打着"金融创新""区块链"的旗号，通过发行所谓"虚拟货币""虚拟资产""数字资产"等方式吸收资金，侵害公众合法权益。此类活动并非真正基于区块链技术，而是炒作区块链概念行非法集资、传销、诈骗之实，要求广大民众提高警惕，防范风险。

2018年8月23日，北京市朝阳区金融社会风险防控工作领导小组办公室发布了题为《关于进一步开展比特币等虚拟货币交易场所清理整治的通知》的公告，提出为保护社会公众的财产权益，保障人民币的法定货币地位，防范洗钱风险，维护金融系统安全稳定，根据全国互联网金融风险专项整治工作领导小组办公室发布的《关于进一步开展比特币等虚拟货币交易场所清理整治的通知》的规定，要求各商场、酒店、宾馆、写字楼等地不得承办任何形式的虚拟货币推介、宣讲等活动。该公告对"代币发行融资"进行了高压监控。

2019 年 3 月 21 日，北京市互联网金融行业协会公布了《关于防范以"虚拟货币""ICO""STO""稳定币"及其他变种名义进行非法金融活动的风险提示》，继续加强对加密数字货币方面的监管。

二、扶持区块链技术及产业发展的地方政策

为积极鼓励、支持区块链技术的发展，各地纷纷推出区块链鼓励政策，以抢占产业和人才高地优势。表 2 - 1 是我国主要地区出台的促进区块链产业发展的政策。

表 2 - 1　我国主要地区关于"链改"的政策

地区	出台的文件及其政策内容
北京地区	（1）2016 年 8 月 10 日，北京市金融工作局发布《北京市金融工作局 2016 年度绩效任务》，其中第八条提到，推动出台中关村互联网金融综合试点方案，推动中关村区块链联盟设立
	（2）2016 年 12 月 30 日，北京市金融工作局发布《北京市"十三五"时期金融业发展规划》（京金融〔2016〕265 号），提到将区块链归为互联网金融的一项技术，并鼓励发展该技术
	（3）2017 年 4 月 6 日，中关村科技园区管理委员会印发《中关村国家自主创新示范区促进科技金融深度融合创新发展支持资金管理办法》，提到支持金融科技企业为金融监管机构和金融机构提供服务，开展人工智能、区块链、量化投资、智能金融等前沿技术的示范应用工作，提高金融服务的效率和便利性。按照金融科技企业与金融监管机构或金融机构签署的技术应用合同或采购协议金额的 30% 给予企业资金支持，单个项目最高支持金额不超过 500 万元
	（4）2017 年 9 月 29 日，北京市金融工作局等 8 个部门联合发布了《关于构建首都绿色金融体系的实施办法》，提到发展基于区块链的绿色金融信息基础设施，提高绿色金融项目安全保障水平
	（5）在 2018 年 9 月 21 日北京数字经济论坛区块链应用创新峰会上，中共北京市大兴区委副书记、区长，北京经济技术开发区工委副书记王有国表示，大兴区将把区块链技术应用产业作为未来产业重点发展方向，并实行"三个一"战略，即成立一个区块链研发实验室，建立一支投资区块链底层技术应用的基金，开放一批政府资源提供区块链技术应用场景

地区	出台的文件及其政策内容
上海地区	（1）2017 年 3 月 7 日，上海市宝山区发展和改革委员会印发《宝山区 2017 年金融服务工作要点》，提到跟踪服务庙行区区块链孵化基地建设和淞南上海互联网金融评价中心建设，依托专业团队和市场力量，推动金融科技公司发展成为宝山金融生态系统中的重要组成部分，形成创业投资基金和天使投资人群集聚活跃、科技金融支撑有力、企业投入动力得到充分激发的发展模式 （2）2017 年 4 月 28 日，上海市互联网金融行业协会发布国内首个区块链技术应用自律规则，即《互联网金融从业机构区块链技术应用自律规则》，要求区块链技术服务实体经济，注重创新与规范、安全的平衡，明确金融稳定与信息安全的底线，互联网金融从业机构应用区块链技术应当向当地监管部门及行业自律组织进行报备，主动接受行业监管与自律管理，报备信息至少应包括项目名称、责任人、业务模式、业务风险、风控措施等
广州地区	2017 年 12 月 8 日，广州市黄埔区人民政府办公室、广州开发区管理委员会办公室发布《广州市黄埔区 广州开发区促进区块链产业发展办法》（穗开经信规字〔2018〕1 号），针对工商注册地、税务征管关系及统计关系在广州市黄埔区、广州开发区及其受托管理和下辖园区范围内，有健全的财务制度、具有独立法人资格且承诺 10 年内不迁离注册及办公地址、不改变在该区的纳税义务、不减少注册资本的区块链企业或机构，实行培育奖励、成长奖励、平台奖励、应用奖励、技术奖励、金融支持、活动补贴等激励措施。这是目前国内对区块链企业和机构扶持力度最大的政策
广州地区	具体政策措施如下。 培育奖励。对新设立经认定的区块链企业或机构，实缴注册资本 200 万元以上的，按实缴注册资本的 10%，自注册之日起 3 年内给予培育奖励，每家企业或机构累计最高奖励 100 万元，并一次性给予 30 万元的技术人才引进补助。对落户本区经认定的区块链领域的行业协会，依法在国家级、省级、市级政府职能部门登记成立的，分别给予每年 100 万元、60 万元、40 万元的活动经费补贴。上述企业或机构入驻本区认定的区块链创新基地、区块链大厦、区块链产业园，租用办公用房且自用的，自租用办公用房起 3 年内，每年每家企业给予最高 1000 平方米且最高 60 万元的租金补贴。并一次性给予 30% 的装修费用补贴，最高补贴 100 万元 成长奖励。对经认定的区块链企业或机构年度营业收入达到 200 万元以上且同比增长 100% 以上，每年给予 50 万元的技术人才引进补助。对经认定的区块链企业或机构年度营业收入首次达到 500 万元、2000 万元、1 亿元以上的，分别给予 50 万元、100 万元、500 万元的奖励，同一企业按差额补足方式最高奖励 500 万元。对获得国家高新技术企业培育入库、认定的区块链企业或机构，分别给予 10 万元、30 万元的奖励（不含上级补助）。对在境内外资本市场上市、新三板挂牌的区块链企业或机构，分别给予 500 万元、最高 200 万元的奖励（不含上级补助） 平台奖励。对省级以上认定的区块链交易中心、检测中心、数据中心、存储中心等公共平台且取得相关资质的，给予 100 万元的奖励。对获得国家级、省级、市级认定的区块链技术重点实验室、工程（技术）研究中心、企业技术中心、新型研发机构等创新平台，分

续表

地区	出台的文件及其政策内容
广州地区	别给予 500 万元、300 万元、100 万元奖励。对获得国家级、省级、市级认定的区块链专业众创空间（孵化器），分别给予 100 万元、50 万元、25 万元的奖励，引进 5 家以上经认定的区块链企业或机构的，每引进 1 家给予 5 万元奖励，每年最高奖励 100 万元。推进区块链数字经济示范区建设，对经认定的区块链创新基地、区块链大厦、区块链产业园，给予运营管理机构 3 年的运营补贴，每年最高补贴 100 万元 应用奖励。鼓励以应用需求为导向，加快本区的"区块链＋应用场景"的应用示范，加大财政投入，实施区块链应用示范专项计划，每年重点支持 10 个区块链应用场景建设，每个应用示范项目最高支持 300 万元 技术奖励。对参与主导编制国际、国家、行业、地方区块链技术及应用标准（规范）且被列入前 3 名的企业或机构，分别一次性给予 100 万元、50 万元、30 万元、10 万元的奖励，每年每家企业或机构的国家、行业、地方标准（规范）最高奖励 100 万元。对获得国家、省、市立项资助的区块链项目及奖励予以配套，分别按照资助或奖励金额的 100%、70%、50% 给予资金配套支持，最高分别不超过 500 万元、300 万元、100 万元 金融支持。对区块链企业通过商业银行或融资担保的方式获得的银行贷款，给予贷款利息及担保费用全额补贴，每年每家企业最高补贴金额为 50 万元，补贴期限为 3 年。对首次获得风险投资机构投资的种子期、初创期的区块链企业，按实际获得投资额的 10% 给予奖励，每家企业最高奖励 100 万元 活动补贴。对承办国际级、国家级区块链研讨、论坛等高水平交流会议的，经认定备案，最高给予 100 万元的补贴
深圳地区	（1）2016 年 11 月 3 日，深圳市人民政府金融发展服务办公室发布《深圳市金融业发展"十三五"规划》，提到支持金融机构加强对区块链、数字货币等新兴技术的研究探索 （2）2017 年 8 月 17 日，深圳市经济贸易和信息化委员会发布《深圳市经贸信息委关于组织实施某市战略性新兴产业新一代信息技术信息安全专项 2018 年扶持计划的通知》，提到针对信息安全产业进行扶持，单个项目资助金额不超过 200 万元，资助金额不超过项目总投资的 30% （3）2017 年 9 月 25 日，深圳市人民政府印发《深圳市扶持金融业发展若干措施》，提到充分发挥"金融创新奖和金融科技专项奖"的创新激励作用。设立金融科技专项奖，重点奖励在区块链、数字货币、金融大数据运用等领域的优秀项目，年度奖励额度控制在 600 万元以内
浙江地区	（1）2016 年 12 月 23 日，浙江省人民政府办公厅发布《关于推进钱塘江金融港湾建设的若干意见》，提到加强产业和生活配套设施建设。建设疏密有度、错落有致的金融集聚空间，有效集聚各类金融机构、财富管理机构、新金融机构以及金融大数据、云计算、区块链、人工智能、互联网征信等金融科技类企业 （2）2017 年 5 月 9 日，西湖区人民政府金融工作办公室、西湖区财政局发布《关于打造西溪谷区块链产业园的政策意见（试行）》提到，对区块链企业、人才进行大力扶持

地区	出台的文件及其政策内容
浙江地区	具体政策措施如下 企业扶持： （1）企业（机构）租用园区内办公用房用于区块链项目的，采用先缴后补方式，按每天每平方米1.5元且每年不超过50万元的标准，给予房租补助，期限为3年 （2）国家、省、市区块链行业联盟（联合会）入驻园区并实际运行的，每年给予10万元的补助，期限为3年 （3）从事区块链技术及应用的企业（机构）年地方财政贡献达到50万元的，按其地方财政贡献的30%给予项目补助；年地方财政贡献达到300万元的，按其地方财政贡献的50%给予项目补助；年地方财政贡献达到500万元的，按其地方财政贡献的60%给予项目补助。补助期限为3年 （4）鼓励区块链技术的研发和应用，对获得市级以上科技奖并在西湖区实施转化的科技成果进行奖励。经认定，按照国家级100万元、省级50万元、市级20万元予以补助 （5）支持企业与高等院校、科研院所合作，围绕主导产业组建产业技术创新联盟、企业研究院、重点实验室、研发中心。对新认定为国家、省、市级企业研究院、研发中心的，分别给予300万元、100万元、30万元的奖励 （6）入驻企业（机构）举办区块链论坛或峰会等活动，经认定，按照国家级、省级、市级类别，分别给予最高不超过50万元、30万元、10万元的补助 人才扶持： 对从事区块链技术及应用企业（机构）的高级管理人才、技术人才，按其工资薪金所得形成的地方财政贡献，给予100%的生活补助，期限为3年
江苏地区	（1）2017年2月2日，南京市人民政府办公厅发布《"十三五"智慧南京发展规划的通知》（宁政办发〔2017〕26号），提到重点培育物联网、云计算、大数据、人工智能、区块链等新兴产业，人工智能、生物识别、区块链等一批新技术形成突破并实际应用，推进南京市云计算、大数据、互联网、物联网、人工智能、区块链等技术发展 （2）2017年12月27日，苏州同济区块链研究院发布了《苏州高铁新城区块链产业发展扶持政策（试行）》，在区块链项目经营、平台、应用、人才、培训等方面采取扶持政策 　具体扶持政策如下 经营扶持： （1）鼓励高铁新城新设立的区块链企业（机构）做大做强，对年营业收入首次超过500万元、1000万元、5000元万、1亿元的企业，分别一次性奖励10万元、20万元、100万元、200万元。以上一次性奖励，不超过该年度企业上缴税收高铁新城地方留存部分 （2）对在境内资本市场上市、境外资本市场上市、新三板挂牌的，经认定属于区块链技术研发和应用创新的区内企业，分别给予600万元、200万、200万元的扶持奖励 （3）对在新三板成功挂牌的企业一次性奖励200万元，对成功转板的再次奖励400万元 （4）对在沪深交易所上市的公司，对IPO上市企业、企业董事长及其管理团队分别奖励200万、200万和200万，并根据上市进度分别兑现 （5）对在境外IPO成功上市的企业一次性奖励200万元，对返回国内沪深交易所成功上市的再次奖励400万元

地区	出台的文件及其政策内容
江苏地区	平台扶持： （1）对获得省级及以上认定的区块链研究中心、评测中心、数据中心、存储中心等公共平台且取得相关资质的，给予100万元奖励 对获得国家级、省级、市级认定的区块链技术重点实验室，分别给予500万元、300万元、100万元的奖励 （2）对获得国家级、省级、市级认定的区块链专业众创空间（孵化器），分别给予100万元、50万元、25万元的奖励，引进5家以上经认定的区块链企业（机构）的，每引进1家给予5万元奖励，每年奖励最高不超过100万元 （3）对经认定的区块链创新基地、区块链大厦、区块链产业园，按照运营管理机构实际运营费用给予一定补贴，补贴期限为3年，每年补贴最高不超过100万元 应用支持： 鼓励以应用需求为导向，加快高铁新城区块链应用场景的示范项目落地，加大财政投入，实施区块链应用示范专项扶持计划，每年开放不超过50个区块链的应用场景建设，每个应用示范项目最高资助金额不超过300万元。高铁新城将成立专项工作小组，帮助企业（机构）实现应用场景落地建设 人才扶持： （1）对引进的区块链技术核心专业高层次人才，可以为其申请高端人才公寓，并给予个人所得税高铁新城留存部分90%的奖励，奖励期为3年。对急需的国内外一流区块链方面的专家人才，在高铁新城安家落户且服务3年以上的，给予一次性80万元的安家补贴。专家人才界定参照阳澄湖人才计划标准另行制定 （2）对新注册落地企业的区块链技术人才，在企业注册成功之日起的12个月内，可由企业统一向高铁新城申请入驻区内人才公寓，并根据实际情况给予一定的租金补贴。区块链技术人才界定参照阳澄湖人才计划标准另行制定 （3）对新注册落地企业引进的区块链技术人才落户和子女入学提供便利 培训支持： （1）大力聚集区块链技术专业培训机构，对在高铁新城设立的培训学校、职业学院，自设立起的第一年、第二年、第三年每年培训区块链技术核心专业学生100人以上，毕业后在高铁新城区块链企业（机构）正常就业1年以上的，按每人500元标准给予培训机构一次性补贴，每家培训机构每年补贴不超过20万元 （2）鼓励和支持相关企业（机构）利用区块链培训资源，对区块链技术产业发展中急需特殊专业技术人才开展订单式培养，每生每学年给予企业（机构）1000元的学费补助 金融扶持： （1）设立高铁新城区块链专项引导基金，总规模为10亿元 （2）对高铁新城区块链企业（机构）获得银行业金融机构贷款，经认定专项用于区块链项目的，按照同期贷款基准利率给予第一年100%、第二年80%、第三年60%的利息补贴，每年补贴金额最高不超过200万元

地区	出台的文件及其政策内容
江苏地区	（3）将区块链企业（机构）纳入"助保贷"体系，可对单个企业（机构）提供不超过500万元的助保贷贷款总额 活动扶持： （1）对承办国际级、国家级区块链研讨、论坛等高水平交流会议的区块链企业（机构），经认定备案，给予最高不超过100万元的补贴 （2）对落户高铁新城并经认定市级以上区块链领域的行业协会，开展活动给予每年最高不超过50万元的活动经费补贴
贵州地区	（1）2016年12月，贵阳市人民政府新闻办公室发布《贵阳区块链发展和应用》，提到要通过5年的努力，建成主权区块链应用示范区和数字货币应用先行区，将贵阳打造成区块链创新要素重要集聚地和区块链技术应用创新重要策源地 （2）2017年2月16日，贵州省大数据发展领导小组办公室印发《贵州省数字经济发展规划（2017—2020年）》，提到探索推进区块链技术发展应用。建设区块链数字资产交易平台，构建区块链应用标准体系，为资产的数字化流通提供系统支持 （3）2017年5月22日，贵阳国家高新技术产业开发区管理委员会发布《贵阳国家高新区促进区块链技术创新及应用示范十条政策措施（试行）》（筑高新管发〔2017〕10号）提到，对区块链企业提供入驻支持、运营补贴、贡献奖励、创新支持、成果奖励、人才扶持、培训补贴、融资补贴、风险补贴和上市奖励 具体政策措施如下 入驻支持： （1）房租费用补贴。落地企业（机构）租用区内办公或生产用房不超过500平方米，且经认定专项用于区块链项目的，采取先缴后补的方式，从签订租赁合同起的第一年、第二年、第三年每年给予全额租金补贴 （2）办公场地装修费用补贴。企业装修办公用房的，按照最高500元/平方米，总额最高不超过50万元的标准给予补贴 运营补贴： 项目单位日常运营产生的数据储存空间租赁费用、宽带费用、水电费用，从签订租赁合同起的第一年、第二年、第三年每年按企业上述几项实际发生总额的20%给予补贴，每年补贴最高不超过50万元 贡献奖励： 区内企业（机构）通过提供区块链技术（应用）服务产生营业收入的，年度首次达到500万元、1000万元、5000万元、1亿元以上的，分别给予20万元、50万元、100万元、200万元的一次性奖励 创新支持： （1）区内企业（机构）通过专利合作条约（PCT）途径或巴黎公约途径向国外申请区块链技术发明专利的，获得授权后每件奖励30万元；区内企业（机构）获得国内区块链技术发明专利的，获得授权后每件奖励5万元；对于区块链技术版权登记、计算机软件著作权登记，每件奖励1万元

地区	出台的文件及其政策内容
贵州地区	（2）对区内企业（机构）因研发或应用区块链技术被认定为创新型企业并授牌的，按照国家级创新型企业50万元、省级创新型领军企业30万元、省级创新型企业20万元的标准，给予一次性扶持奖励 （3）区内企业（机构）建设区块链创新创业基地获批授牌的，按照国家级200万元、省级100万元的标准，给予建设运营机构一次性扶持奖励 （4）对主导编制区块链技术及应用标准（规范）的区内企业（机构），获中国标准创新奖的企业（机构），给予50万元奖励；对列入前三位的起草单位，企业标准转化为按国际标准的，分别奖励100万元、50万元、20万元；转化为国家标准的，分别奖励50万元、20万元、10万元；转化为行业标准的，分别奖励20万元、10万元、5万元；转化为省地方标准的，分别奖励5万元、2万元、1万元。对获批承担国家、行业、省级标准化专业技术委员会秘书处的机构，分别给予50万元、20万元、5万元的奖励 （5）对区内企业（机构）经认定因研发或应用区块链技术在市级以上创新大赛中获奖的，按照国际级200万元、国家级100万元、省级50万元、市级20万元的标准给予一次性扶持奖励 （6）区内企业（机构）建设区块链技术重点（工程）实验室、工程（技术）研究中心、企业技术中心等研发平台，获批授牌的，按国家级500万元、国家地方联合200万元、省级100万元的标准给予一次性扶持奖励 成果奖励： （1）区内企业（机构）在区块链分布式账本、对称加密和授权技术、共识机制、智能合约方面在全国全球范围内率先取得技术突破，经专家委员会评审认定有效，且属于重大突破的，一次性给予最高不超过200万元的奖励 （2）由区内企业（机构）主导研发，并经专家委员会认定该应用的核心技术属于企业自有知识产权的区块链场景应用产品，经认定已研发完成并上线运营的给予最高100万元的一次性奖励资金 人才扶持： （1）对业绩突出的区块链技术人才，经破格认定为高层次人才后，可享受区内高层次人才生活津贴、人才公寓等相关待遇。区内企业（机构）引进并经认定的区块链技术高层次人才到区内企业（机构）工作，经认定，可享受区内高层次人才优惠待遇 （2）对引进的区块链技术核心专业高层次人才，由区财政补贴社会保险个人缴纳部分。对全职引进的外籍常驻专家，基本医疗保险由区财政补贴。对急需的国内外一流人才，在我区安家落户且在我区服务5年以上的，给予一次性10万元的安家补贴。对引进的区块链技术核心专业大学毕业生，从入职首年起连续3年，基本社会保险费由财政承担 （3）设立人才公共户，对持有高新区人才认定的本人和直系亲属可直接落此公共户。积极对接协调周边优质教学资源，为区块链技术人才子女入学提供便利 培训补贴： （1）大力聚集区块链技术专业培训机构，对在高新区设立的培训学校、职业学院，自设立起的第一年、第二年、第三年每年培训区块链技术核心专业学生100人以上，获得区块链技术核心专业学历学位或国家职业体系认证，毕业后在高新区企业正常履职1年以上的，按每人500元标准给予培训机构一次性补贴，每家培训机构每年补贴不超过20万元；鼓励和支持相关企业利用区内大数据优势培训资源，对区块链技术产业发展中急需的特殊

地区	出台的文件及其政策内容
贵州地区	专业技术人才开展订单式培养，每生每学年给予1000元学费补助，用人单位另行给予生活补贴 （2）培训机构独立获得国务院学位委员会批准增列博士、硕士专业教学点，且在高新区内实地办学的，分别给予一次性100万元、80万元的补贴；鼓励和支持区内企业（机构）与在筑高校联合设立区块链核心技术专业企业教学点、专题定向班，对联合设置专业教学点，获得博士、硕士、本科和大专校外教学资质并开展实质性教学，被纳入高校教学体系的，一次性补贴50万元、40万元、30万元、20万元；对开设专题定向班的，一次性补贴企业10万元/班 （3）对区内需求比较集中的专业技术人才，与省内外高校或国内发达省区合作举办培训班，或组织高级研修活动，进行集中培训，培训经费由区财政和用人单位按2∶1的比例承担 融资补贴： 对区内企业（机构）获得银行业金融机构贷款，经认定专项用于区块链项目的，按照同期贷款基准利率给予第一年100%、第二年80%、第三年60%的补贴，每年补贴金额最高不超过100万元 风险补偿： 设立风险补偿金，鼓励银行、保险等金融机构开展"投贷联动""投贷保联动""保贷联动"等服务创新。对向区内企业（机构）发放的区块链项目贷款发生损失的金融机构，经认定，按照单笔贷款50%的比例给予损失补助，最高不超过100万元；担保公司为区内企业（机构）提供区块链项目融资担保，经认定，按照发生代偿金额的30%给予补助，单笔金额不超过100万元 上市奖励： 对在境外、境内主板上市、中小板、创业板上市的，经认定属于区块链技术研发和应用创新的区内企业，分别给予1400万元、850万元的扶持奖励（含上级补助）；在新三板挂牌的，经认定属于区块链技术研发和应用创新的区内企业，给予200万元扶持奖励（含上级补助）。以上奖励分阶段给予，在境外主板、境内主板、中小板、创业板提交资料并获交易主管机构正式受理的奖励50%，上市后奖励50%；在新三板提交资料并获交易主管机构正式受理的奖励50%，挂牌后奖励50%
香港地区	香港特别行政区2018年公布了最新一期的优秀人才入境计划（QMAS）名单，其中区块链专业人员在获得创新和技术领域的入港资格时，可申请加分奖励，最高可加分30分。不过需要持有学士或以上学位，并具有该领域知名公司的工作经验，了解如何在金融服务中应用区块链技术 2018年2月6日，香港金融管理局（金管局）发布《虚拟银行的认可》指引修订本，以推动虚拟银行在香港的设立。在该指引中，虚拟银行的定义是主要通过互联网或其他形式的电子渠道而非实体分行提供零售银行服务的银行。香港金融管理局在该指引修订本中指出，银行、金融机构及科技公司均可申请在香港持有和经营虚拟银行，由于虚拟银行主要从事零售业务，应以本地注册银行形式经营，虚拟银行须遵守适用于传统银行的同一套监管原则及主要规定，只是部分规定须根据虚拟银行的商业模式做出适当调整

从上述政策汇总来看，2017—2018 年，为了促进区块链研发及应用，我国主要地区相继出台了详细的鼓励政策，这表明了政府大力发展区块链产业的决心。其中，北京、上海、广州、深圳、浙江、贵州、江苏等地的政府出台的鼓励政策最为有力，这些政策为区块链从业人员提供了良好的环境，也为区块链行业的繁荣发展创造了良好的社会环境。

三、世界其他国家区块链及加密数字货币发行的相关政策

世界各国发布的区块链技术相关政策都是鼓励乃至大力支持区块链技术发展的，还没有国家明确宣布反对、打压区块链技术，但对于诸如比特币等加密数字货币，出台限制及反对、打压政策的国家很多，如表 2 - 2 所示。

表 2 - 2   典型国家的区块链政策

国家	政策
英国	2016 年 1 月 19 日，英国政府发布了长达 88 页的《分布式账本技术：超越区块链》白皮书，同时积极评估区块链技术的潜力，考虑将它用于减少金融欺诈，降低成本 2018 年 4 月 6 日，英国金融市场行为监管局（FCA）发布《对于公司发行加密代币衍生品要求经授权的声明》，表示为通过 ICO 发行的加密代币或其他代币的衍生品提供买卖、安排交易、推荐或其他服务达到相关的监管活动标准，就需要获得 FCA 授权 2015 年 3 月，财政部发布数字货币相关报告，建议反洗钱法规将适用于英国的数字货币交易所，英国财政部将在会议中商议数字货币的监管模式，政府将与英国标准协会（BIS）以及数字货币行业共同制定一个"最佳"的监管框架
德国	2013 年 8 月，德国宣布承认比特币的合法地位，并将其纳入国家监管体系。德国是世界上首个承认比特币合法地位的国家。德国政府表示，比特币可以当作私人货币和货币单位，比特币个人使用 1 年内免税，但是进行商业用途需要征税 2016 年 11 月，联合德意志联邦银行和法兰克福金融管理学院召开"区块链技术——机遇和挑战"大会，对分布式账本的潜在运用展开研究，包括跨境支付、跨行转账以及贸易数据的存储 2018 年 3 月 28 日，德国联邦金融监督管理局（BaFin）发布了咨询函，表示 BaFin 在个案基础上决定代币是否构成德国证券交易法或金融工具市场指引项下的金融工具，在个案基础上决定代币是否构成德国证券招股书法项下的证券，在个案基础上决定代币是否构成德国金钱投资法项下的金钱投资。BaFin 在咨询函中对构成金融工具和证券所需符合的特征做出了详细定义，并列明了相关的授权要求

国家	政策
爱沙尼亚	2014年10月，爱沙尼亚启动"电子公民"项目，世界各国公民都可以在线登陆爱沙尼亚"电子公民网（e‑resident. gov. ee）"登记成为爱沙尼亚"电子公民"。爱沙尼亚政府启动的"电子公民"项目全称为"电子公民数字身份证明"。无论哪个国家的公民，都可以在线填表申请，获得批准后，可就近到爱沙尼亚派驻国外的34个使领馆领取其个人数字身份证明。同时，爱沙尼亚"电子公民"项目总经理还提出由国家发行 Estcoin 虚拟货币，Estcoin 以区块链为基础并且通过国家央行进行 ICO 众筹。爱沙尼亚的电子居民项目被称为世界上首个由政府发起的区块链项目，极大地推动了欧洲区块链项目的发展
瑞典	2016年3月瑞典开始大规模公开测试，用区块链记录土地所有权。这场测试由瑞典国家土地调查中心跟区块链新创公司 ChromaWay 公私协同，将与两家专营贷款的银行 Landshypotek 以及 SBAB 合作
瑞士	2017年9月29日，瑞士金融市场监督管理局（FINMA）发布《首次代币发行的监管处理》，表示 ICO 涉及以下方面可能受相关法律的监管：打击洗钱和资助恐怖主义的规定。如果 ICO 发行的代币构成支付工具的发行，反洗钱法将适用 2018年2月16日，FINMA 发布《ICO 指导方针》，对早先发布的《首次代币发行的监管处理》进行补充，表示 ICO 是否受监管需要根据个案的具体情况进行判断。在评估 ICO 时，FINMA 将集中讨论由 ICO 组织者发行的代币的经济功能和目的。判断的关键因素是代币的基本目的以及它们是否已经可以交易或转让。《ICO 指导方针》也表示，ICO 也受反洗钱法的监管
丹麦	2017年11月13日，丹麦金融监管局（FSA）发表了《关于 ICO 的声明》，表示只有单纯作为支付手段的加密货币不受丹麦的金融立法的监管。只要相关 ICO 活动属于金融监管的范围，涉及 ICO 和加密货币的企业就应该仔细考虑相关法规，如招股说明书指令、另类投资基金管理公司指令、第四项反洗钱指令和其他可能相关的法律
法国	2017年12月11日，法国政府表示将允许采用区块链技术交易特定传统证券，修改后的证券法于2018年生效，机构将能通过区块链发行特定证券，如基金股份或私有公司股份，而不必通过传统中介来发行。不过，法国政府排除了一些规模最大的资产类别，如上市公司的股份，因欧盟要求涉及这类证券的交易必须通过中央结算所来结算
奥地利	奥地利金融市场管理局（FMA）发表了指导方针——《首次代币发行》，详细阐述了 ICO 受监管的几种情况： 如果资金不是通过使用虚拟货币筹集，而是使用法定货币筹集，并且 ICO 规定募集的资金将按照 ICO 组织者的自由裁量权投资，并且投资者有要求偿还投资的相应请求权，那么就受《奥地利银行法》的监管 如果将与代币有关的权利与众所周知的各种证券权利相比较，有强烈的迹象表明属于一类，特别是投票权的给予、利润分配权、可交易性、利息支付的承诺及在某一特定时期结束时偿还所收到的资金的权利，那么就受《2007年证券监管法》的监管 如果代币授予每个持有者对 ICO 组织者享有某种财产权利，如索赔权、会员权、附条件权利（如所有权、红利分配请求权或本金偿还请求权），这些代币可能被分类为投资

国家	政策
奥地利	从而落入奥地利资本市场法的监管范围。当存在从许多投资者那里筹集资金，然后按照确定的投资策略将投资收益，即利润，传递给代币持有者，那么就有充分的理由表明存在另类投资基金，就要受《另类投资基金管理人法》的约束
俄罗斯	2014 年 2 月，俄罗斯总检察长办公室发表声明，宣布在俄罗斯境内不得使用比特币。2014 年 8 月，俄罗斯发布法案草案，提到了一系列的行政罚款，包括企业和公民发行创建或故意传播有关数字货币的制作或操作信息等。2015 年 3 月，俄罗斯财政部副部长 Alexei Moiseev 发表声明，俄政府将执行去年八月份颁布的比特币禁令 2017 年 5 月 9 日，俄罗斯联邦信息技术和通信部（Ministry of Communications）宣布计划于 2019 年实现区块链合法化 2018 年 2 月 26 日，Russia Insight 放出一段视频，内容是俄罗斯总统普京与该国最大的银行 Sberbank（俄罗斯联邦储蓄银行）总裁 Herman Gref 之间的讨论。在谈话中普京提到了俄罗斯、监管机构和当地银行采用区块链技术的必要性
泰国	泰国外汇管理和政策部颁布规定：买卖比特币、用比特币买卖任何商品或服务、与泰国境外的任何人存在比特币的往来都是违法的 泰国是全球范围内第一个"封杀"比特币的国家
新加坡	新加坡是亚洲区块链技术研究的"领头羊"，新加坡金融货币管理局（Monetary Authority of Singapore，MAS）针对 FinTech 企业推出了"沙盒（Sandbox）"机制，即只要任何在沙盒中注册的 Fintech 公司，允许在事先报备的情况下，从事和目前法律法规有所冲突的业务；即使以后被官方终止相关业务，也不会追究相关法律责任。通过这种"沙盒"机制，能够让政府在可控范围内，进行多种金融创新，并且能够让创业者放心尝试各种相关的创新业务 2014 年 3 月 13 日，MAS 发表《新加坡货币管理局为洗钱和恐怖融资风险监管虚拟货币中介机构》的声明，表示 MAS 会监管在新加坡的虚拟货币中介机构以应对潜在的洗钱和恐怖融资风险；2017 年 8 月 1 日，MAS 发布《新加坡货币管理局澄清在新加坡提供数字代币的监管立场》，表示如果数字代币构成《证券及期货条例》第 289 章规定的产品，数字代币在新加坡的发行将受到 MAS 的监管
日本	2016 年 5 月 25 日，日本国会通过了《资金结算法》修正案（已于 2017 年 4 月 1 日正式实施），正式承认虚拟货币为合法支付手段并将其纳入法律规制体系之内，从而成为第一个为虚拟货币交易所提供法律保障的国家。该法在判断是否属于虚拟货币的过程时，较为重要的标准为是否满足交易对象的不特定性 2016 年 11 月日本央行与日本交易所集团（JPX）牵头成立日本区块链联盟，开展资本市场基础设施建设导向的数个区块链项目，联盟最初成员包含东京证交所、大阪证交所以及日本证券清算公司，后期日本最大的市场监管机构——日本央行和金融服务机构（FSA）也宣布加入 2017 年 4 月，日本经济产业省发布了日本区块链标准具体的评估方法。评估过程将由经济产业省信息政策局的信息经济司制定。日本区块链标准评估方法包括 32 个指标，这些指标与区块链技术特点紧密相关，评估指标包括可扩展性、可以执行、可靠性、生

续表

国家	政策
日本	产能力、节点数量、性能效率和互用性等 2014 年 3 月，日本内阁会议决定，禁止银行和证券公司从事比特币业务，但对比特币做出定性，并不采取对比特币交易的监管措施，同时对比特币购买的消费税征税上采取了灵活有弹性的政策。2014 年 6 月，日本执政党自民党表示，决定暂时不监管比特币。2015 年 8 月，Mt. Gox 首席执行官被捕，日本政府考虑比特币监管事宜。2016 年 5 月，日本首次批准数字货币监管法案，并将数字货币定义为财产
韩国	2015 年年底，韩国新韩银行参与区块链企业的融资 2016 年 2 月，韩国央行推出了专门针对区块链的研究项目；2016 年 10 月，韩国金融服务委员会（FSC）宣布了金融科技两步走发展战略，韩国五大银行——韩亚银行、新韩银行、韩国国民银行、友利银行、韩国中小企业银行（IBK）相继加入了 R3 区块链联盟 2016 年 2 月韩国唯一的证券交易所 Korea Exchange（KRX）宣布正在开发基于区块链技术的交易平台
阿联酋	阿联尊的迪拜于 2016 年年初成立了全球区块链委员会，目前拥有超过 30 个成员，包括政府实体（智能迪拜办事处、迪拜智能政府）、迪拜多商品交易中心（DMCC）、国际公司（思科、IBM、SAP、微软）以及区块链创业公司（BitOasis、Kraken 以及 Yellow-Pay），其计划在 2020 年之前全面启动区块链应用，使之成为世界首个区块链全面应用的国家，进而成为区块链和物联网应用领域的世界领袖 2016 年 5 月 30 日，迪拜的全球区块链委员会举行了 2016 年行业主题会议，公布了 7 个新的区块链概念验证，包括医疗记录、保障珠宝交易、所有权转让、企业注册、数字遗嘱、旅游业管理、改善货运 可以说，迪拜目前是中东地区的区块链研发中心
美国	2014 年 6 月，加利福尼亚州州长签署的 AB—129 法案指出，包括数字货币、积分、优惠券在内的美元替代品为合法货币；而纽约则对数字货币比较严格，12 月 18 日将虚拟货币管理和比特币牌照相关法规编入《纽约金融服务法律法规》，开始实施对比特币的监管 2015 年 1 月 26 日，纽约证券交易所入股的 Coinbase，获批成立比特币交易所，美国以纽约州为代表的比特币监管立法进程初步完成。2015 年 6 月，纽约金融服务部门发布了最终版本的数字货币公司监管框架 BitLicense 2017 年 2 月美国国会议员加雷德·波利斯（Jared Polis）以及戴维·斯维卡特（David Schweikert）宣布建立国会区块链决策委员会，致力于挖掘区块链技术在安全、福利以及医疗方面的潜力 特拉华州政府已经使用区块链技术降低企业注册成本，并通过"智能合约"进行自动处理、加速处理过程、减少诈骗 2017 年 7 月 25 日，美国 SEC 根据《1934 年证券交易法》第 21（a）条发布了 The Dao 的调查报告，该调查报告运用 Howey 测试得出 Dao 币是证券的结论。因此，发行和销售 Dao 币的行为受到联邦证券法的约束

国家	政策
加拿大	2013 年 12 月，世界上首个比特币 ATM 机在温哥华投入使用。很多美国本土的比特币创业者，由于美国国内不同州的法律监管问题，选择搬迁到加拿大创业 2016 年 6 月，加拿大启动代号为"Jasper"的创新项目，以帮助央行通过分布式总账科技发行、转移或处置央行资产。加拿大央行此项计划主要试验如何以区块链技术产出被政府许可的流通货币，这也是全球主要央行采用区块链开发电子货币的首例 2017 年 8 月 24 日，加拿大证券管理委员会（CSA）发布了《工作人员通知 46 - 307——加密货币发行》，表示每一个 ICO/ITO 项目都是独一无二的，必须根据其自身特点来评估是否构成证券，CSA 同样使用 Howey 测试进行评估。如果符合有价证券定义，那么发行企业必须符合招股说明书要求或取得豁免。同时，完成 ICO/ITO 的企业可能以商业目的进行证券交易，这时还要求获得经销商登记或豁免经销商登记

第二节 "链改"的法律基础

我国目前并没有专门针对区块链技术的法律，与区块链技术发展有关或可能相关的法律条文散见于其他法律中。加密数字货币与区块链技术有关，政府对其监管的相应法律条款依据也一并收集整理于此。

一、区块链收集、固定的证据被法律认可

2018 年 9 月 3 日，最高人民法院审判委员会第 1747 次会议通过了《最高人民法院关于互联网法院审理案件若干问题的规定》（法释〔2018〕16 号），并于 2018 年 9 月 7 日起正式施行。其中，第十一条第二款明确规定：当事人提交的电子数据，通过电子签名、可信时间戳、哈希值校验、区块链等证据收集、固定和防篡改的技术手段或者通过电子取证存证平台认证，能够证明其真实性的，互联网法院应当确认。《最高人民法院关于互联网法院审理案件若干问题的规定》明确提出将区块链技术引入司法体系，这充分反映了互联网法院积极拥抱前沿科技的态度，这也是对区块链技术前景的认可。

2017 年 8 月，杭州市设立全球首家互联网法院，杭州互联网法院的运行实践和试点成效得到社会广泛认可，入选"首届数字中国建设年度最佳

实践成果",并被人民网评选为"改革开放 40 年的 40 个'第一'",在海内外引起强烈反响。

2018 年 7 月 6 日,习近平总书记主持召开中央全面深化改革委员会第三次会议,审议通过了《关于增设北京互联网法院、广州互联网法院的方案》,决定设立北京、广州互联网法院,并于当月挂牌。

二、我国目前对区块链技术知识产权的法律保护

我国目前对区块链技术知识产权的法律保护大体有 4 个方面:著作权保护、专利权保护、商业秘密保护和刑法保护。

1. 著作权保护

根据《计算机软件保护条例》(中华人民共和国国务院令第 339 号),软件著作权人对独立开发的计算机程序及其有关文档享有著作权,其著作权自软件开发完成之日起即产生,受法律的保护。相较于专利权申请来说,著作权对于计算机技术的审核标准较低,审核期限短,区块链技术开发方一般在两个月内就可以获得相应证书。同时,著作权保护期限也较长,对于法人或其他组织的软件著作权,保护期截至软件首次发表后第 50 年的 12 月 31 日。

由于著作权对新颖性的要求较低,其他区块链企业可能会对该项计算机技术稍加修改后申请新的著作权证书。

2. 专利权保护

根据中华人民共和国知识产权局最新版的《专利审核指南》,计算机的语言及计算规则、计算机程序本身属于智力活动的规则和方法,按照《中华人民共和国专利法》的规定不授予专利。

在专利权保护范围内的计算机程序发明,指的是为解决发明提出的问题,全部或部分以计算机程序处理流程为基础,通过计算机执行上述流程编制的计算机程序,对计算机外部对象或内部对象进行控制或处理的解决方案。例如,一个计算机程序的目的是实现一种工业过程、测量或测试过程控制,通过计算机执行一种工业过程控制程序,按照自然规律完成对该工业过程各阶段实施的一系列控制,从而获得符合自然规律的工业过程控制效果,则这种解决方案属于技术方案,属于专利保护的客体。

通常来说,区块链技术通过"去中心化"和分布式记账技术优化产业

链流程的特征符合上述技术方案的定义，但实际申请的结果还需要根据个案的具体情况进行分析。因此，并非所有区块链技术都能符合上述专利申请的条件。

专利权保护的优点是保护程度高，专利权人的权利也较大，可以在一定期限内拥有一定程度的垄断权。但同时缺点也比较明显，一方面是审核标准较高，保护期也有限，以发明专利为例，其保护期仅为 20 年；另一方面，发明专利保护范围以权利人提出的权利要求的范围为准，因此如果区块链技术企业不能对其技术应用范围进行明确说明，很可能会出现遗漏保护内容的情况。

3. 商业秘密保护

我国对于商业秘密的保护尚未形成较为完善的体系，相关条款分散于《中华人民共和国合同法》《中华人民共和国反不正当竞争法》《中华人民共和国劳动法》和《中华人民共和国刑法》等法律中。因此，以我国目前的法律发展状况来说，利用商业秘密对区块链技术进行保护存在一定的应用难度，需要结合个案进行分析。

4. 刑法保护

《中华人民共和国刑法》的保护是我国法律赋予区块链技术权利人的一道法律屏障，同时其相应的惩戒措施也最为严厉。如果权利人采用著作权、专利权、商业秘密等法律保护手段都无法达到理想的法律保护效果，那么在相关方严重侵害权利人权益的情况下，权利人可以采取刑法层面的保护措施，具体措施依据侵犯手段、侵犯程度予以认定。

三、分布式账簿中同步记录的法律效力

分布式账簿中各个节点的参与人都能获得相关交易的完整记录，任何一笔交易都可在短时间内传送至全网各节点，这种技术设计增加了系统安全弹性并降低了中心机构单点失败风险，但可能产生相应法律效力的争议。

从法律层面来说，网络同步记录属于电子数据的一种，其在刑事案件和民事案件中的审查需符合以下标准：根据最高人民法院关于适用《中华人民共和国刑事诉讼法》的解释第九十三条，同步记录的审查内容主要包括相应区块链技术规范、存储内容的完整性这两个方面。

实践中，民事案件中电子数据审查主要依赖第三方机构的鉴定结论来确定电子数据的真实性，如通过公证方式。以"电子数据""公证"为关键词，对涉及电子数据证据的 87 起民事案件裁判文书进行梳理，可以发现法院对公证真实性的认证分为两个阶段：第一阶段为生成、储存或者传递数据电文方法的可靠性；第二阶段为保持内容完整性方法的可靠性。

我国司法机关对于民事、刑事案件中电子数据的审查标准具有一致性，即主要依赖电子数据的生成技术和存储技术进行判断，而分布式账簿中的同步记录由于具有不可篡改、不可逆以及全节点同步存储和验证的特点，理论上满足存储技术的要求，但其法律效力还需结合同步记录生成技术的可靠性来进行判断。

从刑事案例层面，目前尚未出现关于分布式账簿同步记录法律效力的相关判决；从民事案例层面看，2018 年 6 月 28 日杭州互联网法院在一起侵权纠纷案中首次对采用区块链技术进行存证的电子数据的法律效力予以确认，对区块链技术中的存储技术给予了一定程度的肯定。

四、与法定货币、数字货币有关的法律规定

根据《中华人民共和国中国人民银行法》相关规定，我国的法定货币为人民币，且人民币的唯一发行机构为中国人民银行，任何单位和个人不得印制、发售代币票券，以代替人民币在市场上的流通。关于人民币的法定形态，《中华人民共和国人民币管理条例》规定，我国的人民币形态主要为纸币和硬币，数字形态的"代币"尚未被纳入我国现有的法律体系，而由中国人民银行牵头的研究发行法定数字货币的做法，从本质上来说，并不能单单理解为人民币的"数字化"，其将面临如法定形态和支付、结算场景中的具体问题等诸多问题。

中国人民银行等七部委在 2017 年 9 月 4 日发布的《关于防范代币发行融资风险的公告》中指出，代币发行融资活动的本质属性是融资主体通过代币的违规发售、流通，向投资者筹集比特币、以太币等所谓"虚拟货币"，本质上是一种未经批准非法公开融资的行为，涉嫌非法发售代币票券、非法发行证券以及非法集资、金融诈骗、传销等违法犯罪活动，我国监管部门目前对市场主体融资发行数字货币持禁止态度，由中国人民银行发行的数字货币才具有法定地位。

五、关于非法集资的法律规定分析

以区块链技术的名义作为非法集资的由头或手段，在社会经济生活中经常出现，因此也要了解这方面的法律规定。

《中华人民共和国刑法》及相关司法解释将非法集资活动的行为界定为"非法性""公开性""利诱性""不特定性"。

《最高人民法院关于审理非法集资刑事案件具体应用法律若干问题的解释》（法释〔2010〕18号）中对非法集资等行为有明确的规定：

非法性：未经有关部门依法批准或者借用合法经营的形式吸收资金，即没有合法的经营活动而吸收公众资金。

公开性：通过媒体、推介会、传单、手机短信等途径向社会公开宣传，即用公开渠道宣传经营项目。

利诱性：承诺在一定期限内以货币、实物、股权等方式还本付息或者给付回报，即承诺相应的回报或者增值等以吸引投资人参与。

不特定性：向社会公众即社会不特定对象吸收资金，即融资活动的参与主体为不特定的社会公众，且具有一定规模。可见，对于没有实际经营、研发项目，或者违反上述规定以利诱方式向不特定公众募集资金的行为，很容易被认定为非法集资行为。

《最高人民法院关于审理非法集资刑事案件具体应用法律若干问题的解释》中认定，符合下列条件的，即为非法吸收公众存款或者变相吸收公众存款。

（1）未经有关部门依法批准或者借用合法经营的形式吸收资金；

（2）通过媒体、推介会、传单、手机短信等途径向社会公开宣传；

（3）承诺在一定期限内以货币、实物、股权等方式还本付息或者给付回报；

（4）向社会公众即社会不特定对象吸收资金。

符合前述条件，并且符合下列条件的，将会被认定为以非法占有为目的，最终以集资诈骗罪定罪处罚。

（1）集资后不用于生产经营活动或者用于生产经营活动与筹集资金规模明显不成比例，致使集资款不能返还的；

（2）肆意挥霍集资款，致使集资款不能返还的；

（3）携带集资款逃匿等。

中国银监会起草的《处置非法集资条例》中专门规定，以发行或者转让股权、募集基金、销售保险，或者以从事理财及其他资产管理类活动、虚拟货币、融资租赁、信用合作、资金互助等名义筹集资金的，应当进行行政调查。

因此，无资质、无场景的"空气"项目或者"空气币"项目，将会面临行政及司法机关的追究。

六、关于在非法集资中共同犯罪的法律认定及处理分析

发行"空气币"融资行为的参与方多为团队或组织，分工较为明确，因此不同主体担任的角色并不一样，作用也不一样，主要包括项目筹划、宣传/站台、技术服务等。

《中华人民共和国刑法》对共同犯罪的认定：两人以上共同故意犯罪，并且组织、领导犯罪集团进行犯罪活动的或者在共同犯罪中起主要作用的，是主犯；在共同犯罪中起次要或者辅助作用的，是从犯。主犯、从犯的认定主要以其角色、实际作用来认定，并且在《最高人民法院、最高人民检察院、公安部关于办理非法集资刑事案件适用法律若干问题的意见》中认定，为他人向社会公众非法吸收资金提供帮助，从中收取代理费、好处费、返点费、佣金、提成等费用，构成非法集资共同犯罪的，根据犯罪情节认定法律责任。

为虚假项目提供宣传的，《最高人民法院、最高人民检察院、公安部关于办理非法集资刑事案件适用法律若干问题的意见》（公通字〔2014〕16号）中还专门规定，向社会公开宣传的行为包括以各种途径向社会公众传播吸收资金的信息，以及明知吸收资金的信息向社会公众扩散而予以放任。因此，通过代理机构、网站、站台人、朋友圈等为虚假项目提供宣传的行为将会被认定为公开宣传。

因此，对于前述主体在共同犯罪中的责任划分，将会具体到在项目中的作用、获利大小、影响范围等进行综合认定。

我国法律及司法解释明确规定了非法集资的法律责任及后果，《处置非法集资条例》还规定了非法集资的行政责任，若行为人被认定为非法集资且不停止该集资行为的，相关职能部门可采取如以下措施。

（1）要求非法集资人清退资金；

（2）责令非法集资人限期改正并对其予以警告；

（3）对于非法集资人或单位的直接负责人和其他直接责任人员，取消其一定期限直至终身担任公司、企业的董事、监事、高级管理人员或者其他组织的高级管理人员的资格。

另外，对于非法集资行为的刑事责任，目前我国刑法及相关司法解释规定了明确的处罚措施，对集资诈骗罪相关人员的最高刑事处罚甚至可达无期徒刑。

对于涉案财物的追缴和处置，《最高人民法院、最高人民检察院、公安部关于办理非法集资刑事案件适用法律若干问题的意见》中认定，向社会公众非法吸收的资金属于违法所得。以吸收的资金向集资参与人支付利息、分红等回报，以及向帮助吸收资金的人员支付代理费、好处费、返点费、佣金、提成等费用，应当依法追缴。集资参与人本金尚未归还的，所支付的回报可予折抵本金。将非法吸收的资金及其转换的财物用于清偿债务或者转让给他人，有下列情形之一的，应当依法追缴。

（1）他人明知是上述资金及财物而收取的；

（2）他人无偿取得上述资金及财物的；

（3）他人以明显低于市场的价格取得上述资金及财物的；

（4）他人取得上述资金及财物系源于非法债务或者违法犯罪活动的；

（5）其他依法应当追缴的情形。

查封、扣押、冻结的涉案财物，将会在诉讼终结后返还集资参与人。

因此，根据我国法律及司法解释对非法集资行为的认定及法律责任的明确规定，违反法律规定进行融资的"空气"区块链项目，将会受到法律制裁。

第三章 "链改"的技术基础

"链改"的技术基础是区块链技术。区块链技术的产生及不断完善，逐渐构筑起了"链改"的可行性、普及性与深入性。2014年前后，全世界范围内以金融行业为突破口展开的联盟链部署实践，使区块链技术通过组建联盟链的方式应用到实体经济中，并逐步显现出区块链技术对社会经济组织强大的改造与赋能作用，也使"链改"具备了颇为成熟的落地抓手。

第一节 支撑"链改"的区块链技术

工业和信息化部信息化软件服务业司在《中国区块链技术和应用发展白皮书2016》中对区块链技术进行了介绍：狭义来讲，区块链是按照时间顺序将数据区块以顺序相连的方式组合成的一种链式数据结构，并以密码学方式保证的不可篡改和不可伪造的分布式账本。广义来讲，区块链技术是利用块链式数据结构来验证与存储数据、利用分布式节点共识算法来生成和更新数据、利用密码学的方式保证数据传输和访问的安全、利用由自动化脚本代码组成的智能合约来编程和操作数据的一种全新的分布式基础架构与计算范式。

简单说来，区块链是分布式数据存储、链式数据结构、点对点传输、共识机制、加密算法、智能合约等计算机技术的新型应用模式。分布式是指不依赖于中心服务器（集群）而利用广为分散的计算机资源进行计算的模式。

在运行中，区块链由多方共同维护，使用密码学保证传输和访问安全，可实现数据一致存储，难以篡改，防止抵赖。在区块链系统中，各参与方按照事先约定的规则共同存储信息并达成共识。为了防止共识信息被篡改，系统以区块（block）为单位存储数据，区块之间按照时间顺序、结合密码学算法构成链式（chain）数据结构，通过共识机制在其中选出记录节点，由该节点决定最新区块的数据，其他节点共同参与最新区块数据的验证、存储和维护，数据一经确认，就难以删除和更改，只能进行授权查询操作。

第二节 区块链技术架构的九大要素

区块链的技术架构包括了基础设施、基础组件、账本（分布式账户）、共识机制、智能合约、系统管理、接口、应用和操作运维九大要素。对于这部分技术知识的阐述，本书结合工业和信息化部中国信息通信研究院发布的《区块链白皮书（2018年）》的相关内容展开。

一、基础设施

区块链的基础设施层提供区块链系统正常运行所需的操作环境和硬件设施（物理机、云等），具体包括网络资源（网卡、交换机、路由器等）、存储资源（硬盘和云盘等）和计算资源（CPU、GPU、ASIC等芯片）。基础设施层为上层提供物理资源和驱动，是区块链系统的基础支持。

二、基础组件

区块链的基础组件层可以实现区块链系统网络中信息的记录、验证和传播。在基础组件层中，区块链是建立在传播机制、验证机制和存储机制基础上的一个分布式系统，整个网络没有中心化的硬件或管理机构，任何节点都有机会参与总账的记录和验证，将计算结果广播发送给其他节点，且任一节点的损坏或者退出都不会影响整个系统的运作。具体而言，基础组件主要包含网络发现、数据收发、密码库、数据存储和消息通知5个模块。

1. 网络发现

区块链系统由众多节点通过网络连接构成。特别是在公有链系统中，节点数量往往很多。每个节点需要通过网络发现协议发现邻居节点，并与邻居节点建立链路。对于联盟链而言，网络发现协议还需要验证节点身份，以防止各种网络攻击。

2. 数据收发

节点通过网络通信协议连接到邻居节点后，数据收发模块完成与其他节点的数据交换。事务广播、消息共识以及数据同步等都由该模块执行。根据不同区块链的架构，数据收发器的设计需考虑节点数量、密码学算法等因素。

3. 密码库

区块链中多个环节使用密码学算法。密码库为上层组件提供基本的密码学算法支持，包括各种常用的编码算法、哈希算法、签名算法、隐私保护算法等。与此同时，密码库还涉及密钥的维护和存储之类的功能。

经过密码专家及科研人员的多年努力，多种科学加密算法被发明出来，系统研究加密算法的加密学也成了一门学科。在此简单罗列几种常见的加密算法。

（1）散列（哈希）算法。散列算法也叫数据摘要或者哈希算法，其原理是将一段信息转换成一个固定长度并具备以下特点的字符串：①如果某两段信息是相同的，那么字符也是相同的；②两段不同的信息即使十分相似，字符串也会十分杂乱并且两个字符串之间完全没有关联。

本质上，散列算法的目的不是"加密"而是抽取"数据特征"，也可以把给定数据的散列值理解为该数据的"指纹信息"。典型的散列算法有MD5、SHA1、SHA256 和 SM3，表 3 - 1 对比了这些算法的特点。

表 3 - 1　典型散列算法的特点

加密算法	安全性	运算速度	输出大小（位）
MD5	低	快	128
SHA1	中	中	160
SHA256	高	比 SHA1 略低	256
SM3	高	比 SHA1 略低	256

总体上看，SHA256 和 SM3 这两种算法效率和安全性大致相当，目前区块链主要使用 SHA256，国内某些特定业务场景使用国密算法，即 SM3。SM3 亦是比较符合国家安全和监管的选择。但由于不同业务场景的安全性标准有别，未来不排除还需要探索更优算法的可能性。

（2）非对称加密算法（RSA）。非对称加密算法是由对应的一对唯一性密钥（即公开密钥和私有密钥）组成的加密方法。任何获悉用户公钥的人都可用用户的公钥对信息进行加密，与用户实现安全信息交互。由于公钥与私钥之间存在依存关系，只有用户本身才能解密该信息，任何未受授权用户甚至信息的发送者都无法将此信息解密。在近代公钥密码系统的研究中，其安全性都是基于难解的可计算问题，常用的非对称加密算法对应保密级别的长度如表3-2所示。

表3-2 非对称加密算法的对应保密级别的长度

保密级别	RSA 密钥长度	ECC/SM2 密钥长度
80	1024	160
112	2048	224

（3）椭圆曲线密码学（elliptic curve cryptography，ECC）是一种建立公开密钥加密的算法，基于椭圆曲线数学。ECC 的主要优势是在某些情况下相比其他的方法，如 RSA 加密算法，使用更小的密钥即可提供相当的或更高等级的安全。ECC 的另一个优势是可以定义群之间的双线性映射，基于 Weil 对或 Tate 对。双线性映射已经在密码学中有大量的应用，如基于身份的加密。ECC 的一个缺点是加密和解密操作的实现比其他机制花费的时间长。

（4）SM2 算法。SM2 算法和 RSA 算法都是公钥密码算法，SM2 算法是一种更先进、安全的算法，在我国商用密码体系中被用来替换 RSA 算法。随着密码技术和计算机技术的发展，目前常用的 1024 位 RSA 算法面临严重的安全威胁，我国密码管理部门经过研究，决定采用 SM2 椭圆曲线算法替换 RSA 算法。SM2 算法密码复杂度高、处理速度快、机器性能消耗更小、性能更优、更安全。

RSA 算法、ECC、SM2 算法的总体比较如表3-3所示。

表3-3 RSA 算法、ECC、SM2 算法的总体比较

加密算法	成熟度	安全性	运算速度	资源消耗
RSA	高	低	慢	高
ECC	高	高	中	中
SM2	高	高	中	中

4. 数据存储

根据数据类型和系统结构设计，区块链系统中的数据使用不同的数据存储模式。存储模式包括关系型数据库（如 MySQL）和非关系型数据库（如 LevelDB）两种。通常，需要保存的数据包括公共数据（如交易数据、事务数据、状态数据等）和本地的私有数据等。

5. 消息通知

消息通知模块为区块链中不同组件之间以及不同节点之间提供消息通知服务。交易成功之后，客户通常需要跟踪交易执行期间的记录和获取交易执行的结果。消息通知模块可以完成消息的生成、分发、存储和其他功能，以满足区块链系统的需要。

三、账本（分布式账户）

账本（分布式账户）负责区块链系统的信息存储，包括收集交易数据、生成数据区块、对本地数据进行合法性校验，以及将校验通过的区块加到链上。账本层将上一个区块的签名嵌入下一个区块组成块链式数据结构，使数据的完整性和真实性得到保障，这正是区块链系统防篡改、可追溯特性的来源。典型的区块链系统数据账本设计，采用了一种按时间顺序存储的块链式数据结构。

账本（分布式账户）有两种数据记录方式，分别是基于资产的和基于账户的。基于资产的数据模型中，首先以资产为核心进行建模，然后记录资产的所有权，即所有权是资产的一个字段。基于账户的数据模型中，建立账户作为资产和交易的对象，资产是账户下的一个字段。相比较而言，基于账户的数据模型可以更方便地记录、查询账户相关信息，基于资产的数据模型可以更好地适应并发环境。为了获取高并发的处理性能，并及时查询到账户的状态信息，多个区块链平台正向两种数据模型的混合模式发展，如表3-4所示。

表3-4 账本层两种模式对比

比较项目	基于资产	基于账户
建模对象	资产	用户
记录内容	记录资产所有权	记录账户操作

比较项目	基于资产	基于账户
系统中心	状态（交易）	事件（操作）
计算重心	计算发生在客户端	计算发生在节点
判断依赖	方便判断交易依赖	较难判断交易依赖
并行	适合并行	较难并行
账户管理	难以管理账户元数据	方便管理账户元数据
适用的查询场景	方便获取资产最终状态	方便获取账户资产余额
客户端	客户端复杂	客户端简单
举例	比特币、R3 Corda	以太坊、超级账本 Fabric

四、共识机制

1. 共识与共识机制

所谓共识，简单理解就是指大家达成一致的想法。在现实生活中，有很多需要达成共识的场景，如开会讨论，双方或多方签订一份合作协议等。而在区块链系统中，每个节点必须要做的事情就是让自己的账本跟其他节点的账本保持一致。如果是在传统的软件结构中，这几乎不是问题，因为有一个中心服务器存在，也就是所谓的主库，其他的从库向主库"看齐"就行了。但是区块链是一个分布式的对等网络结构，在这个结构中没有哪个节点是"老大"，一切都要"商量"着来。因此，在区块链系统中，如何让每个节点通过一个规则将各自的数据保持一致是一个核心问题，这个问题的解决方案就是制定一套共识算法、一套共识机制。

共识机制负责协调保证全网各节点数据记录的一致性。区块链系统中的数据由所有节点独立存储，在共识机制的协调下，共识层同步各节点的账本，从而实现节点选举、数据一致性验证和数据同步控制等功能。数据同步和一致性协调使区块链系统具有信息透明、数据共享的特性。

为了使区块链成为一个难以攻破的、公开的、不可篡改记录的诚实可信的系统，要在尽可能短的时间内做到分布式数据记录的安全、明确及不可逆，提供一个最坚实且"去中心化"的系统，就得依靠共识机制实现上述目标。共识机制可以保证最新区块被准确添加至区块链，为区块链平台真正"去中心化"提供保障，以充分确保区块链参与者各方的对等权益。

区块链有两类现行的共识机制，根据数据写入的先后顺序判定，如表3-5所示。从业务应用的需求看，共识算法的实现应综合考虑应用环境、性能等诸多要求。一般来说，联盟许可链采用节点投票的共识机制，以降低公开性为代价，提升系统性能。非许可公有链采用基于工作量、权益证明等的共识机制，主要强调系统安全性，但性能较差。为了鼓励各节点共同参与进来，维护区块链系统的安全运行，非许可公有链采用发行token的方式，将token作为参与方的酬劳和激励机制，即通过经济平衡的手段防止对总账本内容进行篡改。因此，根据运行环境和信任分级，选择适用的共识机制是区块链应用落地应当考虑的重要因素之一。

表3-5 两类共识机制的对比

比较项目	第一类共识机制	第二类共识机制
写入顺序	先写入后共识	先共识后写入
算法代表	PoW、PoS、DPoS	PBFT及BFT变种
共识过程	大概率一致就共识 工程学最后确认	确认一致后再共识 共识即确认
复杂性	计算复杂度高	网络复杂度高
仲裁机制	如果一次共识同时出现多个记账节点，就产生分叉，最终以最长链为准	法定人数投票，各节点间P2P广播沟通达成一致
是否分叉	有分叉	无分叉
安全阈值	作恶节点权益之和不超过1/2	"作恶"节点数不超过1/3总节点数
节点数量	节点数量可以随意改变，节点数越多、系统越稳定	随着节点数增加，性能下降，节点数量不能随意改变
应用场景	多用于非许可链	用于许可链
举例	比特币、R3Corda	以太坊、超级账本Fabric

2. 共识算法

共识机制是通过计算机语言形成的，这种算法称为共识算法。共识算法根据采取的策略可以分为两大类，即概率一致性算法和绝对一致性算法。根据"一个分布式系统中，一致性（consistency）、可用性（availability）、分区容错性（partition tolerance）三者不可兼得"的原理，这两类算法的区别在于可用性和一致性之间的平衡：概率一致性算法保证了系统的可用性而牺牲了系统的一致性；绝对一致性算法则与之相反，保证了系统的一致性而牺牲了系统的可用性。

概率一致性算法指在不同分布式节点之间，有较大概率保证节点间数据达到一致，但仍存在一定概率使得某些节点间数据不一致。对于某一个数据点而言，数据在节点间不一致的概率会随时间的推移逐渐降低至趋近于 0，最终达到一致。例如，工作量证明算法（proof of work，PoW）、权益证明算法（proof of stake，PoS）和委托权益证明算法（delegated proof of stake，DPoS）都属于概率一致性算法。

而绝对一致性算法则指在任意时间点，不同分布式节点之间的数据都会保持绝对一致，不存在不同节点间数据不一致的情况。例如，分布式系统中常用的 Paxos 算法（分布式自协商一致性算法）及其衍生出的 Raft 算法等，以及拜占庭容错类算法（类 BFT 算法），如 PBFT 算法。

传统分布式数据库主要使用 Paxos 和 Raft 算法解决分布式一致性问题，它们设定系统中每个节点都是忠诚、不"作恶"的，但报文信息可能发生丢失、延时等问题。

当分布式数据库的所有节点由单一机构统一维护时，此假设成立。在"去中心化"的区块链网络中，节点由互不了解、互不信任的多方参与者共同提供和维护，受各种利益驱动，网络中的参与者存在欺骗、作恶的可能。因此，Paxos 和 Raft 算法不能直接用于区块链的共识。

目前被区块链项目广泛采用的算法有工作量证明（PoW）、权益证明（PoS）、股份授权证明（DPoS）、实用拜占庭容错（PBFT）等，另外一些项目则采用两种算法的混合算法，如 PoW + PoS、DPoS + PBFT 等，此外还有燃烧证明（proof of burn，PoB）、沉淀证明（proof of deposit，PoD）、能力证明（proof of capacity，PoC）、消逝时间证明（proof of elapsed time，PoET）等尚不成熟的算法。

（1）工作量证明。工作量证明要求工作端进行一些耗时适当的复杂运算，并且答案能被服务方快速验算，以耗用的时间、设备与能源作为担保成本，以确保服务与资源被真正的需求所使用。

工作量证明最常用的技术原理是哈希散列函数。因为输入哈希函数 h（）的任意值 n，会对应一个 h（n）结果，而 n 只要变动一个比特，得到的结果就完全不同，所以几乎无法从 h（n）反推回 n。因此，借由指定查找 h（n）的特征（例如，要求小于某个数值，即哈希值前缀要求一定数量的 0，增加难度即增加前缀 0 的数量），让用户进行大量的穷举运算，就可以达成工作量证明。

PoW 共识算法最初在比特币系统中提出和应用。以太坊是另一个这类协议的典型，其同步假设的出块时间仅为 15 秒。以太坊的出块速度较比特币的出块速度（10 分钟）大幅缩短，这使得以太坊系统在产出速度上有更高的效率，交易在全网广播所费的时间更短，但也正因为如此，才形成了许多孤立区块。

PoW 共识算法存在的问题如下。

算力竞争的设计导致了集中化的矿池。尽管 PoW 的目的是保证系统可以去中心化运行，然而系统运行到现在，事实上却形成了中心化程度很高的五大矿池。五大矿池被认为垄断了世界上 90% 以上的算力，这可能导致大矿池破坏整个网络的行为。

算力竞争的设计导致了大量的能源消耗。PoW 系统需要消耗大量的能源，比特币挖矿比全球上百个国家消耗的能源还多。

业务处理性能低下。尽管投入了大量的能源支持系统的运行，但这些能源消耗绝大部分用于工作量证明中的哈希运算，处理交易业务的性能则非常低。

（2）权益证明。权益证明，即所有持有该区块链电子货币的使用者都可通过一个特殊交易将他们的电子货币锁定并存入一个资金库，之后他们就可以成为验证者。

算法通过固定时间协调所有节点参与投票，根据某种规则（如持代币数量或提供存储空间大小等）判断每个节点的权重，最后选取权重最高的节点作为检查点。

PoS 相对于 PoW 的好处：去除了大量的算力竞争，不需要通过不停地发行新币来激励矿工参与算力竞赛；避免了不可知的通胀风险；提出了利用博弈论来避免区块链网络产生中心化的大型参与者的新方法；PoS 还可以使 51% 的攻击成本变得异常昂贵。恶意参与者将存在保证金被罚没的风险。

PoS 机制虽然考虑了 PoW 的不足，但也有缺点：依据权益结余来选择，会导致首富账户的权力更大，有可能支配记账权；PoS 的"挖矿"过程，与 PoW 的问题类似，是全网所有节点共同参与的，每一时刻都有成千上万个节点同时去争取产出下一个区块，因此区块链分叉的问题会时有发生。由于分叉的存在，区块的产出时间间隔不能太短。各区块链通过动态调整的"挖矿"难度，将产出区块时间间隔稳定在自己期望的水平。出块时间长，则交易确认时间长、交易处理性能低。

（3）权益授权证明。股份授权证明机制是针对 PoW、PoS 的不足提出的。

DPoS 算法是在成千上万个 PoS 节点中，通过某种机制（如持有代币的数量）选举出若干节点，在它们之间进行投票选举出（实现中甚至会以令牌环的方式进行轮询，进一步减少投票开销）每次的检查点（出块）节点，而不用在网络中全部节点之间进行选择。

DPoS 共识算法存在的问题：以 EOS 为代表的 DPoS 算法设计成由少数节点代替多数节点进行共识，被认为是牺牲了区块链"去中心化"的特性，以此来换取共识效率的提升；EOS 的 21 个超级节点并不是 21 个不同实体，节点之间可能存在内在联系；超级节点竞选存在争议；网络无法解决"女巫攻击"问题，1 人 1 票的民主投票制会被 1 代币 1 票制度所取代，导致"富豪统治"的结果，而相对不富裕的、拥有投票权较少的投资者则会对投票这件事漠不关心；超级节点可以花钱买选民们的投票；超级节点之间通过互相串通，可以改变他们与选民分享奖励的比例。

（4）实用拜占庭容错（PBFT）。PBFT 算法的结论是 $n > = 3f + 1$，其中 n 是系统中的总节点数；f 是允许出现故障的节点数。换句话说，如果这个系统允许出现 f 个故障，那么这个系统必须包括 n 个节点才能解决故障。

PBFT 算法的步骤：

第一步：取一个副本作为主节点，其他的副本作为备份。

第二步：用户向主节点发送消息请求。

第三步：主节点通过广播将请求发送给其他节点。

第四步：所有节点执行请求并将结果发回用户端。

第五步：用户端需要等待 f + 1 个不同副本节点发回相同的结果，即可作为整个操作的最终结果。

Hyperledger Fabric 推荐并实现的就是 PBFT 共识算法。

PBFT 不仅具备强一致性的特性，而且提供了较高的共识效率，比较适合用于对一致性和性能要求较高的区块链项目。但由于 PBFT 需要两两节点进行通信，通信量是 O（n²）（通过优化可以减少通信量）。在公有链这种全球性的大环境下，节点数量和网络环境不可控，无法达成这种巨大的通信量。

不过对于联盟链和私有链，节点数量并不是很多，采用 PBFT 效率会更高，结果也会更好。因此，PBFT 在联盟链和私有链的区块链项目中使用较为广泛。这也是 Fabric 项目采用 PBFT 算法的原因。

PBFT 共识算法存在的问题：通信量是 O（n²），不适合用于节点数量和网络环境不可控的公有链项目；PBFT 是强一致性算法，在可用性上做了让步，当有 1/3 或以上记账人停止工作时，系统将无法提供服务。

（5）PoW + PoS。共识机制目前已经成为区块链系统性能的关键瓶颈。单一的共识算法存在各种问题，融合多种共识算法优势的想法正受到越来越广泛的关注。例如，以太坊社区提出并正在研发中的共识协议 Casper，是一个覆盖在已存在的以太坊 PoW 提议机制上的 PoS，即 Casper 融合了 PoW 和 PoS 两种算法。

Casper 的基本思路是任何人抵押足够多的以太币到系统中就可以成为"矿工"参与"挖矿"过程。共识算法要求所有的"矿工"诚实工作，如果一个"矿工"有意破坏，不遵守协议，系统就会对"矿工"做出惩罚——没收之前抵押的以太币。有人把 Casper 这样的"挖矿"机制称为"虚拟挖矿"，比特币的"矿工"要参与"挖矿"需要先购买"矿机"，Casper 则要先抵押以太币到系统中；"矿工"如果不按规则"挖矿"，则会损失电费以及可能的"挖矿"收益，而 Casper 中，不守规则的惩罚更为严重，除了失去"挖矿"收益，还要销毁"矿机"——抵押的以太币会被系统没收！

Casper 的应用逻辑存在于智能合约的内部。要想在 Casper 中成为验证者，必须要有 ETH 并且要将 ETH 存储到 Casper 智能合约中作为杠杆的权益。在 Casper 第一次迭代中区块提议的机制会被保留：它依然使用 Naka-moto PoW 共识，"矿工"可以创建区块。不过为了最终化区块，Casper 的 PoS 覆盖掌握控制权，并且拥有自己的验证者，在 PoW "矿工"之后进行投票。

五、智能合约

智能合约是一套以数字形式定义的承诺，承诺控制着数字资产并包含了合约参与者约定的权利和义务，由计算机系统自动执行。

智能合约是一种特殊协议，旨在提供、验证及执行合约。具体来说，智能合约是区块链被称为"去中心化"的重要原因，它允许在不需要第三方的情况下，执行可追溯、不可逆转和安全的交易。智能合约包含了有关交易的所有信息，只有在满足要求后才会执行结果操作。智能合约和传统纸质合约的区别在于智能合约是由计算机生成的。因此，代码本身解释了参与方的相关义务。

事实上，智能合约的参与方通常是互联网上的陌生人，受制于有约束力的数字化协议。本质上，智能合约是一个数字合约，除非满足要求，否则不会产生结果。

智能合约是由尼克·萨博（Nick Szabo）在1993年提出来的，几乎是与互联网同时出现的。尼克·萨博定义的智能合约是一套以数字形式定义的承诺，包括合约参与方可以在上面执行这些承诺的协议。不过，在区块链技术出现之前，这只能是一种设想，因为缺乏能够支持可编程合约的数字系统和技术。区块链技术的出现解决了该问题，不仅可以支持可编程合约，而且具有"去中心化"、不可篡改、过程透明、可追踪等优点，天然适合智能合约。

首先，在区块链生态环境下，任何独立的一方都无法控制智能合约的执行过程。分布式的特性保证所有参与方都必须反复检查合约执行的正确性，任何与预定义规则不合的行为都会被其他参与者禁止。此外，区块链会同时在所有机器上模拟合约的运行，通过互相比较执行结果来保证结果的真实性。只有当他们认同结果后，才会认可合约操作并真正执行。由于机器是被不同组织掌握的，没有人可以作弊。

其次，通过将智能合约直接存储到区块链上，可以保证合约程序一旦被篡改能很快被发现，从而屏蔽掉被恶意篡改的代码，保证了业务的安全性。

再次，大量的合约都是与经济利益相关的。区块链实现了货币的数字化，为合约中大量出现的资金交易提供了天然的途径。同时，通过将数字货币和合约执行的资源建立联系，可以有效防止恶意代码的运行。

最后，随着区块链平台的发展，智能合约可以进行任意计算，从而可以支撑更为复杂的业务。计算过程也是在网络上开放的，保证了其透明性以方便监管。

因此，完全可以说，智能合约是区块链技术的特性之一。

智能合约有广阔的应用空间，如金融、房屋租赁等经常要签订合约的场景都可以运用智能合约，目前已有部署在区块链上、可自动运行的智能合约程序。智能合约涵盖的范围包括编程语言、编译器、虚拟机、事件、状态机、容错机制等。虚拟机是区块链中智能合约的运行环境。

智能合约根据图灵完备与否可以分为两类，即图灵完备和非图灵完备。影响实现图灵完备的常见原因包括循环或递归受限、无法实现数组或更复杂的数据结构等。图灵完备的智能合约有较强适应性，可以对逻辑较复杂的业务操作进行编程，但有陷入死循环的可能。对比而言，图灵不完备的智能合约虽然不能进行复杂逻辑操作，但更加简单、高效和安全。

智能合约本质上是一段程序，存在出错的可能性，甚至会引发严重问题或连锁反应。智能合约的操作对象大多为数字资产，数据上链后难以修改、触发条件强等特性决定了智能合约的使用兼具高价值和高风险。如何规避风险并发挥价值是当前智能合约大范围应用的难点。

解决这方面问题的技术一直在发展。例如，做好充分的容错机制，通过系统化的手段，结合运行环境隔离，确保合约在有限时间内按预期执行。

目前，提升智能合约安全性一般有几个思路：

一是形式化验证（formal verification）。通过严密的数学证明来确保合约代码所表达的逻辑符合意图。此法逻辑严密，但难度较大，一般需要委托第三方专业机构进行审计。

二是智能合约加密。智能合约不能被第三方明文读取，以此减少智能合约因逻辑上的安全漏洞而被攻击的可能性。此法成本较低，但无法用于开源应用。

三是严格规范合约语言的语法格式。总结智能合约优秀模式，开发标准智能合约模板，以一定标准规范智能合约的编写，可以提高智能合约质量，提高智能合约的安全性。

智能合约意味着将会有更广泛的指令代码嵌入区块链技术，传统合约是指双方或多方协议做或者不做某事来换取某些物品，每一方都必须信任彼此，并履行义务。而智能合约无须彼此信任，因为智能合约不仅是由代码定义的，也是由代码强制执行的，完全自动且无法干预。智能合约与传统合约本质上解决的是相同的问题：以一种方式形成一种合约关系，使得承诺可以执行，只不过智能合约采用了不同的方法。不言而喻，智能合约是一种更优的解决方案。智能合约极大地优化了人与人之间的信任机制，降低了互信成本。

六、系统管理

系统管理层负责对区块链体系结构中其他部分进行管理，主要包含权限管理和节点管理，其中关于节点管理的内容在本章第三节介绍。

权限管理是区块链技术的关键部分，尤其是对于对数据访问有更多要求的联盟许可链而言。权限管理可以通过以下几种方式实现。

（1）将权限列表提交给账本层，并实现分散权限控制。

（2）使用访问控制列表实现访问控制。

（3）使用权限控制，如评分/子区域。通过权限管理，可以确保数据和函数调用只能由相应的操作员操作。

节点管理的核心是节点标识的识别，通常使用以下技术实现。

（1）CA 认证：集中式颁发 CA 证书给系统中的各种应用程序，身份和权限管理由这些证书进行认证和确认。

（2）PKI（public key infrastructure）认证：身份由基于 PKI 的地址确认。

（3）第三方身份验证：身份由第三方提供的认证信息确认。

由于各种区块链具有不同的应用场景，节点管理具有更多差异。现有的业务扩展可以与现有的身份验证和权限管理进行交互。

七、接口

接口主要用于完成功能模块的封装，并应用层提供简洁的调用方式。应用层通过远程程序调用（remote procedure call，RPC）接口与其他节点进行通信，通过调用软件开发工具包（software development kit，SDK）对本地账本数据进行访问、写入等操作。

同时，RPC 和 SDK 应遵守以下规则。

一是功能齐全，能够完成交易和维护分布式账本，有完善的干预策略和权限管理机制。

二是可移植性好，可以用于多种环境中的多种应用，而不仅限于某些软件或硬件平台。

三是可扩展和兼容，应尽可能向前和向后兼容，并在设计中考虑可扩展性。

四是易于使用，应使用结构化设计和良好的命名方法，方便开发人员使用。常见的实现技术包括调用控制和序列化对象等。

八、应用

应用层作为最终呈现给用户的部分，主要作用是调用智能合约层的接口，适配区块链的各类应用场景，为用户提供各种服务和应用。由于区块链具有数据确权属性以及价值网络特征，目前产品应用中，很多工作都可以交由底层的区块链平台处理。在开发区块链应用的过程中，前期工作须非常慎重，应当合理选择"去中心化"的公有链、高效的联盟链或私有链作为底层架构，以确保在设计阶段核心算法无致命错误。因此，合理封装底层区块链技术，并提供一站式区块链开发平台将是应用层发展的必然趋势。同时，跨链技术的成熟可以让应用层在选择系统架构时增加一定的灵活性。

根据实现方式和作用目的的不同，当前基于区块链技术的应用可以被划分为三类场景。

一是价值转移类，数字资产在不同账户之间转移，如跨境支付。

二是存证类场景，将信息记录到区块链上，但无资产转移，如电子合同。

三是授权管理类场景，利用智能合约控制数据访问，如数据共享。

当然，随着应用需求的不断升级，还存在多类型融合的场景。

九、操作运维

区块链的操作运维即区块链系统的日常运维工作，包含对日志库、监视库、管理库和扩展库等的运维。在统一的架构之下，各主流平台根据自身需求及定位不同，其区块链体系中对存储模块、数据模型、数据结构、编辑语言、沙盒环境的选择亦存在差异，如表3-6所示。

表3-6 主流平台区块链技术体系架构对比

层级	平台差异	比特币	以太坊	Hyperledger Fabric	R3Corda
应用		比特币	Dapp/以太币	企业级分布式账本	CorDapp
智能合约	编程语言	Script	Solidity/Serpent	Co/Java	Java/Kotlin
	沙盒环境		EVM	Docker	JVM
共识（数据准入）		PoW	PoW/PoS	PBFT/SBFT/Kafka	Raft
账本	数据结构	Merkle 树/区块链表	Merkle Patricia 树/区块链表	Merkle Bucket 树/区块链表	无区块连接交易
	数据模型	基于资产	基于账户	基于账户	基于资产
	区块存储	文件存储	LeveIDB	LeveIDB/CouchDB	关系数据库

第三节　参与"链改"的技术主体：区块链节点

区块链技术由上述9部分架构组成，能让个体及组织通过计算机参与改变经济管理制度及组织规章、运营程序方式、结算交付流程等的过程，从而追求一个人、政、企"两两可信互信"的社会生态环境。这也是"链改"的基本内涵及行为目标。

在具体的"链改"过程中，参与其中的个体及组织并不需要同时进行，而可以渐进普及深入。参与到这种区块链体系中的组织或个体所使用的计算机被称为区块链节点。

节点（node）就是在区块链分布式账本的系统中，提供、维护共同总账的单位，不同的节点之间以网状的方式相互联结，并形成独立的电脑网络。每个节点可以有一套这样的共同总账，并且所有应用单位节点中的账本内容都是一致的。只要账本中新增了一笔资料，其他节点必须立刻被告知，同步更新账本资料。因此，节点同时担任着交易确认和广播的工作，只要通过网络与节点相联结，就可以获得共同总账的相关服务。

区块链的节点有以下特点。

（1）具有一定的存储空间，存储空间指电子存储空间，包括 TF 卡、U盘、移动硬盘和计算机等。

（2）连接网络，有存储空间的设备需要连接网络。

（3）可视化操作终端，手机、平板电脑、台式和笔记本电脑是目前主流的可视化操作终端。

（4）参与区块链，要在连接网络的存储空间运行区块链相应程序，通过可视化操作终端进行交易。

根据不同的功能、分工节点可分为以下 3 种。

（1）完整节点：又称全节点区块链网络的中心骨干，可以独立完成交易确认和广播，并完全执行所有规则。节点的数量决定着网络的安全程度，完整节点的数量越多也就越接近真正的"去中心化"，网络的安全程度也就越高。

（2）修剪节点：完整节点的变体，虽然同样可以独立完成转账的确认，但并没把整个区块链都下载到本地。

（3）轻量节点：又称 SPV（simplified payment verification）节点、轻节点，它不像完整节点那样独立。例如，手机或电脑安装的钱包软件，不需要下载全网资料，运营者会将使用者钱包中的转账信息和完整区块链进行核对。

节点管理的核心是节点标识的识别，通常使用以下技术实现。

（1）CA7 认证：集中式颁发 CA 证书给系统中的各种应用程序，身份和权限管理由这些证书进行认证和确认。

（2）PKI8 认证：身份由基于 PKI 的地址确认。

（3）第三方身份验证：身份由第三方提供的认证信息确认。

由于不同区块链具有不同的应用场景，节点管理有许多差异。现有的业务扩展可以与现有的身份验证和权限管理进行交互。

第四节　区块链技术为何可使"上链者"不得不诚信

上文介绍了区块链技术的构成，下面对构成区块链技术的 6 个核心部分使"上链"组织和个人不得不诚信的原因进行简要分析。

其一，区块链数据存储是分布式的，分布式是指不依赖于中心服务器（集群）、利用广为分散的计算机资源进行计算的模式。分布式账户负责区块链系统的信息存储，包括收集交易数据、生成数据区块、对本地数据进行合法性校验以及将校验通过的区块加到链上。分布式数据存储使得单个或低于50%的节点服务器修改或删除自身数据失去了意义，迫使"上链"参与者如实提供真实数据。

其二，在区块链的链式数据结构下，一个区块分为两大部分：区块头和区块体。区块头里面存储包含上一个区块的哈希值（pre-hash），本区块体的哈希值（hash），以及时间戳（time stamp）等数据信息。区块体存储着这个区块的详细数据（data），这个数据包含若干行记录，可以是交易信息，也可以是其他某种信息。区块与哈希值是一一对应的，哈希值可以当作区块的唯一标识，这就使得区块链成为一个链状结构，也使得信息不可篡改而又可以溯源，并确保数据信息的存储"上链"行为严谨认真，真实可信。

其三，区块链的数据信息传输是点对点的，即 P2P，各节点不需要依靠一个中心索引服务器来发现数据，而各节点之间可以互相传输数据信息。点对点传输与分布式存储是相辅相成的，它一方面使系统不会出现单点崩溃，从而增加了防故障的健壮性；另一方面也确保了没有哪个节点能够成为绝对的中心点，从而使得单个或低于50%的节点服务器修改或删除自身数据不为区块链体系所接受，迫使"上链"参与者如实提供真实数据。

其四，先进、强大而适宜的加密技术在区块链技术中得到充分应用。目前加密学已经在为达到量子计算机都难以破解的程度而进行研发。它一方面能确保数据信息是安全的；另一方面也使得修改其他节点的数据信息几乎不可能，从而使"上链"经济组织和个人都不得不诚信。

其五，共识机制负责协调保证全网各节点数据记录的一致性。区块链系统中的数据由所有节点独立存储，在共识机制的协调下，共识层同步各节点的账本，从而实现节点选举、数据一致性验证和数据同步控制等功能。数据同步和一致性协调使区块链系统具有信息透明、数据共存储的特性。

其六，区块链可由智能合约自动执行。智能合约是一套以数字形式定义的承诺，控制着数字资产并包含了合约参与者约定的权利和义务，由计算机系统自动执行。具体来说，智能合约允许在不需要第三方的情况下，执行可追溯、不可逆转和安全的交易。当然，智能合约包含了有关交易的所有信息，只有在满足要求后才会执行结果操作；但不依赖于某个具有主观随意性的人，而是由机器依照合约进行强制执行，这使得签署合约的双方都不得不基于客观情况如实进行交易操作。

显然，由分布式数据存储、链式数据结构、点对点传输、加密算法、共识机制、智能合约等共同构成的区块链技术使得"上链"经济组织和个体不得不诚信，并以此为基础逐渐促成社会普遍诚信。

因此，若经济组织及个人能够将其数据信息纳入区块链体系中，使得相关经济信息及经济行为在链上运行，就能让区块链体系中各节点操作者对链上信息与行为进行研判分析，进而准确、客观地做出评判并决策交易；这种交易可以不再经由第三方或其他多方的担保保证增信，从而大大提升了经济行为效率、降低了交易成本，能创造效果明显的增量财富。

第五节　公有链、联盟链、私有链，
为"链改"落地提供抓手

节点意味着个人或组织都可以通过计算机参与到区块链中，形成区块链生态。根据节点参与到区块链体系中是否有控制以及控制的程度，整个区块链生态体系又区分出公有链、联盟链及私有链三种形态。

公有链的各个节点可以自由加入和退出网络，并参加链上数据的读写，运行时以扁平的拓扑结构互联互通，网络中不存在任何中心化的服务端节点。

联盟链的各个节点通常有与之对应的实体机构组织，通过授权后才能加入与退出网络。各机构组织组成利益相关的联盟，共同维护区块链的健康运转。

私有链的各个节点的写入权限收归内部控制，而读取权限可视需求有选择性地对外开放。私有链仍然具备区块链多节点运行的通用结构，适用于特定机构的内部数据管理与审计。

联盟链相较于公有链及私有链，是在区块链技术优化与社会经济现实之间发展出的一种最为合适的落地应用方式。

与公有链不一样，联盟链在某种程度上只为联盟内部的成员所有，且很容易达成共识，因为联盟链的节点数是有限的。联盟链能绝对去中心化，与私有链仍然是中心化乃至绝对中心化的形态相比，联盟链更充分展现了区块链的技术本质。

对于公有链来说，一旦区块链形成将不可篡改，这主要源于公有链的节点一般是海量的，如比特币节点太多，想要篡改区块数据几乎是不可能的；而联盟链，只要所有机构中的大部分达成共识，即可对区块数据进行更改。联盟链具有较强的可控性，更接近目前的社会经济现实。

不同于公有链，联盟链的数据不会默认公开，联盟链的数据只限于联盟里的机构及其用户才有权限进行访问。

由于联盟链节点相对公有链少得多，相对也更容易达成共识，有比公有链快得多的交易速度，联盟链的交易成本显然会比公有链大大降低。

第六节　跨链技术为"链改"的普及、深化搭桥铺轨

联盟链是比较容易将区块链技术应用落地的一种区块链生态体系，尽管联盟链可通过授权不断地加入新的节点，但其扩展性仍会受到制约；另外，不同联盟链之间的信息与价值交互也是需要解决的问题。当然，不同的公有链之间也有信息与价值的交互需求。

这些问题及需求自然在区块链技术研究的范畴之内，解决方案就是跨

链技术。跨链技术就是为了实现公有链、联盟链、私有链之间信息与价值的互通而发展出的各种技术的总称。跨链技术完全可被理解为某个区块链向外拓展和连接的桥梁，是实现价值网络的关键。

跨链区块链本身也是区块链，跨链区块链是连接独立区块链的中枢，承载了不同价值体系区块链价值交换的功能；但基于跨链区块链构建的业务合约能支持更复杂的业务，实现不同价值区块链间的连接，进行价值交换。

跨链区块链本身也需要合约合规、安全控制、链上共识、链服务管理、链上链外治理、开发运维等条件。

跨链区块链主要由两种类型的链组成，一种是主链，有且只有一个；另一种是适配子链，适配子链至少存在 2 个，由跨链主链连接各个适配子链，各个适配子链之间没有信任关系，而是通过设定的协议与主链进行信任和交易的传递。

跨链合约服务要求合约的制定者提供一组公开声明的跨链交易公钥地址，需要进行跨链交易的主体可以把自己拥有的一定数量的价值体转移到跨链合约服务指定的公钥地址上，并指定跨链交易内容，如交换另一个区块链一定数量的价值体，并把交换后的价值体转到自己在另一个区块链上的公钥地址上。

跨链区块链也会提供用户 UI 界面和应用程序界面（application progra - mming interface，API），用户在跨链区块链合约服务上执行的所有交易都可以通过跨链用户界面和 API 接口获得当前的执行状态，如查看用户在交易所的挂单状态和交易市场的买卖深度，甚至可以让用户基于私钥按照市场供求关系重新挂单。

跨链区块链可以实现基于独立区块链的外链合约服务的抵押机制，在对应的适配子链上换取相同数量的抵押区块链的价值体筹码，业务主体拿抵押的适配子链上的价值体参与主链的业务合约流程。这种跨链的生产关系，基于各个主体抵押的各自区块链上的价值体（也可以是现实世界价值锚定）来配置生产资料，开展合约生产，最后分配产品价值。跨链区块链如果有自己内生的 token，也可以基于交易市场（合约）完成从跨链 token 到内生 token 的价值兑换，主体拿着跨链 token 加入跨链合约流程或跨链合约服务的虚拟生产关系进行生产和价值交换。

从中期发展看，跨链区块链可以实现所有区块链虚拟社会生产关系的组合，假设每个独立区块链是一个独立的经济领域，跨链合约流程就可以串接起独立的经济领域，成为一个完整的产业链条。跨链区块链本身也是可以互联的，通过跨链区块链的连接，能够串接起工业、农业、服务业等各行各业，从而构成了整个社会的生产关系。

从远期发展看，生产、生活都可以关联到区块链虚拟社会中，基于区块链提供的合约服务以及基于区块链提供的机器驱动业务流程，结合 IoT 物联网和人工智能，价值的生产、转移和流通会更加快速便捷，人类的生产关系也会更加优化协调，生产力由此可以得到进一步解放。区块链和跨链将整个人类对等地关联在一起，去除了信息不对称性和现实社会中可能存在的各种屏障，体现了公平公正，个人主体是虚拟社会关系的参与者，也是虚拟社会关系的维护者和受益者。

在建设公有链或联盟链过程中，研发人员研制出一系列的跨链技术和方法，主要如下。

一、瑞波的公证技术：Interledger 协议

早在 2012 年，瑞波实验室就提出 Interledger 协议，旨在连接不同账本并实现它们之间的协同。Interledger 协议适用于所有记账系统，能够包容所有记账系统的差异性，该协议的目标是打造全球统一支付标准，创建统一的网络金融传输协议。

Interledger 协议使两个不同的记账系统可以通过第三方"连接器"或"验证器"互相自由地传输货币。记账系统无须信任"连接器"，因为该协议通过密码算法用连接器为这两个记账系统创建资金托管，当所有参与方对交易达成共识时，便可相互交易。

该协议移除了交易参与者所需的信任，连接器不会丢失或窃取资金，这意味着，这种交易无须法律合同的保护或过多的审核。同时，只有参与其中的记账系统才可以跟踪交易，交易的详情可被隐藏起来。"验证器"是通过加密算法来运行的，因此不会直接看到交易的详情。

理论上，该协议可以兼容任何在线记账系统，而银行现有的记账系统只需小小的改变就能使用该协议，从而使银行之间可以无须中央对手方或代理银行就可直接交易。

二、比特币 BTC 的侧链（sidechains）技术

侧链是以锚定某种原链上的代币为基础的新型区块链。侧链连接各种链，其他区块链则可以独立存在。但是，现在侧链很难做到在其上建立跨链智能合约，很难实现各种金融功能，这正是现有区块链在股票、债券、衍生品等领域尚未取得进展的原因。

BTC Relay 是在以太坊基金会支持之下诞生并成长起来的，它被认为是区块链上的第一个侧链。BTC Relay 把以太坊网络与比特币网络通过使用以太坊的智能合约连接起来，可以使用户在以太坊上验证比特币交易。它通过以太坊智能合约创建了一种小型版本的比特币区块链，但智能合约需要获取比特币网络数据，比较难实现"去中心化"。

BTC Relay 进行了跨区块链通信的有意义的尝试，打开了不同区块链交流的通道。

三、Polkadot 和 Cosmos 的中继（relays）技术

1. Polkadot

Polkadot 是由原以太坊核心开发者推出的公有链。它旨在解决当今两大阻止区块链技术传播和被接受的难题——即时拓展性和延伸性。Polkadot 计划将私有链、联盟链融入公有链的共识网络中，同时保有私有链、联盟链的原有的数据隐私和许可使用的特性。它可以将多个区块链互相连接起来。

在 Polkadot 看来，其他区块链都是平行链，Polkadot 通过中继链（relay - chain）技术能够将原有链上的代币转入类似多重签名控制的原链地址中，对其进行暂时锁定，在中继链上的交易结果将由这些签名人投票决定其是否生效。它还引入了"钓鱼人"角色，这类角色可对交易进行举报监督。Polkadot 可以将比特币、以太币等都连接到 Polkadot 上，从而实现跨链通信。

Polkadot 目前还是以以太坊为主，实现其与私有链的互联，并以其他公有链网络为升级目标，最终目标是让以太坊直接与任何链进行通信。

2. Cosmos

Cosmos 是一个支持跨链交互的异构网络。Cosmos 采用类似实用拜占庭

容错共识引擎，具有高性能、一致性等特点，而且其严格的分叉责任制能够防止怀有恶意的参与者做出不当操作。

Cosmos 上的第一个空间被称为 Cosmos Hub。Cosmos Hub 是一种多资产权益证明加密货币网络，它通过简单的管理机制来实现网络的改动与更新，还可以通过连接其他空间来实现扩展。

Cosmos 网络的中心及各个空间可以通过区块链间通信（IBC）协议进行沟通，这种协议是针对区块链网络的，类似 UDP 或 TCP 网络协议。代币可以安全快速地从一个空间传递到另一个空间，两者之间无须体现汇兑流动性。空间内部所有代币的转移都会通过 Cosmos 中心，它会记录每个空间所持有的代币总量，这个中心会将每个空间与其他空间隔离。因为每个人都可以将新的空间连接到 Cosmos 中心，所以 Cosmos 也可以兼容未来新的区块链。

这一架构解决了当今区块链领域面临的许多问题，包括应用程序互操作性、可扩展性以及无缝更新性。例如，从 Bitcoind、Go – Ethereum、ZCash 或其他区块链系统中衍生出来的空间，都可以接入 Cosmos 中心。这允许 Cosmos 实现无限扩展，从而满足全球交易的需求。

四、闪电网络（lighting network）的哈希锁定技术

闪电网络（lightning network）提供了一个可扩展的 bitcoin 微支付通道网络，它极大提升了比特币网络链外的交易处理能力。交易双方若在区块链上预先设有支付通道，就可以多次、高频、双向地实现快速确认的微支付；双方若无直接的点对点支付通道，只要网络中存在一条连通双方的、由多个支付通道构成的支付路径，闪电网络就可以利用这条支付路径实现资金在双方之间的可靠转移。

闪电网络的关键技术是 HTLC 哈希锁定技术，该技术的基本原理如下：协议将锁定 Alice 的 0.1 BTC，在时刻 T 到来之前（T 以未来的某个区块链高度表述），如果 Bob 能够向 Alice 出示一个适当的 R（称为秘密），使得 R 的哈希值等于事先约定的值 H（R），Bob 就能获得这 0.1 BTC；如果直到 T 时刻 Bob 仍然未能提供一个正确的 R，这 0.1 BTC 将自动解冻并归还 Alice。

闪电网络并不试图解决单次支付的问题，其假设是单次支付的金额足

够小，即使一方违约另一方的损失也非常小，风险可以承受。因此，使用时必须注意"微支付"这个前提。

五、万维链（WanChain）的分布式私钥控制

万维链（WanChain）也支持主流公有链间的跨链交易，但首先需要完成在万维链上的注册，确保万维链能够对该链进行唯一识别。

对于跨链交易，万维链利用多方计算和门限密钥共享方案。当一种未注册资产由原有链转移到万维链上时，万维链节点会使用一个基于协议的内置资产模板，根据跨链交易信息部署新的智能合约，创建新的资产。当一种已注册资产由原有链转移到万维链上时，万维链节点会为用户在已有合约中发放相应等值代币，确保了原有链资产在万维链上仍然可以相互交易流通。

万维链通过分布式的方式完成不同区块链账本的连接及价值交换。它采用通用的跨链协议，以及记录跨链交易、链内交易的分布式账本，无论是公有链、私有链还是联盟链，均能接入万维链，实现不同区块链账本的连接及资产的跨账本转移。

但是，实现各种链映射到一条链上只是完成了第一步，如果上面的智能合约还是仅为交易触发，智能合约没办法实现分布式运算和多触发机制，那么多币种智能合约仍然仅能实现相当有限的功能。

以上是笔者参考整理了相关资料总结的一些跨链技术。以区块链技术联结形成的价值互联网并不是按时间、地点顺序连接的一个个区域，而是多地同步组建的一个个公有链或联盟链，如果链与链之间要形成信息与价值的交互，则必须有各种跨链技术。由于区块链技术的底层基础是相通的，也就能够开发出各种各样的跨链技术，来满足"连接万链"的现实需求。也正是如此，这类技术也就能够满足"链改"的技术与经济发展需求，使"链改"能够普及而深入。

基础设施、共识机制、加密算法、智能合约等技术架构支撑着区块链的运行，可以不断加入的各节点成为区块链的主体，也成为"链改"的主体；区块链技术根据不同的应用场景发展出了公有链、联盟链、私有链形态，为"链改"落地提供了抓手，理论与实践证明，联盟链将是启动和实施"链改"的最合适的选择；而跨链技术为"链改"在全社会的普及深化

搭桥铺轨，为各联盟链之间实现信息与价值的互通提供了技术支撑。

综上所述，无论是政治经济、社会理论还是政策法律、技术基础，都为中国展开"链改"提供了充分自洽且坚实的支持，从而也就圆满地解答了"为什么要'链改'""为什么能'链改'"等重大问题。

第四章 "技改"与"链改"："链改"是高层次的"技改"

"技改"在中国社会经济运行中是常见的活动，"技改"所需的资金多已有法可依、有章可循。"链改"能否被视为"技改"或"技改"的一个种类？"链改"与"技改"是什么关系？"链改"能否参照"技改"已经成熟的管理制度并纳入其资金保障体系？

第一节 "技改"概述

"技改"是技术改造或技术更新改造（technological trans‑formation）的简称，是指经济组织（主要是企业）以改善管理科学水平、提高经济效益、提高产品质量、促进产品升级换代、扩大出口、降低成本、节能降耗、加强资源综合利用和"三废"治理、环保安全、清洁文明生产、"变废为宝"等为目的，采用先进的、适用的新技术、新工艺、新设备、新材料、新管理方法等对现有设施、生产工艺条件所进行的更新改造。

新的机器设备、新的材料替代老旧的机器设备和材料，作为对硬件的革新改变，更能体现"技改"的价值，更容易看到"技改"的变化；而管理思想、管理方法、管理模式等对软件的革新改变，见效周期长，往往不容易被划入"技改"的范畴。

在社会经济发展过程中，管理思想、管理方法、管理模式等软件的革新改变，对包括企业在内的经济组织产生的良好效果往往比单纯硬件的升级换代更好。但也正因为见效周期长，往往容易忽略将软件的革新作为"技改"的内容。"技改"的载体最好是"软硬兼施"，既有硬件技术的改造更新，也有管理思想模式的革新改变，从而使"技改"能够获得各方面的支持，尤其是来自政府的政策与资金支持。

图4-1说明管理思想、管理方法、管理模式等软件的革新改变与新机器、新设备、新材料等对硬件的更新改变都归属于"技改"范畴。

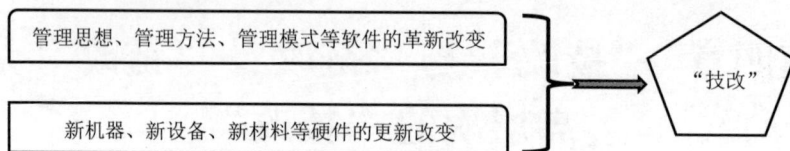

图4-1 技改范畴

一、"技改"的意义

在第一章中提到了一条经济规律:"财富 = 资源 + 有效劳动",即财富的增长是资源与劳动两大要素共同作用的结果。资源分为自然资源与生产性资源,生产资源凝结了有效劳动者智慧的结果,它的优劣也会影响劳动的有效程度。生产资源可以融入有效劳动者的智慧,不断地升级换代,从而使财富得以持续稳健地创造或增长。这个过程是通过技术的研发、技术的变革更新实现的。而资源是有限的,人与人之间的禀赋是有差异的,财富创造增长的结构性分布使得竞争是普遍存在的,这就注定了研发与"技改"是无止境的,即"技改"是实现财富创造增长的非常重要的一种方式。

技术改造相对于新建企业,可以充分利用原有的技术基础、管理经验和社会经济条件,一般都具有投资相对少、见效快、经济效益好的特点。在已有的基础之上更新换代,就能在技术改造的同时形成叠加倍增效益,管理水平及产能相应地得到迅速提高,一般有利于优化品种、提高质量、扩大产能、降低生产成本和能耗、改善劳动条件、确保生产环境安全,从而全面提高企业的经济效益和社会综合效益。

有人说"只有夕阳产品,没有夕阳产业",这也是有道理的。传统产业与新兴产业的区别,只是产生的时间早晚不同,并没有优劣之分。商品只要具有使用价值,就有利润空间。例如,一些历史悠久、积累深厚的传统产业,产品老化并不意味着产业必然死亡;提倡转型升级,推陈出新,绝不是要抛弃现有优势,而是要紧盯同行业的最高水平,持续加大技术改造力度,淘汰低端产品,提升中端产品,发展高端产品,聚焦新技术、新产品、新工艺、新装备、新模式、新业态等核心要素,提质增效,通过不断地改良生产技术、提高劳动生产率,保持企业的活力以做强做大。

在传统行业占比较大的地区,通过政府组织重大技术攻关、投入产业基金引导、财政资金奖补贴息、政府优先集中采购等方式,鼓励引导企业增强"技改"投资意愿,把技术改造列入重要议事日程,竞相重视科研技术人才,面向未来加速技术进步,传统行业也完全有机会转换为新型朝阳行业。这就是"技改"的价值所在。

总之,"技改"对于经济组织创造财富、保持持续增长势头、领先做强具有重大的意义。

二、"技改"的常规原则

"技改"在现实经济生活中已经有近40年历史,人们对这一术语耳熟能详,对于"技改"的原则、内容和方式也早已有了常规的说法。

一般说来,"技改"要遵循以下原则。

(1)技术进步原则。以扩大再生产、提高生产效率、节能降耗、降低成本为主的原则。当然,技术进步的最终目的是促进经济效益的提升,使财富能够快速增长。

(2)从实际出发原则。采用既适合企业实际情况,又能带来良好经济效益的技术方案。可以以边际成本小于边际收益的方式测算合适的投入规模。

(3)资金节约原则。针对企业的薄弱环节进行改造,把有限的资金用在最急需的地方。这个原则的贯彻需要专业的管理人才和技术人才细致严谨的工作。

(4)全员参与原则。集思广益,调动各方面的积极性,号召全体员工参与到企业的技术改造当中。

这些原则的理解并不难,但在具体实施过程中存在各种各样的问题。"技改"工作本身就是一项包含技术难度的工作,它需要领导者在技术人员、财会人员及营销人员的大力配合下动员全体员工共同参与,群策群力才能较好地实现"技改"的目的。

三、"技改"的常规内容

"技改"不同于上一个新的项目。针对工业型企业,"技改"一般是在原有生产装置的基础上，通过设备改造、设备更新来扩大产能，增加产品的品种，改善产品的性能，提高产品的附加值。因此，"技改"一般包括以下内容。

（1）产品改造。改进产品设计，促进产品的更新换代，不断开发新产品和改进旧产品，以适应市场的需要。

（2）生产设备、生产工具的更新改造。对那些性能和精度已不能满足工艺要求、质量差、能源消耗高的设备，应优先予以更新改造。

（3）生产工艺和操作方法的改造。对污染严重、经济效益差的生产工艺和操作方法进行改造。工艺是否先进，往往是影响产品质量、生产效率、能源和原材料消耗、成本高低的重要原因，因此应成为技术改造的重要内容。

（4）节约和综合利用原材料、能源，采用新型材料和代用品。主要包括改造高能耗的落后设备，采用综合利用原材料和能源的新技术，采用新材料、新能源和代用品等。

（5）劳动条件和生产环境的改造。主要包括厂房、公用设施的翻新改造，进行"三废"治理、改善劳动条件、减轻劳动强度、安全生产等。

因为"技改"主要在工业企业中实施，所以"技改"的常规内容主要就是上述5项。通常不会把先进科学的管理思想、管理方式和管理模式的列入"技改"的内容。如果在硬件的改造中附带不同于原来的管理思想、管理方式和管理模式，也不会单独列出和提及。

新的或具有重大转折意义的管理思想、管理方式和管理模式的引入、移植或培育，并融入具体的生产运行管理中，其实也是"技改"的内容之一。例如，股份制分权制衡管理思想、管理体制的引入，改变了原来的集权统管方式，使企业取得的经济效益远比单纯改造更换机器设备大得多，这何尝不是一种更高层次的技术性改造呢？

四、"技改"的常规方式

经济组织进行技术改造，一般会综合结合自身的因素进行灵活把握。从改造方式上，可以分为自主改造、引进改造、联合改造及嫁接改造，也可以分为滚雪球式的持续的技术改造方式、搬迁技术改造方式、新建生产线、新建园区技术改造方式。

自主改造是经济组织利用自己的资金及掌握的技术进行的更新改造。

引进改造是引进他方的资金及技术对经济组织本体进行的更新改造,这往往是经济组织本体在缺乏足够的资金及没充分掌握先进的技术的状态下推进技术改造的方式。

联合改造是资金、业务及技术有较高关联状态下整合各方,联手共同推进经济组织更新的改造方式。

嫁接改造是参照植物嫁接的方式进行的一种经济组织技术更新改造。嫁接是植物的人工繁殖方法之一,即把一种植物的枝或芽嫁接到另一种植物的茎或根上,使接在一起的两个部分成为一个完整的植株。与经济组织本体在运行流程中存在可替代等相关关系的技术,就可以采取嫁接改造的方式展开技术改造工作。

"滚雪球"是一种比喻,是指一旦获得了起始的优势,雪球就会越滚越大,优势就会越来越明显,比喻该技术改造方式可以积少成多,逐渐增强优势。这就是滚雪球式的持续的技术改造方式。

受到城市发展规划的限制,无法或较难在原址上进行改建、扩建以提高生产技术及装备水平时,就得采取搬迁技术改造方式。

在原址上进行技术改造,也可以通过新建生产线乃至新建园区进行技术改造。

第二节 "技改"资金的来源及中国政府对"技改"的大力支持

一、"技改"资金的来源

对于"技改"的重要性,大部分经济组织的领导管理者都有清楚的认识,但巧妇难为无米之炊,很多经济组织往往因为缺乏足够的资金而实施不了技术改造,并非他们不愿意推动技术改造以提升管理水平和产品质量。

"技改"显然是需要较充分的资金支持的。在通常的情况下,这笔资金只能通过经济组织自筹获得。这种性质的资金的来源主要是折旧、大修等储备资金,以及利润资本化后的再投入。倘若有足够的资产做抵押,向银行等金融机构申请贷款，也是获得"技改"资金的重要方式。通过向投资者定向募集资金或民间借贷，也是解决技改资金需求的方式之一。

随着政府重视并加大对企业等经济组织技术改造的扶持力度，向政府申请"技改"专项资金、获得政府"技改"资金补助、向政策性银行申请低息或免息贷款、获得政府退税资助也成为"技改"资金的重要来源。

来自政府的"技改"资助与拨款，对于不少企业的技术更新改造具有重要的作用，尤其是国有企业。政府对"技改"的政策态度左右着技术更新改造的深度与广度。中国政府高度重视"技改"工作并给予了大力支持。

"链改"从其本质上看也是一种"技改"，而且是更高层次、能更有力地推进社会经济发展的一种"技改"。因此，我国政府也可以依照现有"技改"的政策给予资金支持以大力推动各类经济组织投入"链改"，各类经济组织尤其是企业，也可以依照国家已经出台的"技改"资金扶持政策申请相应的补助，参与到"链改"潮流中来，以提升企业的经营管理水平和产品质量。当然，我国政府也可以按照"链改"的性质特点出台更有针对性、更全面的政策以资助各类经济组织进行"链改"。

下面主要围绕政府在"技改"方面的支持政策，尤其是资金支持方面的内容进行阐述，并且通过具体的案例介绍如何向政府申请"技改"方面的资金补助及享受相关政策。

二、中国企业的"技改"由政府拨款向政府主导及补助转变

中华人民共和国成立后，重工业主要通过投资新建的方式操作；随着社会主义改造的完成，中国建立起了"一大二公"的经济运行体制，主要以新建企业作为扩大再生产的手段。这种模式手段符合政治经济学教材中关于优先发展重工业，然后按比例配置产业的论断。但这种基于纯指令性计划来发展经济的模式的弊端，到改革开放国策提出前已经充分地暴露了出来。

随着国家发展方向的重大调整，尤其是将经济建设成为国家发展的首要任务之后，我国政府认识到了"技改"在促进经济发展方面的重要意义。

1982 年，中华人民共和国国务院颁发了《关于现有企业有重点、有步

骤地进行技术改造的决定》,明确提出要改变过去以新建企业作为扩大再生产的主要手段,实行以技术改造作为扩大再生产的主要手段,并规定将技术改造作为国民经济计划的组成部分,纳入国家统一计划。尽管当时仍然强调"技改"是经济计划的一部分,但相对于原来的外延粗放扩张,转向内涵改造提升发展显然是极大的进步。

曾任国务院副秘书长、国务院发展研究中心主任、中国社会科学院副院长的马洪在"我国技术改造政策的探讨"一文中描述了改"新建国企"为"国企'技改'"后我国出现的巨大变化:"'六五'期间完成技术改造投资1477亿元,比'五五'期间增长了75%,占固定资产投资的比重增加到28.7%(1953—1980年占固定资产投资不到20%),'七五'期间计划安排投资为2760亿元,占固定资产投资的比重为36%。从投资的安排来看,开始了通过技术进步和老企业技术改造发展经济的战略转变。"

随着社会主义市场经济发展方向的确立,将"技改"资金纳入国家计划,由政府划拨的方式也发生了变化;当然,政府对国有企业的管理也发生了许多重大的变化,不少优质国有企业也进行了股份制改造。在资助企业尤其是国有企业"技改"的政策方面,我国政府也更多地采取市场化方式进行资助,如把折旧基金全部留给国有企业,支持大中型国有企业技术改造;新增利润税前还贷,安排"技改"专项低息免息贷款,进口设备进行"技改"抵扣税收等。

随着区块链技术的崛起与深入应用,"链改"可以消除原来管理体制的弊端,使企业"技改"的目标更高效、精准地实现。政府资助"技改"的模式可以通过"链改"来发挥资金应有的效率与效益,杜绝挥霍浪费与闲置现象的产生。

三、企业的"技改"项目备案与获得政府支持的"技改"补助途径

由于政府常有"技改"资助的优惠政策,而主管这些政策和资金的官员较难主动获取众多企业的"技改"需求及实施等情况,常见的方式是由符合"技改"政策的企业主动向政策主管单位,如科技局进行"技改"项目申报或备案,通过审批后,就能够获得政府的"技改"资助。

下面是某市发布的申报"技改"资金补助的文件,其中明确了申报的

条件、资金性质、金额、评审方式等。现将该文件摘录在此，以对"技术改革扶持资金"做较为全面的介绍，也为"'链改'是否能够被纳入'技改'优惠政策"提供参考。

一、某市技术改革项目申报的基本条件

申报单位是在某市注册的独立法人企事业单位、行业协会和社会组织，且项目实施地在某市；

申报项目所属行业不属于国家、省、市产业导向目录中的禁止类和限制类，且申报项目不属于政府投资建设项目；

技术改造项目按《某市企业技术改造项目备案管理实施办法》的规定，在市企业技术改造项目备案系统中备案；

申报单位守法经营，具备实施申报项目所需的资金、人员、场地、设备等主要条件保障；

申报单位提交的工业总产值、营业收入等经营指标数据，应与报送市统计部门的数据一致；

不得存在多头申报或与有关市级财政性资金资助项目存在重复的情况。

解读：政府资助的技改项目一般都会有明确的条件规定，这是基本的程序要求。

二、企业技术改造扶持计划具体项目

（一）技术改造投资补贴项目

资助方向：鼓励企业运用新技术、新工艺、新设备、新材料，对现有的设施、工艺条件及生产服务等进行改造升级。

申报条件：符合申报项目基本条件。

资助标准：事后资助。按照不超过申报企业上年度实际完成技术改造固定资产投资额的10%给予资助，单个企业年度资助最高不超过1000万元。（当资助额少于1万元时也不予资助）。

评审方式：专项审计。资助金额根据年度资金规模和专项审计结果确定。

核心：

（1）零门槛申报，没有投资额的要求；

（2）无专家评审环节，采用专项审计方式。

（二）技术装备及管理智能化提升项目

资助方向：鼓励企业紧扣关键工序智能化、关键岗位机器人替代、生产过程智能控制，建设智能化工厂、数字化车间、实施工业互联网改造等符合国家、省、市鼓励的智能制造方向的技术装备及管理提升。

申报条件：符合申报项目的基本条件，且上年度已完成智能化改造投资不少于 500 万元。

资助标准：事后资助。按照不超过申报单位上年度实际完成技术改造投资额中智能化改造部分的 20% 给予资助，单个企业年度资助最高不超过 2000 万元。

评审方式：专家评审＋专项审计。资助金额以评审择优为原则，根据年度资金规模和专项审计结果确定。

核心：支持企业使用智能化装备，开展机器换人。

解读：技术改造有不同方向、内容，有不同的项目，政府会结合产业发展的规划对不同的方向、内容和不同的项目提供不同的资金扶持政策。想获得政府技术改造资金支持的企业可以结合自身技术改造方向选择适合的项目申报，以争取审批通过。

目前，政府对技术改造项目的资助一般通过这种方式进行。已经完成技术改造项目的企业可以积极向政府主管部门进行申报。申报就能够在政府主管部门"挂上号"，当有新的优惠政策时，能够及时获知乃至加快审批速度。技术改造项目申报政府资助要提供的材料、程序和承办时限规定如下。

（一）申请材料

《某市企业技术改造项目备案登记表》；

企业营业执照副本复印件（核对原件）；

与企业技术改造项目有关的说明材料。

（二）申办程序

企业网上填报项目备案登记表；

处长分派业务；

经办人员对项目进行初审；

处领导对项目进行复审；

报主管局长审定；

企业提交完备的纸质申请资料；

核实材料后出具《某市企业技术改造项目备案证明》。

（三）承办时限

备案材料完备且符合规定条件的，自受理材料之日起10个工作日内出具《某市企业技术改造项目备案证明》。

对不符合备案条件的，10个工作日内书面通知申请企业，说明不予备案的原因。

随着政府对"链改"认识的加深及重视，政府也可以参照类似上面的扶持政策对各类经济组织参与"链改"出台优惠政策，为其提供资助，帮助各类经济组织尤其是企业尽快尽早通过"链改"实现进步。那些已经在政府主管"技改"资助的部门申报过的企业可以优先获得资助。

政府对"技改"的重视程度及"技改"方向的调整都会左右行业的发展和走势。因此，"链改"倘若得到政府的重视及大力资助，"链改"支撑的相关技术类企业也就能够得到强劲发展。倘若政府能够充分认识到"链改"是一种高层次、高质量的"技改"，参照目前"技改"的相关资助政策给予支持鼓励，区块链技术广泛落地应用并产生良好的社会效益与经济效益也就完全可期了。

第三节 "链改"也是一种"技改"

在前两节介绍"技改"的相关内容时，反复提到"链改"其实也是一种"技改"，而且是高层次、高质量的"技改"。针对这个观点，结合工业和信息化部的科研单位——中国信息通信研究院和可信区块链推进计划共同组织编写的《区块链白皮书2018》来做聚焦论述。

互联网的软硬件被认为是高新技术的成果，这已经是一种社会共识。政府认为专业从事这方面技术开发应用的企业多数是高新技术企业。区块链技术是基于互联网技术发展而来的，可以认为是对互联网的有益且必需的补充，会将互联网从信息互联网发展到可信任的价值互联网，并且会使互联网的发展更加丰富多彩，更有利于互联网参与者的权益保护与诚信社会的打造。

互联网是高新技术,区块链技术当然更是高新技术。互联网在社会经济组织之间的普及应用是一种技术更新改造的普及应用,区块链技术也必然是一种技术的更新改造,而且是更高层次的技术更新改造。

为了更清楚地了解并认同这个判断,本节结合《区块链白皮书2018》内容对区块链的技术做更进一步的阐述分析。

《区块链白皮书2018》中明确指出:区块链是一种记账技术的革新,是对互联网的有益补充,如图4-2所示。基于区块链的分布式记账和基于数据库的传统记账方式相比,有4点不同。

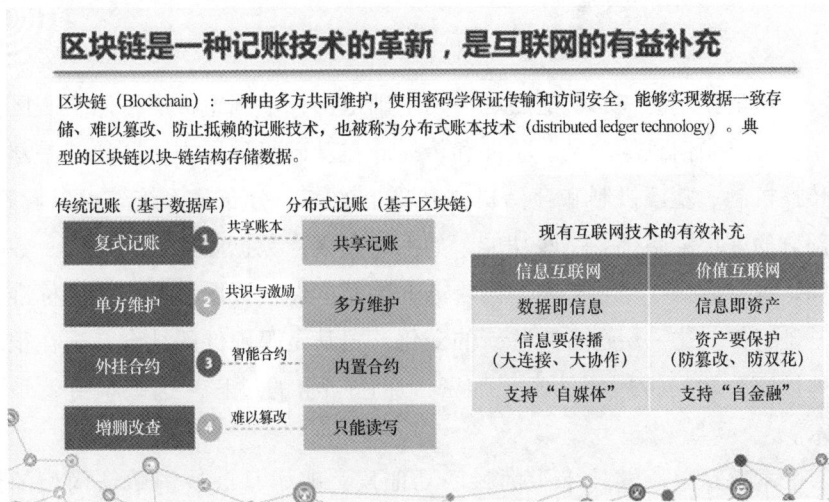

区块链是一种记账技术的革新,是互联网的有益补充

区块链(Blockchain):一种由多方共同维护,使用密码学保证传输和访问安全,能够实现数据一致存储、难以篡改、防止抵赖的记账技术,也被称为分布式账本技术(distributed ledger technology)。典型的区块链以块-链结构存储数据。

传统记账(基于数据库)		分布式记账(基于区块链)	现有互联网技术的有效补充	
复式记账	① 共享账本	共享记账	信息互联网	价值互联网
单方维护	② 共识与激励	多方维护	数据即信息	信息即资产
外挂合约	③ 智能合约	内置合约	信息要传播(大连接、大协作)	资产要保护(防篡改、防双花)
增删改查	④ 难以篡改	只能读写	支持"自媒体"	支持"自金融"

图4-2 区块链的定义

一是账本结构,传统记账采用的是复式记账法,而区块链采用的是共享记账法。

二是区块链通过共识和激励达到数据一致性。

三是合约层次的变化,传统记账和财务的流程是分开的,纵使账目不可抵赖,但是合同可以违约。而区块链的智能合约的执行和签署是一体的,是内置合约。

四是传统数据库有增删改查的功能,而区块链为了做到极端的安全性、抗攻击性,只有读和写两种功能。

《区块链白皮书2018》中指出:区块链的技术体系包括基础设施、基础组件、账本、共识机制、智能合约、接口、应用系统、操作运维和系统管理9部分功能，即区块链技术至少由这9部分来架构，账本、共识和智能合约是区块链的核心，如图4-3所示。

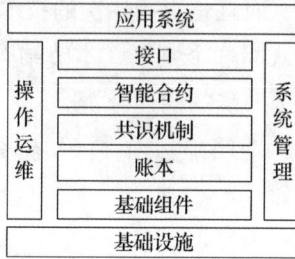

图4-3 区块链的技术体系构成

区块链技术的核心功能层之一是基础组件，基础组件层可以实现区块链系统网络中信息的记录、验证和传播。在基础组件层中，区块链是建立在传播机制、验证机制和存储机制基础上的一个分布式系统。可以看到，大部分的区块链系统有一些功能，如网络发现、数据收发、密码库、数据存储、消息通知，来支持整个区块链上层的运作，再慢慢形成一个标准化的基础组件。这一层也有一些新的变化，尤其是跟硬件的结合，现在很多硬件厂商开始支持用硬件实现加密，加速加密的过程，这些本身就是硬技术。

账本也是区块链技术中的核心功能层；账本是区块链中结构化的信息，负责区块链系统的信息存储，包括收集交易数据、生成数据区块、对本地数据进行合法性校验及将校验通过的区块加到链上。《区块链白皮书2018》中把区块链账本层的技术路线分成两类：一类是基于资产的模型，把资产作为关键字段，看这个资产如何流转；另一类账本的记录方式是基于账户的模型，记的是谁有多少资产，下一时段又有了多少资产。图4-4对这两种数据的记录方式做了详细的对比，并说明了两种数据记录方式分别适用于哪些场景。

区块链最核心的功能是共识，因为区块链是分布式系统，如何选择合格的会计去记账，是很有讲究的。区块链达成共识的方式有两大类，一类是概率性共识，在网络里谁有记账的能力，谁就可以发起记账的请求。这个记账请求被越来越多的人追踪、跟进，链的长度就会越来越长，大家对它的信任度就越来越高，一定时间内就会形成绝对的优势。这类共识方法账本有两种数据记录方式：

▶ 基于资产的模型中，首先以资产为核心进行建模，然后记录资产的所有权，即所有权是资产的一个字段。

▶ 基于账户的模型中，建立账户作为资产和交易的对象，资产是账户下的一个字段。

	基于资产	基于账户
建模对象	资产	用户
记录内容	记录资产的所有权	记录账户操作
系统中心	状态（交易）	事件（操作）
计算重心	计算发生在客户端	计算发生在节点
判断依赖并行	方便判断交易依赖适合并行	较难判断交易依赖较难并行
账户管理	难以管理账户元数据	方便管理账户元数据
适用的查询场景	方便获取资产最终状态	方便获取账户资产余额
客户端	客户端复杂	客户端简单
举例	比特币、R3 Corda	以太坊、超级账本 Fabric

账本层数据记录方式对比

图 4 - 4　区块链的账本功能层

是先写入后记账，人们得到一个消息后会马上记录该账，而不管其他人怎么看记账人，然后过一段时间，如 1 个小时以后，看谁的账被更多人跟进，谁就胜出了。另一类是确定性共识，是先在一个会议室里达成共识，先投票选出一个领导，由这个领导来记账，其他的人跟随。

区块链第三个核心功能层是智能合约。智能合约就是用代码写的甲乙双方达成的合同，协议一旦触发，将在区块链上不可逆地执行。智能合约编写的语言有两大类，即图灵完备和非图灵完备。图灵完备的好处是可以表达任何事情，但是存在不可预料的风险；非图灵完备虽然不能表达很多复杂的逻辑，但是它很安全。

现在智能合约不是特别成熟，是区块链安全问题高发的一个区域，业界也提出了关于提高区块链智能合约安全性的方案，大体上有几种：一是加强事前审计；二是对区块链的智能合约进行加密，防止黑客的攻击；三是严格限定区块链智能合约的语法结构，让它的表达更规范。中国信息通信研究院在其白皮书里有很详细的关于智能合约的分析，如图 4 - 5 所示。

区块链技术的应用较为广泛，《区块链白皮书 2018》并没有把几十种应用场景都列举出来，而是把应用分成三大类：第一类是价值转移类，这类应用是把一笔资产从 A 账户转移到 B 账户，常见的有银行转账、票据、金融类的应用；第二类是存证类，它只涉及一个账户，只是把存储的信息做一个改变，法律存证、溯源属于这种类型，依据的是区块链不可篡改的特性；第三类是授权管理类，它没有更改任何账户的数据，只是授权某一个人能够访问某一个数据，用智能合约来管理。

> 智能合约层：负责将区块链系统的业务逻辑以代码的形式实现、编译并部署，完成既定规则的条件触发和自动执行，最大限度地减少人工干预，智能合约是区块链安全风险高发领域

区块链平台	是否图灵完备	开发语言
比特币	不完备	Bitcoin Script
以太坊	完备	Solidity
EOS	完备	C++
Hyperledger Fabric	完备	Go
Hyperledger Sawtooth	完备	Python
R3 Corda	完备	Kotlin/Java

图灵完备与否对比

智能合约根据图灵完备与否可以分为两类：
➤ 图灵完备的智能合约有较强适应性，可以对逻辑较复杂的业务操作进行编程，但有陷入死循环的可能
➤ 图灵不完备的智能合约虽然不能进行复杂逻辑操作，但更加简单、高效和安全

智能合约是区块链安全风险高发领域，提升安全性的思路：
① 形式化验证（formal verification）
② 智能合约加密
③ 严格规范合约语言的语法格式

图 4 – 5　区块链的智能合约功能层

图 4 – 6 对区块链的技术架构进行了总结。

> 在统一的架构之下，各主流平台根据自身需求及定位不同，其区块链体系中存储模块、数据模型、数据结构、编辑语言、沙盒环境的选择亦存在差异，给区块链平台的操作运维带来较大的挑战

一级功能	二级功能	比特币	以太坊	Hyperledger Fabric	R3 Corda
应用		比特币	Dapp/以太币	企业级分布式账本	CorDapp
智能合约	编辑语言	Script	Solidity/Serpent	Go/Java	Java/Kotlin
	沙盒环境		EVM	Docker	JVM
共识		PoW	PoW/PoS	PBFT/SBFT/Kafka	Raft
账本	数据结构	Merkle树/区块链表	Merkle Patricia树/区块链表	Merkle Bucket树/区块链表	无区块连接交易
	数据模型	基于资产	基于账户	基于账户	基于资产
	区块存储	文件存储	LevelDB	LevelDB/CouchDB	关系数据库
基础组件		TCP, P2P	TCP, P2P	HTTP2 P2P	AMQP(TLS) P2P

图 4 – 6　区块链的技术架构总结

　　从《区块链白皮书2018》中可以清楚地看到，区块链技术确实是一种技术，且综合了多个学科的技术，有广泛用途且呈现出良好的发展前景。

　　企业等经济组织应用区块链技术进行管理及运营等方面的更新改造，即"链改"，自然也属于"技改"的范畴，无论从理论还是实务上，理应获得政府的大力鼓励支持。

第四节 政府可参照"技改"扶持政策
鼓励企业参与"链改"

通常人们对"技改"的认识,多停留在机器设备更新改造层面,主要体现为对新机器、新设备、新工艺、新材料的追崇,尤其是偏好于用新的机器设备、新的材料替代老旧的机器设备和材料;一般认识不到管理思想、管理方法、管理模式等软件的革新改变也是一种"技改",而且是更高层次的"技改"。

正如前面论述的,管理思想、管理方法、管理模式等软件的革新改变,对包括企业在内的经济组织,产生的良好效果往往比单纯硬件的升级换代更宏大、更长远。但也正因为其见效周期长,往往容易忽视将管理思想、管理方法、管理模式等软件的革新改变作为"技改"的内容。例如,清朝的洋务运动,一味追求从海外引进机器设备,当时虽建立起了中国的近代机器工业生产体系,但在管理上仍然是官办、官督商办、官商合办的僵化官僚体系,结果并没能给社会带来长久的发展。

因此,"技改"的载体最好是"软硬兼施",既要有对硬件的改造更新,也要有对管理思想模式的革新改变。这就是高层次的"技改",不仅要有外延焕然一新的变化,也要有内涵的调整,即"资源+有效劳动"关系的实质提升。

"链改"就是能够实现这一目标的"技改"。"链改"可以充分调动每个参与智慧化劳动者的积极性,且通过打造人人可信互信的诚信社会可大幅度消除最容易增加交易成本的"信任危机"。

区块链是互联网技术发展的一个成果,而互联网技术本身就是软硬件技术综合发展的结果。区块链技术也有一些设施的创新发明,正如《区块链白皮书2018》中阐述的,区块链技术体系包括了基础设施、基础组件、接口、操作运维和系统管理等9个要素。区块链技术在发展过程中,也会创造发明出一些硬件设备,如更高性能的计算机芯片、用来校验产品质量"上链"的可信仪器设备、基于区块链技术的"物联网"设备。

区块链技术将具有远超对某个硬件设备进行"技改"所带来的作用。

"区块链是创造信用的工具，是解决设计生产关系的完整模型"是众人了解区块链技术后对其的评价。

《区块链白皮书2018》中写道：区块链应用将助推传统产业高质量发展，加快产业转型升级。利用区块链技术为实体经济"降成本""提效率"，助推传统产业规范发展。区块链技术正衍生为新业态，成为经济发展的新动能。区块链技术正在推动新一轮的商业模式变革，成为打造诚信社会体系的重要支撑。

具体说来，利用区块链技术改造实体经济组织，就可以实现"可信数字化"，进而实现实物流、信息流、资金流"三流融合"，从而建立有效机制解决资金脱实入虚的问题，促进劳动的有效与社会有效化，并与优化配置的资源结合而持续稳健地增长财富。

实物流是指实体经济企业实际运行的情况；信息流是数据和信息的流通；资金流则代表银行等金融机构的资金流转情况。

在实行"链改"前，实体经济的实物流向信息流的映射存在不完整、不全面、不系统、不真实的问题。金融出现脱实入虚的问题，原因之一在于信息流不够强大，导致资金流和实物流脱节，实物流的准确情况无法传给资金流，导致金融机构服务实体经济的基础不牢、风险较大。例如，个别中小微企业进行融资时，可能出现粉饰材料甚至杜撰历史信息的情况。金融机构很难全面核查信息的真实性；金融机构和实体企业建立信任的过程较为曲折，对中小微企业授信管理成本和风险溢价较高，从而导致中小微企业融资难、融资贵、融资慢等现象一直普遍存在，金融对实体经济支持仍显不足。

基于区块链系统，数据可以被有效确权，且数据要被多方验证，同时不可篡改，基本上可以较为有效地保障数据的真实性。在实行"链改"之后，完全有可能实现"可信数字化"，为金融机构和资本方投资、放款提供大量真实可靠的基础信息，从而极大地降低金融机构服务实体经济的风险和成本。

同时，由于"上链"后的数据能够显著提升实体企业融资的便利性，实体经济会更加积极地推动业务的数字化转型，实物流向信息流映射的速度、广度和深度将得到提升，进而强化可信信息流，拉近资金流和实物流的距离。金融部门和实体部门的关系变得前所未有的紧密，资金和实体的

"触点"将大大增加,实体经济的融资方式也将变得多元化。

此外,这种模式也将给政府监管部门进行监管带来前所未有的便利,其可有效实现穿透式监管、事中监管。区块链本身的分布式、不可篡改、公开透明等特性可以有效提升穿透式监管的实施效率。分布式可以使区块链项目方在不同监管机构使用同一套监管规定,也能使不同的监管机构共同享用一个数据账本。不可篡改又保证了数据的可追踪性,使监管能够对历史数据进行调阅,实现监管政策全面覆盖。同时,监管机构也能将自己的规定写进智能合约,实现智能监管。这对于监管者来说节省了成本;对于项目方来说,一个透明且规则明确的监管环境有利于行业健康发展。

总之,利用好区块链系统,就可以大大降低穿透式监管成本、提高监管效率、增强监管结果的客观公正性。

"链改"最终可使物理世界、数字世界与资金体系的高度连通,实现"三流融合",进而使得金融和实体经济密不可分,不再出现资金在金融体系内空转的情况,实现脱虚向实的过程;也使得社会经济能够有持续强劲的发展,并最终推动社会取得真正的进步。

第五章 "股改"与"链改"：以"股改"来理解"链改"

改革开放是我国的基本国策，因此，诸如"教改""医改""房改""技改""股改"等改革之说也为广大民众所熟知。"链改"也可以被认为是改革开放国策的体现之一，不过，其与"教改""医改""房改"的内涵区别很明显，一般不易混淆；但从"链改"的定义来看，它与"技改""股改"有较多关联。

在第四章中，我们全面分析了"技改"，清楚了"链改"也是一种"技改"，而且是更高层次的"技改"，政府既可以按照目前"技改"的优惠政策支持鼓励社会经济组织进行"链改"，也可以出台更有力的资助政策推动"链改"全面深入社会经济生活中，从而实现生产力的大发展与生产关系的和谐调整。

中国30年前启动的"股改"，深刻地改变了中国的社会经济面貌。相比20世纪80年代的中国，今天的中国可谓是发生了翻天覆地的变化。这一切成果的取得，在经济制度的改革方面，与大力倡导与踏实推进"股改"是密不可分的。

在"链改"巨轮启动的当下，本章将回顾20年前"股改"的启动及其发展的时间段，来理解及展望"链改"能够带给中国的宏大而深刻的变化。

第一节 "股改"的概念及其进展

一、"股改"的定义

将纯国有企业、民营非股份制企业依照《中华人民共和国公司法》改造成为股份制公司的整个过程，被称为股份制改造，简称"股改"。这是最为常见的"股改"概念。后来针对上市股份公司股权分置进行的改革，也被称为"股改"。当然，还有人将企业实际控制人为了留住核心员工、吸引优秀人才而进行的股权分配、赠送或低价转让的方式也称为"股改"。

总之，"股改"是一种公司股份化的改革，通过投融资方式和管理体制架构的转变来实现劳动的社会有效化及资源的优化配置，从而提升财富的创造能力。

二、通过"股改"设立股份公司应具备的条件

有限责任公司整体变更为股份有限公司是指在股权结构、主营业务和资产等方面维持同一公司主体，将有限责任公司整体以组织形式变更的方式改制为股份有限公司，并将公司经审计的净资产额相应折合为股份有限公司的股份总额。整体变更完成后，仅仅是公司组织形式不同，而企业仍然是同一个持续经营的会计主体。

根据我国公司法、证券法和中国证监会颁布的规范性文件的规定，设立股份有限公司应具备以下条件。

1. 发起人的资格和人数

股份制公司的发起人在"股改"中起着非常重要的作用，因此，对于不同性质的发起人，《中华人民共和国公司法》有明确的规定。

若以原有企业投资者作为发起人，则涉及原公司组织形式的变更。根据《中华人民共和国公司法》第四十三条的规定，有限责任公司解散、分立或变更公司形式，必须经代表 2/3 以上表决权的股东通过。

2. 发起人股本和认缴方式

《中华人民共和国公司法》规定，股份有限公司的最低资本额不得低于 500 万元，上市发行股票的股份有限公司的最低注册资本为 5000 万元，且公司组建前 3 年均为盈利。创业板上市发行条件规定，公司近一期期末净资产不少于 2000 万元，且不存在未弥补亏损，发行后股本总额不少于 3000 万元。

股份有限公司的设立可采用发起设立或募集设立方式。这两种设立方式认购股份和交付股款的程序有所不同。

在发起设立方式下，发起人必须认购全部股份并一次交足股款；在募

集设立方式下，发起人认购的股份不得少于公司股份总数的35%，其余股份向社会公开募集。

3. 符合股份有限公司要求的治理结构

《中华人民共和国公司法》规定，必须建立符合股份有限公司要求的治理结构，如建立股东大会作为公司的权力机构，组建董事会和监事会，由董事会按照公司章程规定聘任总经理作为公司的经营管理者。总经理主持生产经营管理工作，组织实施董事会决议；监事会作为公司内部的监察机构，行使对董事、经理和其他高级管理人员的监督权等。

在创业板中常设立独立董事、实行保荐人制度、发布上市条件和激励机制等，并对董事、监事、经理和其他高级管理人员的行为提出了更高的要求，在目前的《中华人民共和国公司法》中并没有对此做明确的规定，此方面的明确要求有待《中华人民共和国公司法》的进一步修改和完善。

4. 具有固定场所和生产经营条件

固定的生产经营场所是股份有限公司从事业务活动的固定地点。为了便于公司与其他人或组织开展业务，进行业务往来，股份有限公司根据业务活动的需要，可以设置若干个生产经营场所。为了便于对股份有限公司进行管理，工商行政管理部门要求公司登记其住所。公司住所是公司管理机构的所在地，但不一定是生产经营场所。例如，公司住所可以在城市里，而公司的生产工厂可以在郊区，甚至在其他城市或国家。

总之，从上述要求来看，并不是任何经济组织都可以设立股份有限公司，这是件复杂而高要求的事情；想通过组建股份有限公司来融资更非易事，要满足多种条件才有机会。而"股改"的流程步骤更是繁杂，人力、资金、时间耗费巨大，充斥着各种风险。

三、"股改"的具体操作步骤

1. 设立改制筹备小组，专门负责"股改"工作

筹备小组通常由董事长或董事会秘书牵头，汇集公司生产、技术、财务等方面的负责人，不定期召开会议，就改制过程中遇到的有关问题进行商讨，必要时还应提请董事会决定。筹备小组具体负责以下工作。

（1）研究拟订改组方案和组织形式；

（2）聘请改制有关中介机构，并与中介机构接洽；

（3）整理和准备与公司有关的文件和资料；

（4）召集中介机构协调会，提供中介机构所要求的各种文件和资料，回答中介机构提出的问题；

（5）拟订改制的有关文件；

（6）向政府主管部门申报文件或备案，取得政府批文；

（7）联络发起人；

（8）办理股份有限公司设立等工作。

2. 关于发起人的现行法律规定

现行法律规定，设立股份有限公司的发起人应当为 2 名以上、200 名以下。

如果拟改制的有限责任公司现有股东人数符合该要求，则可以直接由现有股东以公司资产发起设立。

如果现有股东不足或现有股东有不愿意参加本次发起设立股份有限公司的行动，则应引入新的股东作为发起人，由现有股东向其转让部分股权，对公司股权结构进行改组，然后由改组后的股东以公司资产共同发起设立股份有限公司。但要注意一个问题，股东的变更要满足申请发行前最近 3 年实际控制人不发生变化的要求。有的公司在改制前已经联系好合适的发起人，也可能借机引入战略投资者或风险投资者，以及具有行业背景或专业技术背景的投资者，以壮大企业的综合实力。

3. 聘请中介机构

筹备小组成立后可联系和聘请中介机构，包括保荐机构、发行人律师、审计师、资产评估师等。被选择的中介机构应具备从业资格，筹备小组在经过慎重考察后，应当确定本次改制上市的各中介机构人选，并与之签署委托协议或相关合同，正式建立法律关系。

4. 尽职调查、资产评估与审计

在公司与各中介机构签署委托协议后，各机构应根据情况进场工作，分别对公司的有关情况进行调查和审计。保荐机构应对公司整体情况，尤其是商务经营情况进行全面调查，并在调查的基础上起草本次改制上市的招股说明书。发行律师应对公司的法律事宜进行全面调查，并起草法律意见书和律师工作报告。会计师对公司最近 3 年的财务状况进行审计，形成审计报告。资产评估师对公司的资产状况进行评估，形成资产评估报告。

需要注意的是，市场管理部门应将评估报告上的数值作为验资报告股本数额进行确认；而证监会的最新要求是以会计报表上的净资产数额作为改制后的公司股本数额进行确认。这样如果审计报告上净资产数额低于评估报告上的数额，选择审计报告上的净资产作为验资报告股本数额，即可符合市场管理部门和中国证监会两家的要求。如果评估报告上资产数额低于审计报告上的净资产数额，则应选用评估报告上的数额作为验资报告上的股本数额。当然，如果公司不需要在 3 年内上市，则可以将评估报告数额作为验资报告上的股本数量，无须考虑审计报告数额。

5. 产权界定

公司筹备过程中，为了准确确定公司资产，区分其他主体的资产，有时要进行财产清查，在清查的基础上对财产所有权进行甄别和确认。尤其是占有国有资产的公司，应当在改制前对国有资产进行评估，避免国有资产受到损害。

6. 国有股权设置改制

公司涉及国有资产投入的，要对公司改制后国有股的设置问题向国有资产管理部门申请批准相关股权设置的文件，对国有资产作价及相应持股进行审批。通常在申报国有股权设置申请书的同时，还要求公司律师就国有股权设置出具法律意见书。

7. 制订改制方案，签署发起人协议和章程草案

改制方案涉及的以下几个方面问题需要达成一致。

（1）股份公司注册资本的数额。应由各发起人共同商定净资产折股比例，确定注册资本的数额。

（2）各发起人的持股比例。原则上按照各发起人在原公司中的股权比例来确定，如有调整应在此阶段商定。签署发起人协议和公司章程草案。

（3）公司改制中还应形成如下改制文件和文本：股东会关于公司改制的决议、改制申请书、改制可行性研究报告、发起人框架协议、公司章程及企业改制总体设计方案等。

8. 申请并办理设立报批手续

涉及国有股权的应向国有资产管理部门申请办理国有股权处置的批文；涉及国有土地出资的还应由国有土地管理部门出具国有土地处置方案批复。

9. 认缴及招募股份

如以发起设立股份有限公司为目的，发起人书面认定公司章程规定的其应认缴的股份：一次缴纳的，应当缴纳全部出资；分期缴纳的，应当缴纳首期出资。以实物、工业产权、非专利技术或土地使用权等非货币性资产出资的，应经资产评估并依法办理该产权的转移手续。以募集方式设立的，发起人认购股份不得少于股份总额的35%。发起人不能按时足额缴纳股款的，应对其他发起人承担违约责任。缴纳股款后应经会计师验资确认并出具验资报告。

10. 注册成立股份有限公司

根据发起设立方式设立的，发起人首次缴纳出资后，应当选举董事会和监事会，由董事会向公司登记机关报送公司章程，由验资机构出具验资证明及其他文件，申请设立登记。以募集设立方式设立的，发行股份的股款募足并经验资后，发起人应在30日内主持召开公司创立大会，审议公司设立费用和发起人用于抵作股款的财产的作价。

11. 产生公司董事会、监事会并召开第一次会议

创立大会结束后30日内，持相关文件申请设立登记。经工商登记机关核准后，颁发股份有限公司营业执照。股份公司正式宣告成立。

当"股改"成功并融资到位后，才算成功将风险化解，回收前期的各种投入并且获得应有的回报。注意，化解风险成功的概率并不高。

"股改"上市要经历复杂的程序及漫长的等待，因为需要聘请资产评估、审计、律师事务所、证券公司投资银行、政府相关部门等第三方增信机构介入。

四、为什么要进行"股改"？

今天，对于"股改"的价值和意义，全社会都已经有了较为普遍且清楚的认识。尽管"股改"需要保荐机构、发行人律师、审计师、资产评估师等一起参与，需要设立专门的部门来对接中介机构，需要花费不菲的各类中介费用，还要经过漫长而充满风险的流程，但还是有其重要的社会价值。

（1）建立规范的公司治理结构。改革的目的就是按照现代企业制度的要求，明确产权，塑造真正的市场竞争主体，以适应市场经济的要求。通

过对企业进行"股改",可以实现投资主体的多元化、产权关系的明晰化、管理的科学化、决策的稳健化。企业的股东大会、董事会、监事会、总经理等分权与制衡运行架构,将公司直接置于市场的竞争与监督之中,使企业的经营状况能迅速、透明地反映出来,企业的价值时刻显现在公众面前,要求企业不断增强竞争意识、建立激励机制、提高管理水平,促进发展。

(2)筹集资金。随着社会化大生产的发展,企业需在更广泛的社会范围内筹集资金,以满足企业不断扩大生产的需求。现代企业的三种形态——独资企业、合伙企业和公司制企业中,只有公司制企业中的股份有限公司能通过发行股票,在较短的时间内把分散在社会上的闲散资金集中起来,投入生产经营,从而增强企业的发展实力。

(3)优化资源配置。通过股份制改造,使企业产权有明确归属,便于资产在全社会范围内流动,为调整产业结构提供良好的条件,并有利于突破部门、地区的界限,协调各方利益,综合利用各部门、地区的投资能力,优化资源配置,推动企业的专业化发展和联合,调整不合理的产业结构。

(4)确立法人财产权。规范的公司能够有效实现出资者所有权与企业法人财产权的分离。改造后的股份有限公司拥有包括各出资者投资的各种财产而形成的法人财产权。公司法人财产的独立性是公司参与市场竞争的首要条件,是公司作为独立民事主体存在的基础,也是公司在市场上生存和发展的必要条件。

综上所述,"股改"对促进社会经济发展起到了非常重要的作用。

五、作为股权分置改革的"股改"定义

"股改"还有个广为人知的定义就是股权分置改革。

中国股票市场刚成立的时候,主要是国有企业上市发行股票,一般国有企业的控股股东是国家或各级国有资产管理部门。这也是国有股和法人股的由来,国有股和法人股不能像普通股一样上市流通。国有股、法人股、普通股这三者就形成了"同股不同权,同股不同利"的局面,不利于股票市场的发展。随后开始进行"股权分置",产生了"股权分置"改革的需求。这种"股改"的目的是让国有股和法人股"享受"普通股的市场

待遇，能够参与市场流通，通过全流通实现"同股同权，同股同利"。

股权分置也被称为股权分裂，是指上市公司的一部分股份上市流通，另一部分股份暂时不上市流通。前者被称为流通股，主要成分为社会公众股；后者被称为非流通股，大多为国有股和法人股。

由于历史原因，或者基于帕累托改进的考虑，尽管国有企业进行了股份制改造，但这种"股改"所形成的国有股事实上处于暂不上市流通的状态，其他公开发行前的社会法人股、自然人股等非国有股也被做出暂不流通的安排，这在事实上形成了股权分置的格局。

另外，通过配股送股等产生的股份，根据其原始股份是否可流通也被划分为非流通股和流通股。截至 2004 年年底，上市公司 7149 亿股的总股本中，非流通股份有 4543 亿股，占上市公司总股本的 64%，非流通股份中又有 74% 是国有股份。

股权分置的产生也有相关的法律依据。1992 年 5 月的《股份制企业试点办法》规定："根据投资主体的不同，股权设置有 4 种形式：国家股、法人股、个人股、外资股。"但 1994 年 7 月 1 日生效的《中华人民共和国公司法》对股份公司不再设置国家股、集体股和个人股，而是按股东权益的不同，设置普通股、优先股等。然而，翻看我国证券市场设立之初的相关规定，既找不到对国有股流通问题明确的禁止性规定，也没有明确的制度性安排。股权分置改革与国有股减持不同，减持不等于全流通；获得流通权，也并不意味着一定会减持。

六、股权分置改革之"股改"的必要性

股权分置在很多方面制约了资本市场的规范发展和国有资产管理体制的根本性变革。正是由于股权分置，上市公司大股东有了"圈钱"的冲动，却不会关心公司股价的表现。作为历史遗留的制度性缺陷，股权分置早已成为中国证券市场的一块"心病"。市场各方逐渐认识到，股权分置在很多方面制约了资本市场的规范发展和国有资产管理体制的根本性变革。而且，随着新股发行上市不断积累，其不利影响日益突出。

因股权分置形成非流通股东和流通股东的"利益分置"，即非流通股股东的利益关注点在于资产净值的增减，流通股股东的利益关注点在于二级市场的股价。公司大股东通过增发不出一文就可以使自己的资产大大增

值，不管公司股价表现如何，即便公司股价一直下跌，大股东依然毫发无损。上市公司的治理缺乏共同的利益基础。

股权分置也扭曲了证券市场的定价机制。股权分置格局下，股票定价除公司基本面因素外，还包括对 2/3 股份暂不上市流通的预期。2/3 股份不能上市流通，导致单一上市公司流通股本规模相对较小、股市投机性强、股价波动较大等情形。另外，股权分置使国有股权不能实现市场化的动态估值，不能形成强化企业内部管理和增强资产增值能力的激励机制，资本市场国际化进程和产品创新也受到制约。

七、历尽艰险的股权分置改革历程

1. 尝试阶段

通过国有股变现解决国企改革和发展的资金需求的尝试，开始触动股权分置问题。1998 年下半年到 1999 年上半年，为了解决推进国有企业改革发展的资金难题和完善社会保障机制，国有股减持的探索性尝试开始进行。但由于实施方案与市场预期存在差距，试点很快被停止。

2001 年 6 月 12 日，国务院颁布的《减持国有股筹集社会保障资金管理暂行办法》也是该思路的延续，同样由于市场效果不理想，于当年 10 月 22 日宣布暂停。

虽然这两次尝试都失败了，但是引起了社会各界对"股改"问题的重视，并令社会各界对改革的原则达成了某种程度的共识，即"股改"必须要考虑对公共利益的保护。在之后进行的全流通大讨论中，学术界为此积极献策，一时间形成了百花齐放的局面。多种多样的方案纷纷出台，这些方案都为日后决策层的决策提供了良好的参考意见。

与此同时，政府有关部门也纷纷表态，把解决股权分置问题提到政府议事日程上来。2004 年 1 月 31 日，国务院颁布的《关于推进资本市场改革开放和稳定发展的若干意见》（国发〔2004〕3 号，简称"国九条"）中明确提出："积极稳妥地解决股权分置问题。规范上市公司非流通股份的转让行为，防止国有资产流失，稳步解决目前上市公司股份中尚不能上市流通股份的流通问题，在解决这一问题时要尊重市场规律，要有利于市场的稳定和发展，切实保护投资者特别是公众投资者的合法权益。"这个纲领性的文件不但向外界明确了政府的态度，而且提出了原则性的要求，为解决资本市场改革发展提供了现实的政策基础和强大的政策动力。

在"国九条"的方针指引下，各部门为落实"国九条"展开了一系列的工作。2004年7月，根据国务院有关指示，成立了由中国证监会、财政部、国务院国资委、中国人民银行等组成的"解决股权分置问题工作小组"，研究"股改"的具体实施问题。同年9月，证监会广泛征求社会意见，并会同专家研究"股改"方案。12月8日，证监会发布了关于保护公众投资者权益的文件，给予公众投资者充分的话语权，在大股东和中小股东间建立起对等的对话机制，赋予他们同等的话语权。2005年4月29日，中国证监会正式发布《关于上市公司股权分置改革试点有关问题的通知》，从此正式揭开了"股改（股权分置改革）"的序幕。

2. 试点阶段

2005年5月9日，三一重工股份有限公司（简称三一重工）、上海紫江企业集团股份有限公司、同方股份有限公司（简称清华同方）和河北金牛能源股份有限公司4家上市公司成为第一批"股改"的试点公司，开始了"股改"的破冰之旅。6月20日，第二批42家试点公司"股改"启动，增加了试点企业的类型。

从第一批试点的情况来看，小股东在与大股东的博弈中依然处于被动接受的地位，讨价还价的能力不足。投资者对市场的反应也不容乐观，最直接的反应就体现在股市上。在2005年4月29日中国证监会发布《关于上市公司股权分置改革试点有关问题的通知》以后，6月6日上证综合指数跌至998点，创1998年以来历史最低，并在长时间内大幅震荡。针对这种情况，管理层推出了一系列配套的措施，如允许上市公司回购股票；"股改"时大股东可以增持流通股股份；财政部、税务局对"股改"中的对价部分免征所得税、印花税；鼓励企业采取权证方式加大补偿力度等。这一系列文件的发布，增强了投资者的信心，市场的悲观氛围渐渐散去，投资者看到了管理层改革的决心和气魄，为下一步的改革打下了坚实的基础。

2005年8月19日，随着最后一家试点公司河南中孚实业股份有限公司的"股改"方案获得通过，历时4个月的试点阶段告一段落。两批次共46家试点公司，除了清华同方的方案被否决外，其余45家均获得通过。这些试点公司涵盖了大型中央企业、地方国有企业、中小型民营企业等多种类型, 丰富了试点面, 为下一阶段"股改"工作的全面铺开积累了经验。

3. 全面启动阶段

2005 年 9 月 12 日, 首批 40 家公司亮相, 拉开了全面"股改"的序幕。为保证全面"股改"的顺利展开, 各有关部门先期做好了充分的部署: 8 月 23 日, 中国证监会、国务院国资委、财政部等股权分置改革领导小组成员单位联合发布《关于上市公司股权分置改革的指导意见》(证监发〔2005〕80 号); 9 月 4 日, 中国证监会发布《上市公司股权分置改革管理办法》(证监发〔2005〕86 号); 9 月 9 日, 国务院国资委发布《关于上市公司股权分置改革中国有股权管理有关问题的通知》(国资发产权〔2005〕246 号), 为"股改"扫清了政策障碍。

随着全面"股改"的深入, 各种公司相继破题。首家含 B 股的公司、首家含 H 股的公司、首家 A + H 的公司、首家 ST 公司纷纷加入"股改"行列, 同时包括认股权证、现金注资及重组对价等创新对价支付方式不断涌现。"股改"方案中触及公募法人股、内部职工股、法人股缺失、法人股个人化及大股东占用上市公司资金等历史遗留问题也相应得以解决。这一切都是市场所期待的成果。这表明, 这项改革工作的决策层和参与者们, 正以前所未有的大智慧、大决心来打好这场攻坚战。

2005 年 11 月 21 日, 随着贵州黔源电力股份有限公司"股改"方案通过, 中小企业板成为中国资本市场第一个与国际接轨的全流通板块, 50 家上市企业全部完成"股改", 取得了阶段性的胜利。

4. 攻坚阶段

尽管改革的步伐还算顺利, 但是在"股改"中也暴露了一些问题, 如占两市市值 70% 的国有企业尤其是中央直属的大中型企业改革步伐缓慢, 一些公司参与"股改"的热情降低。

为此, 2005 年 11 月 10 日, 中国证监会、国务院国资委等五部委组成的股权分置改革领导小组召开了股权分置改革工作座谈会。会议指出, "当前, 股权分置改革进入了关键时期, 必须统一思想, 明确重点, 落实责任""改革的方向不能变、信心不能变、基本政策不能变"。同时, 会议要求, 改革要圈定重点、定下责任。在此次会议上, 39 家央企控股上市公司和 11 个重点地区的 135 户地方国有控股上市公司被列为重点改革对象,前者改革的第一责任人定为国务院国资委,后者改革的第一责任人为地方政府。对于这些重点企业,中国证监会和相关责任人要摸清情况,分类排队,确定进度,制订规划,负责逐家落实改革。

与此同时,财政、税收、国资管理、股权激励等涉及多个部门、与"股改"相关的配套政策以前所未有的力度相继推出,大大增强了市场的信心,同时也为下一步工作重点的推进扫清了障碍,使得"股改"的局面得以迅速打开。到了2006年2月中旬,沪深两市参与"股改"公司的市值过半,"股改"取得了实质性进展。

5. 基本完成阶段

2006年3月19日,国务院《2006年工作要点》(国发〔2006〕12号)明确提出:于年内基本完成股权分置改革。在这个阶段,未完成"股改"的公司基本分为两类:一类是以中石化为代表的国有大型企业,这类企业在国家的规划下有条不紊地开展改革;另一类是一些问题特别严重、没有能力进行"股改"的公司,这类公司的市值比重很小,无法根本改变改革的进程。"股改"已成为大势所趋。

2006年4月29日,在股权分置改革启动一周年的时候,《首次公开发行股票并上市管理办法》公开征求意见。5月15日,"G长江"发行认股权证进行再融资的申请被通过,标志着因股权分置改革暂停近一年的新股发行正式启动。6月19日,"G三一重工"的非流通股经过12个月的禁售期后解禁,成为第一支进入流通的非流通股份,同一天,"中工国际"在深圳证券交易所上市,成为"股改"开启后第一支上市发行的新股。之后,"中国银行"上市、"工商银行"上市,这一个个的"第一次",标志着在经历了一段时间的改革后,资本市场重新在一个新的市场格局中完成了新老交替,市场重新恢复了融资功能,进入了一个全流通的时代,达到了"股改"的预期目的。

10月9日,股权分置改革终于取消了因"股改"而暂时出现的G股,恢复了正常的中国股市,迎来一个新的时代。截至2007年4月20日,沪深两市已完成或者进入改革程序的上市公司共1290家,占应通过"股改"上市的公司的96%,对应市值占比98%。从2005年5月9日到2007年5月9日,上证指数从1130点蹿升到3471点,深证指数从3031点狂涨到11517点,完成了历史性的飞跃。中国股市,以一个前所未有的阶段性大牛市，开启了后"股改"时代的序幕。

八、股权分置改革之"股改"遗留问题

股权分置改革并未全部完成，仍然有一些遗留问题需要解决。

在我国资本市场制度固有的缺陷中，除股权分置外，还存在许多迫切需要解决的问题，如普遍存在的国有股"一股独大"问题，国有企业分拆上市遗留的上市公司与存续企业的"母子公司"体制问题，以及国有资产主体缺位问题等，这些都是"后'股改'时代"要面对和解决的体制上的重大问题。

同时，站在"股改"搭建的平台上，我国资本市场仍有许多缺陷和矛盾需要进一步理清和完善，如上市公司治理结构问题，投资者合法权益保护问题，新股发行制度、退市机制、做空机制以及其他金融创新等一系列制度性建设问题，都是不可回避的重大课题。

因此，股权分置改革的成功，仅是改革大幕开启的序曲，股市规范化建设的任务仍十分艰巨，任重道远。

第二节　中国的"股改"之路来之不易

从1949年中华人民共和国成立到1978年，我国实行的是计划经济体制。1978年12月，中国共产党十一届三中全会做出把党和国家工作中心转移到经济建设上来、实行改革开放的历史性决策。以此为起点，我国开启了改革开放的历史新时期。在改革开放初期主要进行了3项具有重要影响的改革。

一是实行农村家庭联产承包责任制。20世纪70年代末，在改革的旗帜下，在安徽、四川等省份，农民自发地组织起来实行"大包干"，也就是家庭联产承包责任制。家庭联产承包责任制得到一些地方党委和政府的支持并快速推广开来，农民的生产积极性大大提高，农村出现了新的气象。

二是兴办乡镇企业。农村家庭联产承包责任制推广后，乡镇企业也如雨后春笋般兴起。在交通比较方便的农村，乡镇企业不仅得到较快发展，

而且出现了一些规模较大的工厂，并涌现出了一批乡镇企业家。

三是建立经济特区。为了推进改革开放和社会主义现代化建设，1980年，中共中央决定兴办深圳、珠海、汕头、厦门4个经济特区，实行特殊政策和灵活措施，发挥对全国改革开放和社会主义现代化建设的重要窗口和示范作用。经济特区的建立，加快了改革开放的步伐。

这3项改革取得了非常显著的成功。从1979年到1984年的短短5年间，我国经济开始出现一些重大变化。乡镇企业商品市场，把大一统的计划市场打破了，经济特区发展迅猛，大大超过了香港。

1984年10月，中国共产党召开了十二届三中全会，提出："进一步贯彻执行对内搞活经济、对外实行开放的方针，加快以城市为重点的整个经济体制改革的步伐，以利于更好地开创社会主义现代化建设的新局面。"这宣告改革的重心开始向城市转移。

在城市和工业、商业、采矿业、交通运输业等行业改革的优先秩序上，经济学界当时主要有两种主张。

一种是把价格改革放在首位。持这一观点的经济学家主张仿照1949年德意志联邦共和国的改革，全面放开价格，接受市场的价格波动。这种观点认为，德意志联邦共和国的价格放开已被实践证明是有效的。价格放开以后，经济可能会乱一阵，但过一段时间就会转入复苏，再转入繁荣。这是被称为"休克疗法"的改革思路。

另一种是把产权改革放在首位。这种观点认为，中国的经济体制改革不能照搬德意志联邦共和国的经验，因为德意志联邦共和国以私营企业为主，在市场经济中能够适应价格改革的私营企业会继续存在并发展壮大，不能适应价格改革的企业会被淘汰或者被改组、兼并。中国的情况与德意志联邦共和国完全不同。中国的企业主要是国有企业。在计划经济体制之下，国有企业不是真正的市场主体，不可能因价格放开而变得灵活。放开价格后，德意志联邦共和国企业通过重组、兼并再次获得新生的经验，也不适用于当时的中国国有企业。如果价格一下子放开，中国的国有企业和国民经济很可能会遭到难以挽回的重大损失。

因此，经济改革的失败可能是由于价格改革的失败，但经济改革的成功并不取决于价格改革，而取决于所有制的改革，也就是企业体制的改革。这是因为，价格改革主要是创造一个适宜竞争发展的环境，而所有制改革或企业体制改革才真正涉及利益、责任、动力等问题。

事实也如此，关于全面放开价格的传言给中国经济带来了巨大冲击。在 1988 年夏季，市场上出现了挤兑和抢购风潮，引起经济的较大波动。

价格改革闯关失败使改革方向转为推动产权改革。产权改革的主要内容包括产权界定、产权清晰和股份制改造（即"股改"）。

把股份制改革的思路付诸实施远不是那么简单的。有人认为，股份制改革就是私有化，就是要把中华人民共和国成立 30 多年来所建立和发展起来的国有企业变为私有企业。他们认为，小企业特别是一般轻工业企业可以走股份制的道路，因为它们是小企业，国有企业特别是大型国有企业则不能改制为股份制企业。

这一争又是 3 年多时间，直到 1992 年春邓小平的南方谈话在报刊上公开发表，局面才发生变化。邓小平明确提出："计划多一点还是市场多一点，不是社会主义与资本主义的本质区别。计划经济不等于社会主义，资本主义也有计划；市场经济不等于资本主义，社会主义也有市场。计划和市场都是经济手段。"1992 年，中国共产党十四大明确提出"建立和完善社会主义市场经济体制"，之后股份制开始积极试点。

1997 年，中国共产党十五大正式提出公有制实现形式可以而且应当多样化："不能笼统地说股份制是公有还是私有，关键看控股权掌握在谁的手中。国家和集体控股，具有明显的公有性，有利于扩大公有资本的支配范围，增强公有制的主体作用。"这无疑是理论上的重大突破。它明确了通过国有企业的股份制改革，通过现代企业制度的建立和企业中法人治理结构的完善，股份制企业作为一种企业形式能够同社会主义基本经济制度相统一。于是，理论界一部分人对股份制性质的质疑逐渐消失了。

股份制改革经历了整整 10 年的时间才取得了社会的普遍共识。但仍然有许多具体的问题需要逐步解决和落实。

例如，国有大企业的股份制改革就存在着"国有大企业的资产在改制过程中会不会被知情者个人或相关知情人以不同方式私吞"的问题。这种情形在理论上是完全可能的。

为了推动"股改"前行，结合中国的国情，国家采取了"存量不动、增量先行"的做法。国有大企业的股份分为两类，一类是非流通股，即"存量不动"；另一类是流通股，即"增量先行"。这样国有大企业才终于走上了股份制改革的道路。这也是后来股权分置改革那个"股改"问题的由来。可见，社会经济的改革发展很难一步到位，倘若不能创造性地采取"存量不动、增量先行"的做法，就没法推动国有大企业进行股份制改造，也就没有后来社会经济的大发展。

为了让更多的企业包括国有企业、混合所有制企业和纯粹的民营企业上市，有必要及时制定证券法。1998年12月，第九届全国人民代表大会常务委员会以高票通过了《中华人民共和国证券法》，我国的股份制改革和企业上市从此有法可依。

"存量不动、增量先行"的做法虽然为股份制改革开辟了通道，但也带来了新的问题。问题主要是在国有大企业的股份构成中，非流通股所占比重过大，即人们所说的存量过大。这样一来，即使国有大企业成为上市公司，股东会也开不起来，董事会上只有一种声音，即绝对控股的国有大企业的声音。在证券市场上，有些散户买了上市国有大企业发行的股票，但散户的股票起不了任何作用。换句话说，上市的国有大企业只取得了融资，但由于非流通股数额巨大，企业的运行机制没有改变，依然活力不足。

1998年，《中华人民共和国证券法》通过后，中国股份制的第二次改革——股权分置改革接着展开了。这次改革的目的是把数额巨大的非流通股变为流通股；建立现代企业制度，按照"产权清晰、权责明确、政企分开、管理科学"的要求，对国有大中型企业实行规范的公司制改革，使企业成为适应市场的法人实体和竞争主体。

具体做法：非流通股持有者给流通股持有者一定补偿；国家按投入企业的资本额享有所有者权益，对企业的债务承担有限责任，企业依法自主经营、自负盈亏；除极少数必须由国家独资经营的企业外，积极推行股份制，发展混合所有制经济。

为什么在非流通股上市前要给流通股持有者一定补偿？这是因为，当初国有大企业上市时，在招股说明书上曾有过非流通股暂不上市的承诺。这等于是一种"要约"，必须遵守。现在非流通股要上市了，违背了当初的承诺，因此要取得流通股持有者的谅解，给予补偿是合情合理的。至于给每个流通股持有人多少补偿，则由市场根据上市企业的效益好坏来决定。中国股份制的第二次改革——股权分置改革最后终于成功，这是政府和企业界、证券界、经济学界共同努力的结果。

股份制改革成功地推动了社会经济的发展，改变了某些国有企业官僚习气浓厚、思维僵化、不思进取等落后的状态，并帮助它们成功构建起现代企业法人制度，在世界范围内参与竞争。

当然，改革开放只有进行时，没有终止时，"股改"的征程依然在继续。如今国有企业的股份制改革又进入了新的阶段：将国有企业分为商业类和公益类，实行分类改革；以管资本为主加强国有资产监管，依法依规建立和完善出资人监管权力和责任清单，完善公司法人治理结构；明确提出国有资本、集体资本、非公有资本等交叉持股、相互融合的混合所有制经济是基本经济制度的重要实现形式。这些改革突破，使国有企业形成有效制衡的法人治理结构和灵活高效的市场化经营机制，使国有企业的核心竞争力得到快速提升，推动国有资本做强、做优、做大。

回顾中国的"股改"之路，从艰难的方向选择，到一个个具体问题的出现及解决方法的论战，再到新的问题的出现，每一步都走得非常艰难。当然，在这个过程中，我国也取得了巨大的社会经济发展成就。

第三节　以"股改"来理解"链改"

一、"链改"可以被认为是"股改"的继续深化

"股改"使中国社会经济面貌发生了巨大的变化，不过，也带来了一些新的社会问题，如欺诈融资、内幕交易等诚信问题。

诚信就是实事求是，实事求是是使人可信的前提基础。如何确保实事求是？要用科学的机制。具有不可篡改、不可逆、可溯源、确保公开透明等属性的区块链技术就是这个科学的机制，将其应用到社会经济生活的方方面面，进行系统的"链改"，就有可能让整个社会普遍地贯彻实事求是的思想路线，呈现出互信、可信状态。

"链改"后，只要将股份公司纳入"链改"上链管理，就能够使中小股东因配合政府监管部门强化制约力量而得到大大地改善，并有力地消除内部人控制的危险因素。

通过"链改"的贯彻实施，可以将"自然资源与生产性资源"的保护与利用在现有的关联及问责制度硬约束下进行智能化操作，可以大大地消减资源的闲置与浪费并存的现象，并有效地解决空气、水源、土壤方面的污染问题。

"链改"使那些擅长弄虚作假、投机取巧者不再有蒙混的空间，那些脚踏实地、勤恳敬业的实事求是者将会得到应有的回报，从而充分发挥劳动者的积极性，使劳动的社会有效化成为劳动者强力追求的目标。

"链改"后形成的硬约束问责机制，将会进一步迫使承担重任的领导干部基于实事求是的思想路线科学地解决经济发展中的现实问题，同时也将进一步避免权力的寻租腐败。由此，将进一步增强政府的公信力，广大民众也能基于区块链技术建立的真实可信机制更好地配合政府的政策，积极推动建设文明发达国家的目标。

"链改"在全社会中得以普及深化后，一个人人可信、互信的社会便会渐渐呈现，所谓的诚信危机也就烟消云散了。

显然，"股改"未能完成的任务，"链改"有可能进一步完成。因此，"链改"也可以被视为"股改"的深化。

当然，也可以基于"链改"而"股改"。"链改"是消减和化解社会冲突、促进社会进步的优化方式；在"链改"之后展开"股改"，也能更加科学、完善地保护投资者及经营管理者的合法权益，使"股改"更加平和顺利地推进。

二、"股改"与"链改"的系统对比——以"股改"来理解"链改"

当然，"链改"并非"股改"，且"链改"的技术含量相对"股改"更高，是新鲜事物，尚未在全社会普遍推广。因此，民众很难对"链改"形成较为明确的认识，要想对其深入了解并理解，还得通过已经被广为熟知且有关联的可并类的事物来对比。而"股改"已经进行了30多年，广大民众对之有了较为全面系统的认知。因此，将"股改"与将来要进行的"链改"进行对比分析，可以更透彻地理解"链改"。

结合"股改"的发展过程及"股改"的特点，表5-1从17个方面对"股改"与"链改"进行了对比，这些对比项基本能够揭示"股改"与"链改"的本质；当然，随着研究与实践的发展，应该还可以列出更多的对比点。

表 5-1 "股改"与"链改"对比表

序号	对比项	"股改"	"链改"
1	政府角色作用	中央及地方政府积极主导	最终得由中央政府主导
2	政策法律依据	制定相应的政策法律来规范	制定或修改相应政策法律来规范
3	人为因素是否为决定性因素	基本上全部由人来操作,体现在各种文字材料的提供上。例如,评估审计、会计、投资银行等各种中介机构参与,人为因素起到完全的决定性作用	通过区块链技术来保障实施,体现在数字信息智能合约的制定及实施的电脑处理上,基本上消除了人为主动随机可操纵因素
4	产生及组建的机构	建立起了沪市及深市证券交易所,组建了证监会,成立了许多证券公司、投资银行及各营业部	前期会有政府主导或指导的机构;但不存在绝对中心化的运营机构,不过有互相均衡制约的相对中心化机构
5	主导参与改造的单位	证券公司投资银行部	拥有区块链技术研发与部署能力的科技企业
6	交易所性质	绝对中心化,对项目融资等诸多方面起到完全的决定性作用	未必会有交易所;即便有交易所作为一个相对中心的节点提供服务,其也起不到决定性作用
7	投资者性质	法币股东、法币债权人	法币股东、法币债权人、加密数字token持有者
8	投资方式	购买股票持有股权或债券	购买股票持有股权或债券或持有token
9	交易流转方式	主要是通过指定的交易所;只能通过注册的证券公司下单交易其投资品种;不存在机制化共识控制,数据集中于交易所服务器系统;可以集中资金优势进行控盘操控	可直接交易流转或在众多去中心化的交易所交易流转,节点之间通过共识机制进行均衡制约,价值可跨链流转,投资者灵活投资及交易,并借助区块链去中心化交易系统自由下单,不必固定于某家交易所,系统智能优化促成交易,难以集中资金优势进行控盘操控
10	项目及资本可操控性	可操控乃至完全操控的可能性	参与的节点要操控项目和资本的可能性非常小
11	控制虚假的程度	常发生利用弄虚作假方式融资、欺骗投资者的情况	可消除以弄虚作假方式融资的情况

序号	对比项	"股改"	"链改"
12	投机程度	投机现象普遍，因可操控而助长投机	或许在交易流转过程中会存在投机者或投机现象，但因为信息的不可篡改和公开透明而抑制了投机现象的恶化及漫延
13	能否结合国情	可结合中国国情，逐步推进，从区分国有股、法人股、流通股到最终实现全流通方式	可结合中国国情，从可控的有权限设置的联盟链到通过跨链方式稳步扩展
14	管理体制	信息易被篡改，易失真，易被利用；决策易缺乏真实可信的信息基础；管理体制易出问题	可信信息、决策客观准确率较高乃至很高，管理通顺，体制稳健
15	社会经济组织	已经基本改变了计划经济体制下因为权力垄断而形成的僵化霸道的经济组织，但仍然存在绝对中心化的垄断与倨傲现象	将有效消除绝对中心化的社会经济组织，社会经济组织参与区块链而成为节点，也因为受到共识机制的有效制约，至多处于相对的中心化状态，需兼顾各节点的权益
16	社会形态	两两之间信任程度低，需要高成本第三方中心化而构建信任	两两可信、互信而海晏河清、清爽自然
17	实现经济发展的效果	促进了社会经济的发展，改变了社会经济面貌	将使中国社会经济的发展有持续、稳健、强劲的基础，并深刻改变社会经济面貌

"链改"也可以被视为"股改"的继续深化，将使中国社会经济的发展更加稳健和强劲，也将使社会经济面貌和社会形态发生深刻变化。

第四节 "链改"也许能比"股改"取得更显著的成就

通过"股改"，中国的企业组织形态发生了巨大的变化，社会经济面貌也焕然一新。但依然存在着一些问题，尤其是社会诚信方面，还有进一步提升的空间。

区块链技术的成熟和落地应用，将与"股改"共同促进社会经济的发展，扬长补短、强化社会两两互信。"链改"并不需要刻意改变"股改"

后形成的经营管理制度，尤其是基于分权制衡原则的现代法人治理结构，其先进性和优势仍然可以保留，"链改"后更能充分发挥其应有的作用。

在融资成本方面，"链改"也远低于"股改"。在"股改"的流程中，可以看到用来增信的第三方机构，如评估机构、审计机构（会计师事务所机构）、公证机构、律师事务所、证券公司、资信评级机构、政府机构等都是必须参与的，"股改"上市融资单位必须给这些专业中介机构支付不菲的佣金和劳务费用，这些费用有时甚至高达所融资金的20%以上。

但比较残酷的现实是，即便给这些中介机构支付了高昂的增信成本，也难以杜绝某些增信机构本身的不可信，市场中增信机构不讲诚信而给社会造成巨额损失的事件时有发生。

"链改"普及和深化后，由于区块链技术本身的性质决定了不再需要第三方来增信，可以实现两两互信，融资不再需要专业中介机构的参与而直接进行，能大大地降低融资成本，资金需求者的融资效率及资金使用效率也会大大地提升。

区块链技术能确保信息真实可靠，使得长期关注项目信息的投资者能够较准确地对项目资产价格进行估值。由于信息的公开透明，投资者更能坚持自己的判断而不会被投机者所误导，也能够使交易流转的价格相对更加稳定。

"链改"中智能合约的广泛运用为投资者管控项目融资方提供了成本低廉的、可自动强制执行的科学方式，从而对合约参与方形成强力约束。这种硬约束的科学手段将使融资方基于自身资源与劳动有效化程度做出更加稳健的选择，也必然逼迫项目融资方踏实勤勉，以履行自己的承诺。

能够被区块链智能合约系统自动执行的合约能真实地表达双方的意愿，因为经过了多节点的见证，在共识机制的约束下，证据会被区块链技术所记录和处理，从而避免纷争。

对于那些产权不明晰的国有资本，"链改"能为国有资本保值增值、国有资产不流失提供成本低廉的、可自动强制执行的科学方式，从而对管理者形成较强悍的约束力。有志于确保国有资本保值增值的人，在"链改"后的体系中有了脱颖而出展现自己才华的机会。

第六章　联盟链是推进"链改"的重要抓手

"链改"的政治、经济与社会学理论基础，以及政策法律基础和技术基础旨在阐述"为何要'链改'以及'链改'能做什么"的问题；将"链改"与"技改"和"股改"进行系统的分析比较，旨在让读者更好地理解"链改"。本章将从区块链技术层面上来讲解如何推动"链改"，即"链改"的方法论。

第一节　社会经济改革应坚持帕累托改进原则

"链改"也是一种改革，改革要取得成功，就要基于帕累托改进的原则争取实现帕累托最优。

帕累托改进又称帕累托改善，是以意大利经济学家帕累托（Vil‐fredo Pareto）的名字命名的，并基于帕累托最优（pareto optimality）目标追求而提出。

帕累托最优是指在不减少一方的福利时，通过改变现有的资源配置等方式来增加另一方的福利。例如，在资源闲置浪费的情况下，通过改革配置方式使一些人生产更多并从中受益，但又不会损害另外一些人的利益。在市场失效的情况下，一些正确的改革措施可以消减福利损失而使整个社会受益。

帕累托最优和帕累托改进是福利经济学常用的概念。福利经济学的一个基本定理就是当所有的市场实现均衡时就达到了帕累托最优。

如果经济中任何一个人可以在不使他人境况变坏的同时使自己的情况变得更好，那么这种状态就达到了资源配置的最优化。这样定义的效率被称为帕累托最优效率。如果一个人可以在不损害他人利益的同时改善自己的处境，他就在资源配置方面实现了帕累托改进，经济的效率也就提高了。

帕累托最优状态又称作经济效率，满足帕累托最优状态就是最具有经济效率的。一般来说，达到帕累托最优时，会同时满足以下3个条件：

（1）交换的最优条件；

（2）生产的最优条件；

（3）交换和生产的最优条件。

帕累托改进或更优是从一个状态到另一个状态，帕累托最优是一种极值状态。如果一个社会已经处于帕累托最优状态，就不存在帕累托改进的余地。反之，如果存在帕累托改进的可能性，就意味着现实状态不是帕累托最优。从非帕累托最优转向帕累托最优不一定是帕累托改进，因而可能不会得到团体内成员的一致同意。帕累托改进主要探讨的是如何在不牺牲任何一方福利的情况下改善另一方或双方的福利。

现实生活中，我们可以看到很多帕累托改进。你早上出去买早餐就是一个帕累托改进：你填饱了肚子，早餐店老板也赚了钱，一个人的处境变好的同时并没有损害任何其他人的利益。

做一件事，如果是一个帕累托改进，由于没有人受到损害，阻力自然就很小。但如果不是一个帕累托改进，阻力通常就比较大一些，因为受到损害的人必然反对。改革开放初期，改革大多是帕累托改进，分田到户，搞联产承包责任制，农民获得好处，别人也没有什么损失，因此阻力不大。现在的国有企业改革、政府机构改革等，可能会"损害"极少数人的利益，因此阻力会增加，需要更多的时间来协调，以消除可能的损害，实现帕累托最优。因此，改革推进时就得听取各阶层的利益诉求，折中渐进。只有这样，才能使以取得社会整体进步的改革目标得以实现。

不过，在现实生活中，通常的情况是，有人有所得，就有人有所失，于是经济学家们又提出了"补偿准则"，即如果一个人的境况由于变革而变好，从而他能够补偿另一个人的损失而且还有剩余，那么整体的效益就改进了，这就是福利经济学的另外一个著名的准则——卡尔多－希克斯改进（Kaldor – Hicks improvement）。

充分竞争的市场经济被认为是通过帕累托改进而实现帕累托最优的主要方式。福利经济学理论认为，在一个自由选择的体制中，社会的各类人群在不断追求自身利益最大化的过程中，可以使整个社会的经济资源得到最合理的配置。市场机制实际上是一只"看不见的手"在推动着人们从自利的动机出发，在各种交易关系和各种竞争合作关系中实现互利的经济效果。交易使交易的双方都能得到好处。

尽管自由市场机制是迄今为止最有效的资源配置方式，但市场本身存在着以下七大缺陷。

（1）无法促进最有资源配置效率的完全竞争，致使不完全竞争甚至垄断成为常态；

（2）无法形成内生促进经济增长的财富分布结构；

（3）无法消除交易费用和交易成本；

（4）无法达到信息充分，致使信息不充分成为常态；

（5）无法解决外部效应问题；

（6）会有偏好不合理的现象，并且这种不合理的偏好无法得到纠正；

（7）无法提供公共产品，如司法、军队及普遍化的教育，因此也使社会经济资源的配置造成很多浪费。

因此，在坚持市场配置资源原则的基础上进行改革是必要的。

"链改"作为更高层次的"技改"，对促进社会经济的发展大有裨益，在推进实施的过程中，也得基于帕累托改进原则，绝不能通过损害一部分人合理合法的利益来满足另外一部分人的利益。"链改"落地推进的原则自然应基于中国国情和社会现实的既得利益关系，以审慎的原则设计改革路径和方式，渐次推进。

第二节　公有链、私有链和联盟链的联系与区别

本书认为联盟链是推进"链改"的重要抓手，前面对联盟链做了简单介绍，接下来就对与联盟链相关的其他区块链形态进行系统的分析和阐述，以使读者明白为何联盟链才是推进"链改"的重要抓手，联盟链又为何是基于帕累托改进原则的一种实践。

根据中心化程度和功能等多方面的不同，区块链分化出三种应对不同应用场景的类型：公有链（公链）、联盟链、私有链（私链）。

如果仅从权限、范围、"去中心化"程度上比较，这三者的关系可以

用图6-1表示。

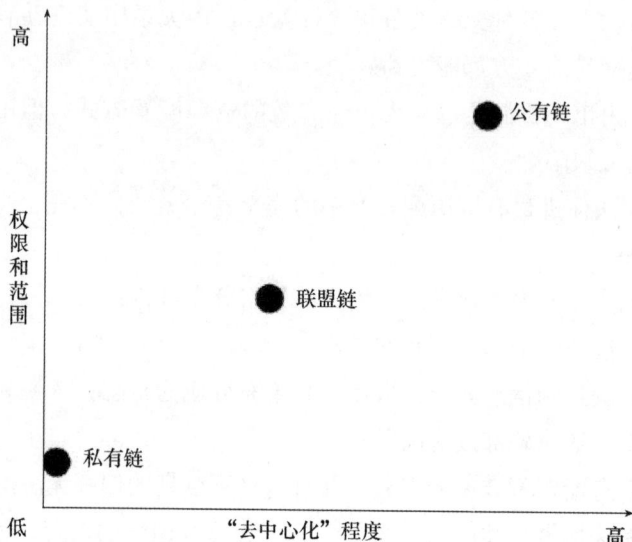

图6-1 私有链、联盟链、公有链关系图

从图6-1中可以直观地看出，联盟链是"去中心化"程度和权限范围居中的那一个。

表6-1对这三种不同的区块链进行了系统对比，大家可以对这三种区块链的特性有全面的了解。

表6-1 公有链、联盟链和私有链的对比

序列	对比项	公有链	联盟链	私有链
1	概念	全网公开，是公有的区块链，读写权限对所有人开放，是无用户授权机制的区块链	允许授权的节点加入网络，读写权限对加入联盟的节点开放，可根据权限查看信息	所有网络中的节点都掌握在一家机构手中；读写权限为某个节点所控制
2	别称	公链；非许可链	行业链；联盟许可链	私链，许可链
3	英文	Public Blockchain	Consortium Blockchain	Private Blockchain
4	适用对象	不限制；适用对象普遍化	往往被用于多个机构；适用场景普遍化	独家，适用于数据管理、审计等金融场景

续表

序列	对比项	公有链	联盟链	私有链
5	节点数量及权限	可遍布世界各地；数量可以很多；由所有节点参与维护及按照共识机制进行记账出块	可遍布世界各地，但数量受控制；联盟链由联盟内成员节点共同维护，节点通过授权后才能加入联盟网络	完全受限
6	共识机制	多元化，但难以实现真正"去中心化"的共识机制	多元化；相对容易找到机构之间认可的共识机制	无或者基于私有链的认识
7	匿名要求	匿名，非实名	可匿名，可要求实名	不要求，本身自控
8	可否查看其他节点信息	可查看	受权限管理	由私有链运营机构自控
9	可否参与记账	参与节点都可参与记账，不过要基于共识机制	内部指定多个预选的节点为记账人，每个块的生成由所有的预选节点共同决定，其他接入节点可以参与交易，但不过问记账过程	自控
10	数据可篡改性	不可篡改	可做到确保不可篡改	难以确保；理论上能够防止机构内单节点故意隐瞒或篡改数据
11	"去绝对中心化"程度	更高	适中	集中
12	可信度	相对高	适中	低
13	交易速度	慢	适中	高
14	对token的需求	一般都需要	可不需要	不需要
15	相对明显的优点	（1）所有交易数据公开、透明。 （2）无法篡改。公有链是高度"去中心化"的分布式账本，篡改交易数据几乎不可能实现，除非篡改者控制了全网51%的算力	（1）交易成本更低。交易只需被几个受信任的高算力节点验证就可以了，无须全网确认 （2）节点可以很好地连接，故障可以迅速通过人工干预来修复，并允许使用共识算减少区块时	（1）更快的交易速度、更低的交易成本；链上只有少量的节点，每个节点都具有很高的信任度，并不需要每个节点来验证一个交易

序列	对比项	公有链	联盟链	私有链
15	相对明显的优点		间,从而更快完成交易 (3)如果读取权限受到限制,可以提供更好的隐私保护 (4)更灵活,如果需要,运行私有区块链的共同体或公司可以相对方便地修改该区块链的规则、还原交易、修改余额等	(2)不容易被恶意攻击;相比中心化数据库,私有链能够防止内部某个节点篡改数据。故意隐瞒或篡改数据的情况很容易被发现,发生错误时也能追踪错误来源 (3)更好地保护组织自身的隐私,交易数据不会对全网公开
16	相对明显的缺点	(1)低吞吐量(TPS)。例如,最成熟的公有链——比特币块链——每秒只能处理7笔交易信息(按照每笔交易大小为250字节),高峰期能处理的交易笔数就更低了 (2)交易速度缓慢。低吞吐量必然导致缓慢的交易速度。比特币网络极度拥堵,有时一笔交易需要几天才能处理完毕,还需要缴纳几百块转账费	联盟链也是私有链的一种,只是私有程度不同而已;它比单个小组织开发的私有链更大,却又没有公有链这么大的规模,可以理解为它是介于私有链和公有链之间的一种区块链,依然实现不了真正的绝对去中心化,也不能完全杜绝联盟成员中的联合欺诈、竞争性联盟成员的利益均衡等问题	区块链是构建社会信任的最佳解决方案,"去中心化"是区块链的核心价值。而由某个组织或机构控制的私有链与"去中心化"理念有所出入。如果过于中心化,那就跟其他中心化数据库没有太大区别
17	代表	比特币块链、以太坊、EOS	超级账本(Hyperledger),R3区块链联盟	蚂蚁金服
18	实现难度	很大	适中	小
19	目标	真正的绝对"去中心化"	可以"去绝对中心化"	难以追求"去中心化"

上述19项对比,将公有链、联盟链和私有链的区别清楚地展现了出来。节点数量及权限、共识机制、匿名要求、可否查看其他节点信息、可否参与记账、数据可篡改性、"去绝对中心化"程度、可信度、交易速度、对token的需求这些基于区块链技术性质的对比,为其应用情景确定了基

调。相对明显的优点、相对明显的缺点、实现难度的对比，为这三种不同的区块链发展路径与方向提供了一个可参考的依据。由此可以明白，基于帕累托改进的原则，倘若要推进"链改"工程，联盟链是较适宜的抓手。

显然，倘若从私有链入手，那么区块链的技术性质和真正的优势就难以得到基本的发挥，也将严重束缚追求真正绝对"去中心化"目标的公有链应用；倘若从公有链入手，那么中国众多不同性质的经济实体将缺乏可以操作的起点平台。唯有"适中"的联盟链，方是最合适的启动"链改"的抓手，可扩展至整个产业，让相关机构加入，也可从利益紧密相关的小范围团体着手。总之，有了可以启动操作的平台。

下面将结合中国国情具体分析和阐述联盟链的应用价值。

第三节　联盟链更符合中国国情

一、中国目前的国情

我国地广人多、资源丰富，随着我国在科学技术、经济等方面的不断进步，我国正在迈向科技强国、经济强国之列。但我国与发达国家相比，在某些方面仍有差距，仍然属于发展中国家。

区块链技术作为一个促使信息与行为公开、透明、可追溯、不可篡改的多学科综合技术，要在中国得到广泛深入的应用，必须立足于中国的国情逐步发展。既然要以公有制经济为主体而发展国有企业，就意味着已经定性为国有的资产不能确权到私人名下。尽管在国有企业工作的人员可以获得薪酬、福利乃至现金奖励，但国有企业的资产转让交易必须依法履行严格的审批程序，甚至在指定场所进行。这意味着需要设定权限，而不是任其自由地流动、流通。这也意味着，顶层设计、自上而下地推进改革，才是合适的选择。

显然，公有链是难以满足这些条件的。公有链不可能由政府进行顶层设计、自上而下地推进，公有链也不可能允许节点自由进出并记账、出块，因为与中国的国情有所悖逆。

而纯粹的私有链因存在着绝对的中心化控制嫌疑而难以体现区块链技

术的本质，也束缚了区块链技术发展的空间。

唯有联盟链及其跨链技术提供的弹性空间，使区块链技术的应用既适合中国的国情，又能渐进地发挥出区块链技术蕴含的巨大价值。

二、联盟链可依照帕累托改进原则渐进推动经济发展

联盟链只针对某个特定群体的成员和有限的第三方，内部可指定多个预选的节点为记账人，每个块的生成可由所有的预选节点共同决定，其他接入节点可以参与交易，但一般不过问记账过程，第三方可以通过该区块链开放的 API 进行不限定或限定查询。为了获得更好的性能，联盟链对共识或验证节点的配置和网络环境有一定要求。有了准入机制，既可以保护必要的隐私，又可以使交易性能提高，避免参差不齐的参与者导致的一些问题。

联盟链首先由银行、保险、证券、商业协会、集团企业及上下游企业等关联单位发起和构成，是一个运行于已经互相认识甚至有业务往来的圈子内部的区块链系统。

金融机构已经普遍互联网化，区块链对于进一步提升金融圈的产业链条中的公证、结算清算业务和价值交换网络的效率很有帮助。但是，在尝试使用现有区块链技术时发现，一方面现有区块链的处理性能、隐私保护、合规性等都不能满足金融机构的业务需求；另一方面，金融机构意识到如果全面采用比特币的那一套完全公有链的设计理念，会颠覆其现有的商业模式和固有利益，且要冒很大的风险，于是金融机构开始改造适合自身的区块链体系。因此，产生了实用的联盟链系统。

目前的联盟链形态，以分布式账本（DSL）为主，区块链的分布式账本和分布式共识为金融机构解决了核心问题，即联盟中多个参与方交互的信任问题。

联盟链的维护和治理一般由联盟成员进行，通常采用选举制度，容易进行权限控制，代码一般部分开源或定向开源，主要由成员团队进行开发，或采取厂家定制的产品。

联盟链的治理有很多传统方案可供参考，相对于公有链来说，联盟链的治理更有规可循，且更容易达成共识，甚至有些故障可以迅速通过人工干预来修复。交易只需被几个授信的高算力节点验证就可以了，无须全网

确认。例如，一个由 30 个金融机构组成的共同体，每个机构都运行着一个节点，为了使每个区块生效，共识机制的确定需要获得其中 20 个以上（2/3 以上）机构的确认。区块链或许允许每个人都可读取，或者只受限于参与者，或者走混合型路线，如区块的根哈希及其 API（应用程序接口）对外公开，API 可允许外界用作有限次数的查询和获取区块链状态的信息。读取权限受到限制，可以提供更好的隐私保护。当然，上述共识机制及权限管理可以更加灵活，如果需要，运行私有区块链的共同体或公司可以协商修改该区块链的规则，如果所有机构中的大部分达成共识，即可对区块数据进行更改。

这可以视为"部分去中心化"，相比纯粹的私有链以及原来的完全绝对中心化的集权模式，这是一种有意义的改进。

尽管还不能做到"去绝对中心化"，但基于区块链技术中的加密算法、共识机制以及分布式数据存储结构、智能合约等的要求，只要参与区块链技术应用的各个机构，就不得不遵循一种基于共同利益追求目标下的运行规则，即便是企业或机构的最高层管理者也会对其部属做出的承诺负起应有的责任。

而基于区块链技术的应用，领导者也能够对其部属做出更为透明和精准的判断，从而较方便地识别出那些阳奉阴违、偷梁换柱、弄虚作假的人。显然，区块链技术将会是极为高效、有力地领导和管理下属的工具，会大大地减少内部损耗并更有效地实现目标。

领导者倘若恪守奉公为民的理念，基于与参与节点共同形成的理想和愿景，通过区块链技术的全面深入应用，将确保所有承诺不会流于形式，建立起一套确定的保障机制。

总之，区块链技术不仅能以公有链的方式存在，也能以联盟链的方式来逐步展现其技术的力量，还能改善联盟体系各参与单位的效率，优化各参与单位之间的合作关系并带来良好的效益提升，为区块链技术的广泛、深入、全面应用提供了可操作性，也为与中国的国情紧密结合提供了各方均可接受的弹性选择空间。由此，可以开启中国通过全方位推进联盟链的方式，依照帕累托改进原则来展开"链改"的新征程，从而大力促进社会经济的发展，打造诚信社会。

第四节 美国等国家的联盟链落地情况

联盟链不仅是中国开展"链改"的合适模式，美国等发达国家也率先在金融领域通过联盟链方式来推进区块链技术的商业应用。迄今为止，已经形成了多个著名的联盟链。

一、Hyperledger Fabric

Hyperledger Fabric 是目前最活跃、最被认可的应用于联盟链的典型开源区块链项目，是超级账本（Hyperledger）基础设施的主要项目之一，由 IBM 推出。

Hyperledger 是 Linux 基金会于 2015 年发起的推进区块链数字技术和交易验证的开源项目，由 IBM、英特尔、思科、伦敦证券交易集团、埃森哲、摩根大通、富国银行、道富银行、荷兰银行等多个不同利益体联盟发起，目标是让成员共同合作，共建开放平台，满足来自多个不同行业的各种用户案例要求，并简化业务流程、提高效率、降低成本、增加收入和利润。

该联盟链创立后，成员增长迅速，截至 2019 年年底，Hyperledger 共有近 300 个联盟会员，数十个项目，500 万行代码，有来自世界各地的近 4 万名参与者。中国也有诸多组织（如百度等）成为该联盟链的成员。

Fabric 定义了链、Peer、通道、共识服务的概念。链代表了账本和对应的共识服务；一个 Peer 可以拥有多个逻辑账本，并且可以参与多条链；通道是将 Peer 连接共识服务的虚拟通信方式；共识服务是可信的与链无关的公共服务。

Hyperledger 的设计理念可简述为以下 5 点。

（1）模块化；

（2）高度安全性；

（3）可互操作性；

（4）简洁而健全的 API；

（5）无自己的加密货币，可利用加密数字货币。

Hyperledger 根据邀请建立授权的分布式分类账。通过这种方式，它与传统的商品和服务交易模式并没有太大的不同，通过以前累积的信用记录来管理身份。这减少了完成交易的时间，因为并不需要网络中的每个节点都监督和确认更改事项。

与区块链的匿名性和缺乏保密性不同，Hyperledger 使用保密的模块化软件架构。它提供了简单而健全的 API，企业可以转换和使用它来改进某种特定的操作。

基于 Hyperledger 项目构建的代码模块具有互操作性，这一点与基于 Solidity 开发的以太坊代码不同。Hyperledger 与比特币和以太坊之间最显著的区别在于它不拥有加密货币。

Hyperledger 运行流程可以通过以下 4 点来理解。

（1）它使用共识即服务机制（分布式账本系统的关键属性），其中网络中的大多数参与者需要根据先前商定的一组不变的因素达成共识，形成规则和标准。

（2）Hyperledger 体系结构中有 3 种类型的事务用于执行操作：部署、调用和查询。区块链开发者更有兴趣了解 Hyperledger 的背书原则。

（3）交易必须由网络中的节点认可。它们必须确认过去没有使用过的提案形式是否适当，并且审核签名和提案代理人的合法性。

（4）只有验证过程得以成功进行并被授权节点签名确认后，交易才会被执行。

Hyperledger 的关键价值还在于它的保密性，即只与参与网络者共享交易信息。不过，与比特币、以太坊等不同的是，它并不以工作量证明作为共识机制的选项，也没有它自己的加密货币。

Fabric 的扩展性主要得益于 Peer 可以参与多个账本。Fabric 强调 Peer 的隔离性，如 Peer 之间的事务隔离、账本隔离。同时也有不支持跨链路由、不支持跨链事务、跨链只读的特点。

目前 Hyperledger 项目已经被金融、医疗保健、零售、教育和物流等多个行业付诸实践。虽然很难对该技术的长期潜力做出明确判断，但显然它正在取代目前正被使用的许多流程，并挑战了既有的商业模式。

二、R3 区块链联盟

R3 区块链联盟也是一个活跃的区块链技术应用联盟，推出了非公有链的金融联盟"类区块链"技术架构 Corda。

R3 区块链联盟成立于 2015 年 9 月，目前已经有 100 多家国际银行和金融机构加入，成员遍及全球。

2016 年 2 月，R3CEV 财团宣布进行分布式账本研究，发布了分布式账本应用 Corda。R3 宣称 Corda 与比特币的非许可型交易账本截然不同，是为金融机构量身定制的应用。这个应用的唯一去中心化的信息由银行会员决定。

Corda 借鉴了区块链的部分特性，如 UTXO 模型和智能合约。密码学、分布式系统、P2P 网络不仅是区块链的基础技术，也同样是 Corda 的基础技术。在较差的信任环境下达成较好的信任效果，不仅是区块链的宗旨和追求，也同样是 Corda 的宗旨和追求。当然，Corda 不是所有人都可以使用的平台，其面向的是银行间或银行与其商业用户之间的互操作场景，这也是联盟链的鲜明特点。

Corda 会给监管机构提供"监管观察员节点"，监管机构可以从这个节点监控系统运作。公证人（Notary）是 Corda 区别于其他分布式账本平台的最大不同点，某种意义上可以认为是一笔特定交易的交易双方共同认可的可信第三方。Corda 中的公证人其实不是"一个人"或"一个节点"，而是需要达成共识的"一群人"或"一群节点"，所采用的共识机制是可插拔的，文件上说是 PBFT，也不排除作为 PBFT 简化和弱化版本的 RAFT。不管强弱，公证环节还是受到监督和制约的。

由于 Corda 选择了最高安全性的公证人模式，在跨账本消息处理上变得较为简单，仅需选取不同账本的交叉公证人或者强行指向同一个验证人且让其账本同步即可安全地验证跨账本消息。

不过，自 R3 区块链联盟承认花费巨资研究的分布式账本 Corda 与公有链截然不同之后，业界明白其仅为联盟链，其具有的相对中心化或多中心的特点，确实与区块链"去中心化"的本质特性有重大差别，并有可能带来一定的安全风险。甚至有人批评 Corda 只是一个数据库，其性能还不如 SQL 数据库。高盛银行、西班牙桑坦德银行还因此宣布脱离 R3 联盟。

不过，Corda 在今天依然活跃，也确实能够解决传统技术难以解决的问题，被称为"无链之链"，实际上是所有的分布式账本平台里"长得最像银行的"的联盟链，说明了联盟链有不错的应用价值。

Corda 在架构设计上充分考虑了商业银行与商业银行之间以及商业银行与其商业客户之间在业务上互联、互通、互操作的复杂需求，特别是对银行这类机构内部涉及的合法、合规、稳健运营的要求有着十分深刻的理解。简言之，是专门用于银行联盟的区块链。倘若 Corda 最终获得成功，意味着包括银行及其商业客户在内的一大群机构将基于分布式账本技术实现互操作生态的落地。

第五节　中国互联网企业巨擘纷纷布局联盟链

一、联盟链在商业应用领域的落地

2016 年，首家互联网民营银行深圳前海微众银行（微众银行）和上海华瑞银行（华瑞银行）率先将区块链技术应用于联合贷款业务中的备付金管理及对账流程，搭载在其核心产品"微粒贷"上。合作银行可通过此系统实时查看备付金账户情况和对账结果等信息，进行实时头寸监控，从而缩短对账周期、提高运营效率、降低运营成本。

首家互联网保险公司众安保险旗下众安信息技术公司也于2016 年快速推出了保险和医疗领域的区块链方案——"安链云"。"安链云"可以搭建基于区块链技术的分布式电子病历管理系统，为患者提供全面、不可篡改的数据记录，同时实现跨机构、跨地域访问医疗健康数据，保证敏感医疗信息的真实性和隐私性。"安链云"的"医疗＋健康险"解决方案可以通过区块链分布式的账本技术实现医疗平台全网互联，使各接入平台间共享医疗数据。

2017 年 2 月，作为 R3 联盟成员的招商银行宣布在总行、我国香港的香港分行和永隆银行间，通过区块链技术改造的跨境直联清算业务中实现区块链商用，减少跨界支付对 SWIFT（环球同业银行金融电讯协会）报文系统的依赖，缩短交易时间，减少查询对账操作程序。

美的集团、海航集团等产业巨头也先后联合杭州复杂美科技有限公司，宣布在票据业务中引入区块链，用于解决电票资产信任缺失、资产流动性差以及资产变现渠道窄的行业痛点，推动持票企业高效实现动产资源价值。

2017 年 11 月，中链科技有限公司与中国电信合作开发了甘肃扶贫大数据区块链创新项目，这是中国首个扶贫领域的大数据区块链应用项目，成为"链上甘肃"的重要组成部分。同时，该公司也与山东省政府合作，开发建设了山东"企业上云"区块链存证平台，打造了新一代财政资金监管基础设施，上云券的发行、发放、使用等都在区块链上完成，可实时监管和查询，提高管理效率。

2018 年 10 月，中国银行、中信银行和中国民生银行三家联合设计开发的基于"分布式架构、业务环节全上链、系统衔接全自动"的区块链"福费廷"交易平台成功上线，并于当日完成首笔跨行资产交易业务。

2019 年，联盟链不负众望，超越了公有链，成为技术有限公司行业的重要发展方向，深圳壹账通智能科技有限公司、微众银行、华为技术有限公司、能链科技、杭州趣链科技有限公司、杭州云象网络技术有限公司等企业推出的联盟链平台继续发挥着重要的影响力，在企业服务、政务落地、金融等领域产生了大量成功落地案例。

二、中国互联网巨头布局联盟链来发展和应用区块链技术

中国互联网巨头诸如腾讯控股有限公司、阿里巴巴网络技术有限公司、北京京东世纪贸易有发公司（京东公司）、百度也纷纷通过布局联盟链在实体经济中应用区块链技术。

1. 腾讯控股有限公司在联盟链方面所取得的进展及其看法

2016 年 5 月，由腾讯控股有限公司（以下简称腾讯公司）牵头成立的微众银行在深圳发起了金融区块链合作联盟，以构建联盟链的方式进军区块链行业；同年 6 月，微众银行又推出基于腾讯云的联盟链云服务。

2018 年 1 月，腾讯区块链与广州慧狮信息科技有限公司正式签订战略合作协议，组建"司法联盟链"。据介绍，"司法联盟链"方案旨在解决传统流程公信力不足、流程复杂、信息不对称、传递效率低的问题。

2018 年 3 月 20 日，在第三届全球物流技术大会上，腾讯公司与中国物流与采购联合会签署战略合作协议，并发布了供应链联盟链及云单平台。基于云单平台，电子运单将替代纸质运单，电子签名将替代手工纸质签名，通过区块链技术让其具备分布式、加密性、不可篡改等特性，保证

运单数据的真实和安全。这是典型的联盟链技术架构。

2018年3月26日，在福州召开的以"拥抱数字未来——区块链颠覆价值传递方式"为主题的第七届海峡金融高峰论坛上，腾讯公司提出通过联盟链的方式利用智能合约的能力来实现智能理赔，从而解决传统线下投保过程中的一些痛点；并认为联盟链会得到比较大的发展，因为它可以有效地解决企业在隐私、权限管理甚至监管方面的一些焦点性问题。

2018年3月8日，腾讯公司区块链业务总经理在接受《中国企业家》独家专访时对联盟链的应用阐述了自己的观点：

联盟链是商业机构之间的合作，是多中心的。从数据角度理解，联盟链是各机构之间都有的数据，它们的数据需要通过共识达到一致。例如，供应链金融里有多个决策方，核心企业、银行、保险公司、腾讯公司的合作伙伴等，每一个参与方都有一个节点参与共识的记账。

业务数据记在自己的节点上，多个节点之间的数据共识由多方构成，不由哪一方说了算，这样就可以做到防篡改、可追溯。这些特性能提升机构之间的信任，降低信任成本，提升效率，可以撬动多方合作。

2019年，腾讯公司落地了大量的联盟区块链项目，如区块链电子发票项目"税务链"、供应链金融项目"微企链"、司法存证项目"至信链"，和城商银行汇票项目等。其中，区块链电子发票上线一周年来，开出电子发票600万张，累计开票金额达39亿元，覆盖超过113个明细行业；"微企链"旨在改善了小微企业融资困境，提高了核心企业的运营效率和竞争力，已获深交所无异议函和储架规模100亿元；"致信链"打通了全国唯一的移动端诉讼平台：中国移动微法院，多家高级人民法院加入致信链成为权威节点，当前链上存证数据超过千万条；成商银行汇票共部署48个区块链节点，每日开票约200张。

2. 阿里巴巴网络技术有限公司通过联盟链切入区块链技术应用

2014年4月3日，马云通过其控股的浙江融信网络技术有限公司完成了恒生集团100%股权的收购，并通过恒生集团持有恒生电子股份有限公司（恒生电子）20.62%的股份，成为其第一大股东。马云入股恒生集团的原因，在于恒生此前已经推出FTCU联盟链基础服务，且恒生联盟链已完成技术研发，进入测试阶段；基础服务也早已推出，支持合同链、私募股权链等业务场景的接入。2016年6月1日，金融区块链合作联盟在深圳成立，搭建基于联盟链的数字票据系统，恒生电子是 25 个发起成员之一。

2018 年 6 月 25 日，蚂蚁金融服务集团（蚂蚁金服）基于区块链场景的电子钱包在香港上线。用户使用港版支付宝 AlipayHK，就可以通过电子钱包向菲律宾钱包 Gcash 汇款。这也是全球首个落地的基于区块链技术的电子汇款服务。

第一笔汇款由在港工作 22 年的菲律宾人格蕾丝完成，耗时仅 3 秒，而在以前完成汇款需要 10 分钟到几天不等。传统的跨境汇款需要通过银行或汇款公司转账，流程复杂，并且受银行机构工作时间和柜台地点的限制。一般要通过汇出机构汇到 A 银行，再通过中间银行汇到用户所在的 B 银行，最后通过收款机构到达用户手中。

蚂蚁金服的跨境汇款中采用了区块链的分布式账本技术来实现 Alipay-HK、渣打银行和菲律宾钱包间的跨机构协同，进行分布式处理的同时给所有参与方提供一个统一的业务账本和视图。显然，这也是一种联盟链应用。

2019 年 11 月，蚂蚁区块链 BaaS 联盟链开始公测，计划 3 个月后开放使用，其 BaaS 平台是基于云平台开放的区块链技术，定位企业级的联盟链。

3. 京东公司从联盟链着手切入区块链

京东公司作为一家在美国上市的国内一线互联网企业，也是从联盟链着手切入区块链的。2018 年 3 月 22 日，京东公司发布《京东区块链技术实践白皮书》，未提到 ICO 和代币，但有 10 处提及"联盟链"，并在最后一部分表示，如果说区块链是构建合作伙伴间信任经济的基石，那么就需要区块链或联盟链在互联网的广泛部署和规模化应用。

简单来说，京东公司想打造一个区块链平台，于是整合京东公司现有生态中的品牌商、物流服务商、学术研究机构、咨询机构等合作伙伴，一起在京东公司建立的这个区块链上"愉快地玩耍"，组成一个凡是与京东公司合作就会成为联盟链上某个节点的区块链平台。

在《京东区块链技术实践白皮书》中，京东公司阐述道：区块链本质上是一种稳健和安全的分布式状态机，典型的技术构成包括共识算法、P2P 通信、密码学、数据库技术和虚拟机。这也构成了区块链必不可少的 5 项核心能力：储存数据、共有数据、分布式点对点传输、防篡改与隐私保护以及数字合约化。

依据这 5 项能力，京东公司的联盟链主要集中在商品防伪追溯、合同及发票防伪公益追溯、大数据安全、保险防欺诈和交易清结算 5 个领域。

4. 百度也应用区块链技术打造联盟链

2017 年 7 月，百度金融推出区块链开放平台，以帮助企业联盟构建属于自己的区块链网络平台，并依据企业实际业务场景，对区块链各项目属性、模板和机制进行定制及灵活配置。

该联盟链平台适用于支付清算、数字票据、银行征信管理、权益证明和交易所证券交易、保险管理、金融审计等领域，可帮助实体经济通过区块链技术优化产业结构，提高运转效率，降低企业成本。业内认为该联盟链平台是以"公有云 + 联盟链"方式架构的。

2019 年，在中华人民共和国国家互联网信息办公室发布的两批区块链信息服务备案名单中，百度共备案了 5 个产品，分别是百度区块链引擎 BBE、超级链、图腾、超级链超级节点和莱茨狗。其中，百度区块链引擎全面支持金融级 Fabric 联盟链、Quorum 联盟链以及支持多种框架的私有链。超级链开放网络由分布在全国的超级联盟节点组成，符合中国标准，为用户提供区块链应用快速部署和运行的环境，以及计算和存储等资源的弹性付费能力，让信任链接更加便利。图腾是一个为原创生产者提供版权认证、分发传播、变现交易、监控维权及 IP 资产管理服务的联盟链。

综上所述，在公有链、私有链和联盟链三种形式中，这些互联网巨头不约而同选择了以联盟链的方式来发展区块链技术及拓展业务场景。

联盟链由若干机构联合发起，介于公有链和私有链之间，兼具部分"去中心化"的特性，显然更适合当前经济的特点，也更符合中国的国情，从而可以使区块链技术能够找到应用发力的场景和方式，进而不断地深化区块链技术的研发并取得成果。

第六节　通过顶层设计，自上而下地架构联盟链

综合前面 5 节的内容，总结出以下观点。

（1）从中外金融机构和互联网巨头不约而同地采用联盟链改进和发展

企业来看，联盟链是适合让区块链技术落地生根并茁壮成长的优先选择。

（2）"链改"可以以联盟链为抓手，结合不同的应用场景，由政府或行业领头单位通过顶层设计来推动。

（3）联盟链不拘一格，不同行业或同行业不同性质的单位都可以结合具体业务流程、业务规模、发展方向等因素进行设计、架构、开发应用；倘若业务场景类似，也可以直接套用已经开发成熟的联盟链系统，从而节省成本；这种灵活性也使得"链改"能以管理及业务关联为核心迅速铺开，从而普及并深化。

（4）联盟链的架构和部署自下而上、以小带大的可能性很小，因为缺乏号召能力，至少应是同级别联盟，更多的是通过顶层设计、自上而下地进行，这样具有较多的优势。

联盟链有公信力、号召力、领导力，能够较有效地推动联盟改造，从而提升整个体系内的管理效率及业务拓展能力，共同提升，从而实现帕累托优化。

在一个体系内有利于领导层获得真实的信息，也有利于领导层意见的贯彻，这使得推动"链改"更具动力及可操作性。当然，也有利于检测领导层的决策是否具备前瞻性和正确性。

相对公有链，联盟链可以选择一致性更强的共识算法，以提高跨链的安全性，同时联盟链也拥有更高的可监管度，进一步增强了跨链的安全性。

（5）由于国内外应用于实体经济的区块链技术多为联盟链，目前已经有较成熟的开源联盟链系统，在已有联盟链系统基础上按照客户需求及应用场景进行二次开发的试错风险已经可以完全控制及化解。

总而言之，从中国国情出发、以帕累托改进为发展原则，选择布局联盟链，就可以通过顶层设计、自上而下地架构联盟链，确保社会各阶层的利益平稳增进，从而实现整个国家经济面貌的日新月异，构建人人、人企、人政可信互信的社会。

这些总结性观点，与世界著名管理咨询公司麦肯锡咨询公司在2018年6月公布的一份关于企业应该如何看待区块链的报告的首个结论是一致的。该结论认为："现有的机构和多方交易中，如果使用适当的区块链架构，能够获得的好处主要包括降低交易的复杂度和成本、提升透明度以及控制欺诈。追逐价值机会的经济诱因会促使在位者利用区块链而不是被区块链赶超。因此，最有可能在短期内取得成功的商业模式是获许准入的联盟链，而非公有链。私有链和联盟链能够让大小企业从区块链的实施中获取商业价值。占据主导地位的参与方可以保持其权威中心的地位，或者与其他行业的参与者共同获取和分享价值。参与者可以获得安全共享的数据，同时自动控制共享的内容、与谁共享以及何时共享。对于所有公司来说，联盟链都可以在商业信任领域挖掘出独特的价值主张，并在扩大规模之前进行小规模实验。"

第七节　基于分权制衡共识机制算法的公有链

虽然联盟链有很多优势，但也有自己需要应对的挑战和需要化解的风险。

一、联盟链的挑战和风险

1. 联盟链中特有的"女巫攻击"安全问题

对于联盟链来说，每个节点大体都知道总共的节点数，共识的形成往往只要进行简单投票就可以了。共识机制变得简单，攻击也就变得更加容易。

在联盟链中有一种特有的攻击方式——"女巫攻击"（Sybil Attack，来源于20世纪70年代一部名为《女巫》的美国电影，片中的女主角患有分离性身份认同障碍，有16种人格）。当然，"女巫攻击"在互联网传统的P2P系统中也是一直存在着的威胁。

这种威胁就是坏节点可以直接将好节点进行分叉，并直接对好节点"双花"自己的代币。例如，在供应链金融区块链中，通过区块链技术来防止企业用一份数字资产（如海关的电子关单）在不同的机构进行多次抵押。如果这家企业把这一份数字资产在不同的银行进行多次抵押，从而实现非法获利，就是"女巫攻击"。

公有链不依赖于节点数量形成共识机制，不存在"女巫攻击"的风险。但联盟链的共识机制多依赖节点数量形成共识机制，容易招致"女巫攻击"。

这就涉及联盟链的安全性问题。

2. 联盟链难以真正消除绝对中心化控制的风险

公有链要求对所有人开放，任何人均可以参与，不受任何机构控制，账本内容完全公开透明，任何人都可以参与区块链的维护和数据读取，共识过程的参与者通过内建的经济激励和密码学技术对整网数据的安全进行维护，因此被视为可以实现完全"去中心化"的目标。

联盟链则是对特定的组织或成员开放，根据一定的特征或目标限定参与节点数量，并且共识过程受预选节点控制。尽管联盟链追求每个节点拥有完全对等的权限，数据的可信交换不需要以互相信任为前提，但相比公有链，联盟链只能被视为"部分去中心化"或"去绝对的中心化"，并不能通过"任何人都可以参与到区块链的维护和数据读取，对所有人开放，账本内容完全公开透明"等要求来实现"完全去中心化"，并不能确保"绝对消除绝对中心化控制"，仍然存在着被绝对中心化控制的风险，即联盟链中的领导者依然有可能成为绝对的中心化控制者。

这个问题也可以延伸为如何平衡联盟链中各方利益及各方话语权的问题，如何才能够确保不被绝对中心化控制，又能够发挥区块链技术在联盟链中的作用。

3. 跨链技术能否将不同共识机制、不同底层技术、不同业务形态的联盟链扩展互联的问题

这就涉及联盟链的一致性问题。一致性是分布式系统中重要的目标之一。在联盟链中采用的 PBFT 类共识算法较为高效地解决了多节点参与情况下的典型分布式一致性问题，如消息无序、参与方异常、网络分化等同时，在允许一定比例的拜占庭参与方的前提下，做到了最终一致性。一致性的问题在涉及多条联盟链跨链扩展时更为突出。

4. 联盟链的可用性问题

可用性代表的是区块链网络的数据可访问性。这种问题在公有链上表现得更为突出，联盟链一般结合业务场景进行开发，具有较强的可用性。

联盟链在通过跨链技术扩展应用范围时，将面临较为严重的可用性问题。在多链无跨链的场景中，业务请求根据不同路由规则访问不同的单链，某个单链的不可用只会影响本链请求，其余链的请求依然可以正常处

理，因此多链架构极大地提升了整体可用性。在跨链场景中情况却变得复杂了，某个单链的不可用不仅影响本链的请求，还会影响其他链发出的跨链交易请求，导致其他链交易处理失败，进一步降低整体可用性。

根据分布式系统的 CAP 理论，在系统设计中，在必须接受分区容错性的现实情况下，需要对可用性和一致性做折中和权衡。在联盟链跨链交易场景中，具体而言，有几点需要考量：交易时延的要求、交易对原子性的要求、交易状态的背书对一致性的影响、治理模型失败的影响。

二、应对并解决联盟链风险问题的方法

对于这些问题和风险，联盟链也有很多应对的方法，毕竟联盟链已有很多成功的案例。

联盟链应对"女巫攻击"风险，首先可以通过更换共识机制来化解；其次是保护身份认证服务本身，确保"女巫的分身"不会被好节点认为是区块链中正常的节点，确保身份认证服务能够切实把现实世界中的实体与区块链中的节点对应起来。

除了这种通用型的策略外，针对垂直行业还可以利用智能合约的特性，在"平等的区块链网络中"建立"不平等的业务权限"，从而确保攻击者无法通过攻击获利，最终保护整个联盟链的安全。例如，应对企业用一份数字资产在不同金融机构间进行多次抵押，可以在智能合约中规定：每个抵押必须有其他所有区块链上的金融机构的数字签名，该抵押才真正生效。

利用拥有完善的智能合约市场以及提供完善的身份认证机制的区块链云服务，确保"女巫的分身"不会出现，这也是确保联盟链安全性的办法。

对于联盟链的其他安全性问题，以下三方面的举措是完全必要的。

（1）提高多链架构对安全性的要求。安全性的要求主要来源于两方面：一方面来源于区块链自身的安全，包括网络通信安全、数据安全、应急处理等；另一方面来源于跨链机制的安全，包括消息有效性及互操作的合法性控制。

一般而言，为了安全考虑，机构节点会在网络通信层、落盘存储层、数据隐私等方面进行多层次安全防护，以加强区块链的网络安全。同时，

联盟链也拥有严格的身份许可管理和权限管理机制。一方面，参与区块链共识的节点都具有唯一公开的链上身份信息和链下可追溯的机构身份；另一方面，机构的用户都会经过严格的 KYC（know your custome，"了解你的客户"，一种实名认证机制）机制过滤，即区块链交易的参与者都是可确定的。在特殊情况下，参与机构可以在链下有一致行动的应对能力。因此，参与机构对联盟链网络有高度的把控能力。

加强多链架构中对实现跨链机制安全性的考量。在协议设计上需要严格注意以下几点：消息的高效路由机制、消息发送方的身份证明、消息接收方的存在证明、消息有效性的自我证明、消息的生命期管理等。

（2）在化解绝对中心化控制风险方面，构建联盟链时对于处于领导地位权限的发起者以优化获利比例的方式进行适当控制，或者适当提升参与或追随节点的权限来增加约束力，再配合区块链技术的不可或缺的要点，达到共同提升经济效率而又不至于让超级节点极化的目标。

例如，联盟的初始成员可以成立一个管理委员会，共同对新机构进行授权，只有当所有管理委员都允许其加入时，新机构才拥有链上数据的读写权限。在实际运营过程中，对于黑名单的上传和查询等业务来说，所有机构的地位是平等的，具有同样的权限。建立黑名单共享系统，将那些信用缺失者列入黑名单共享平台系统，争取在运营中消除中心化的形成机制。

（3）在一对一跨链交易中，每次交互可以认为只有两方参与；其中一方在执行跨链交易前，必须先确认消息的合法性。由于联盟链一般对区块附带签名，且不会在运行时分叉切换，消息的合法性验证较为容易。因此，一致性问题退化为跨链交易原子性问题。这样使得在跨链场景中，跨链交易的一致性问题被简化。

交易原子性问题也有两种解决方法：强原子性方法和最终原子性方法。

强原子性方法中的一种是发生跨链交易时，交互的两条链针对当前区块，临时组成一条链，两条链的共识节点组成这个临时链的共识节点组，两条链的所有共识节点都参与出块签名，签名数据和出块条件都满足两边需要，两边共识算法要保持一致或兼容，且新跨链的区块能同时"无缝"接入两条链。另一种是验证人的实现方式，额外选出一组双方认可的第三方验证人组处理跨链交易，且第三方链处理后的账本数据被交易双方认可为各自账本的一部分。上面所列可以归结为一次共识过程解决跨链原子性问题，解决问题的着力点在共识算法创新上。

最终原子性方法类似中继链和哈希锁定的方式，其通过双向锁定、资产托管的方式来实施过程控制，可以归结为多次共识过程的思路。

在具体实现中，采用哪种方法，需要根据参与方角色、业务场景特点、可用性要求、性能要求、时间进度要求等做综合考量。

三、公有链也会遇到联盟链面临的风险与要解决的问题

联盟链会面临的这些风险和要解决的问题，公有链也一样会遇到，也一样需要投入很多技术力量加以解决。在安全性、一致性、可用性等方面，公有链要解决的问题及其难度其实要远远超过联盟链，毕竟它要面对的是互相之间绝大多数互不相识、完全匿名、动机不清的各种各样的参与者。

另外，对究竟何种共识机制才能真正实现"去中心化"，目前尚没有定论，因此自称公有链的区块链系统运行后到底能否真正"去中心化"，没有相当长的时间和规模化的人员、机构大量参与运行测试，很难验证该公有链是否为真正"去中心化"的公有链。

（1）比特币被认为是最成功的"去中心化"的一条公有链，但从其具体运行的结果及共识机制的分析来看，这个结论难以得到公认。

比特币价格的狂涨，吸引了更多的大资本涌入。它们凭借资本的优势，控制着更大比例的矿机，并以规模化优势占据着电费更低廉的地方，自然获得了更多比特币，呈现为一种中心化寡头垄断的格局。这种格局绝不可能是"去中心化"普惠的。数据表明，BTCGuild、50BTC、ASICMiner三大矿池已经占据全网64%的计算力，这意味着三大矿池若联手，将足以对比特币网络发起51%的攻击。黑客丹·卡明斯基（Dan Kaminsky）在2013年的比特币大会上就表示，比特币网络存在系统性风险。

而对于被认为是区块链2.0的以太网，EOS的首席技术官丹尼尔·雷利默（Daniel Lariner，又称BM）在2018年6月份的推特中明确指出，只要有3个矿池拒绝处理交易和区块，以太坊网络就会停止运作。但他力捧的EOS其实也好不到哪里，只要有21个节点联合也可以让EOS休克。

导致这些号称"去中心化"的区块链系统仍然会中心化的原因在于，其共识机制算法存在权力独大导致中心化的必然性，即无法消除中心化的魔障。

比特币形成的共识机制工作量证明（proof of works，简称 PoW）是基于资本以及计算机算力的算法，这与区块链声称的要去中心化的目标明显有冲突。

（2）权益证明机制（proof of stake，简称 PoS）类似于股权凭证和投票系统，因此也叫"股权证明算法"，即由持有最多代币的人来公示最终信息。据说，以太坊的共识机制要从 PoW 转变为 PoS。

POS 设定了验证者，这些验证者节点需要锁定一定量的代币，锁定之后，就有权益的证明。一组验证者轮流提议和投票下一个区块的生成，而投票的权重取决于其持有代币的多少。也就是说，每个网络节点链接到一个地址，这个地址所持有的代币越多，它获得生成下一个区块的概率就越大。

如果一个攻击者试图发起 51% 的攻击，它需要持有超过 50% 的代币；如果要攻击一个市值超过 10 亿美元的网络，攻击者的成本至少要在 5 亿美元以上。如果发生攻击，造成网络不安全，对理性攻击者来说也没有意义。而且 POS 的防御和攻击是不对等的，防御更容易些，恢复网络的代价要低于攻击者的代价。

PoS 机制不用消耗大量能源，达成共识速度快，且不会产生通货膨胀，因为它的收益奖励主要来自用户的交易。

但这种机制仍然存在被攻击的系统风险，毕竟依然可以中心化，资本越多者越容易成为掌权的中心者；纯 POS 机制的加密货币，只能通过 IPO 的方式发行，这就导致"少数人"（通常是开发者）获得大量成本极低的加密货币，在利益面前，很难保证他们不会大量抛售加密货币，这其实也是一种中心化机制。另外，并非所有节点都愿意挖矿，永远没有终点，需要设检查点机制来减缓这个问题，也容易产生分叉。

（3）为了提高效率，在需要网络节点验证的 PoS 基础上，有开发者提出了可以在有限的集合范围内进行投票验证的授权股权证明机制（delegated proof of stake，简称 DPoS），EOS 选择的就是这种共识算法。

显然，集群或社区内参与的节点越多、效率越慢。一个典型的分布式数据库，多副本的效率肯定比单副本效率低很多倍。因此，DPoS 给出一种思路，将成千上万个 PoS 节点，通过某种机制（如持有代币的数量）选举出若干（奇数个）节点，在这些个节点之间投票选举出（有时甚至会在这些节点间以令牌环的方式进行轮询，进一步减少投票开销）每次的检查点（出块）节点，而不用在网络中的全部节点之间进行选择。

这种将所有节点分为领导者与跟随者，只有领导者之间达成共识后才会通知跟随者的机制，能够大幅度提升选举效率。在几十个（最多上百个）节点之间进行一致性投票，一般可以在秒级完成并达成共识，因此 DPoS 机制可以将检查点（事务确认时间）降低到秒级，通过减少投票节点的数量或采用令牌环机制甚至可以降低到毫秒级。

验证投票的节点少了，效率提高了，但是大量的节点必然存在"被代表"的风险，如果没有有效的制约，仍然有可能中心化。现实中，EOS 区块链系统基于 20 多个超级代表（节点），这意味着如果超级节点被控制，网络就难免存在被财阀垄断控制的安全风险，显然与区块链"去中心化"的目标背道而驰。

（4）实用拜占庭容错算法（practical byzantine fault tolerance，简称 PBFT），又称拜占庭共识算法。与上面几种共识机制都不相同，PBFT 以计算为基础，也没有代币奖励。其由链上的所有人参与投票，当少于（n－1）/3 个节点反对时就获得公示信息的权利。PBFT 是一种基于消息传递的大体一致性算法——具备（n－1）/3 容错性，算法经过 3 个阶段：预准备（pre－prepare）、准备（prepare）和确认（commit）达成一致性，这些阶段若有 1/3 或以上的记账人停止工作，系统将无法提供服务而只能重复运行。另外，少于（N－1）/3 个节点的权利则直接被忽略掉，即便其中有对节点持有人较为重要的利益。因此，PBFT 可以被视为"多数人暴政"的一种做法。

（5）重要度证明共识算法（proof of importance，简称 PoI），引入了"账户重要程度"的概念，使用账户重要性评分来分配记账权的概率。通过区分账户的重要程度，并由被认为重要的账户来获得记账权利的做法，能实现能耗低、速度快的目标，但存在侵害社区中被认为不重要的账户的权益的巨大风险，依然是一种民主理论实践的中心化算法。

（6）PoP（proof of participation）算法。PoP 是将 PoI 和 DPoS 的思想结

合起来的一种算法。

第一步，选举区块生成者。系统将首先选取生态中广泛的具有代表性的账户作为候选账户。社区对系统生成的候选账户进行投票，按照所得票数的多少，系统从中按照概率挑选总共 N 个账户作为区块生成者。候选账户所获得的投票数越多，被选中成为区块生成者的机会就越大。

第二步，链按照一定的规则每隔固定的 T 秒产生一个区块。

第三步，交易确认。在区块生成者的参与度是 100% 的情况下，区块链不会出现任何分叉，一笔交易平均在几秒内就可以得到确认。但是如果出现了软件错误、网络不够顺畅，或者某些区块链生成者恶意而为之而造成分叉，一笔交易就需要经至少（$2/3 \times N + 1$）个区块生成者的确认后才能被保证是不可逆的。

这种方法是 PoI 以及 DPoS 的补洞版，依然是一种选出代表后赋之以不受有效制约权力的做法，尽管有填补窟窿的努力，但仍然不能确保"去中心化"。

（7）DAG（directed acyclic graph）算法，被称作有向无环图，任意一条边有方向，且不存在环路的图。DAG 通过将事务操作进行异步处理来增加网络吞吐量，采用谣言传播算法（一种用于信息传递的算法）在节点间发送操作日志，并通过某种机制（如 IOTA 每次验证前两条交易，并计算一个 PoW 代表的权重）将一个权重赋予该操作。

相比同步操作的链式结构，DAG 结构与任何异步机制一样，能够带来的提升或许在于吞吐量，但是产生的问题则在于无法有效预测交易被确认的时间与周期。

对历史交易进行验证时采用随机方式，没有任何先后规则，有可能导致某些交易在极端情况下没有任何其他节点对其进行验证，从而导致永远不会被确认。为了追踪每一笔交易与之前交易的关系，整个 DAG 图谱需要被随时检索和访问。在一个较大规模的系统中，其交易图谱溯源会非常复杂，几乎不可能被全部保存在内存中以进行实时更新。而如果将这些数据保存在磁盘上，那么实时刷新每个 Tangle 的权重会造成大量随机 I/O（也许可以通过大量部署 SSD 解决），导致极大的性能问题。由于采用谣言传播的方式将每一笔交易广播到网络中的其他节点，随着网络中节点数的增加（IOTA 结构中可能会有百亿级别的设备节点，而非链式结构中有几万个全账本节点),整个网络中的通信量呈程指数级上升。

无论是在网络性能突破上,还是在尊重或保护每个节点的权益上,这种共识机制算法都存在着极大的问题。

四、力促"链改"普及深入的公有链标准

为了真正实现公有链"去中心化"的目标,有开发者根据分权制衡(三权分立制衡)的理论及实践,提出了分权制衡算法共识机制,并积极努力地将之应用到公有链的开发上。

"去中心化"的目标是尊重和保护社区或集体组织中每个成员的合理权益,但通过选举代表或倾向重要程度的方式忽略掉一部分乃至大部分节点成员,且没有相应的有效制约机制来提高网络运行效率,一方面催生了财阀或寡头垄断现象,另一方面根本就没有实现"去中心化"的最终目标。因为只要存在"独大"的权力,就必然是中心化的。即便当前未能体现出中心化"独大"权力的恶果,但只要存在未能有效制约的权力,就会有其加害其他方权益的完全可能性。这导致的结果就是,其生成机制是基于可以理解为民主理论及劳动力价值理论的设计,使资本能够堆积出"独大"、难以为其他力量有效制约的权力。

PoW、PoS、DPoS、PoI、PoP、PBFT、DAG 等方式,在赋予一方权力的同时,并没有有效制约它,使之不能膨胀为权力独大的体制安排,甚至为了追求效率直接就忽略众多节点的参与权,使众多节点"被代表",这终会导致权力独大者寡头垄断或完全集中垄断的中心化结局。以这些方式组建起来的所谓区块链的参与者只能抱着投机的心态,尤其是众多的小户参与者。

那么,如何应用以分权制衡理论原则构建的共识算法真正实现"去中心化",从而保护每个参与节点的合理权益呢?

分权制衡算法机制的理论原则是在赋予一方某个权力的同时,在其可制约的另一方增加相应有效的约束权力,并使各权力之间的制约皆对等有效,并被写入计算机可执行程序中,只要条件满足,由计算机自动运行,目标就是遏制权力独大的形成,从而确保"去中心化"——尤其是"去绝对中心化"。

在区块链生态系统中,对应现实的社会,也能分化出重要的和一般的

参与者，这是 PoI 和 PoP 方式形成的基础。还可以区分 Maker、Voter、Observer 的身份，打包交易并生成区块者是收到的区块投票节点者或观察者，检验是其中重要的程序工作。

既然可以区分出重要的和一般的，而且极为重要的总是少数，就可以参照上下院、行政院、法院的分权制衡做法设置权限。极其重要的那些可以直接进入类似上院的机构，可以提议出块；而一般者倘若数量不多，可以集体针对极其重要的出块要求进行检验表决，以确保非中心化及各方权益受尊重与保护。真正出块的行为应该可以被视为实施执行的权力。各方的权力实施可以通过时间的规定确定，以确保效率。倘若一般者人数众多，则可以采取选举的方式减少需要的参与者，以提高效率。由于各种权力都受到制约而非独大，广大未当选者的权益也可以得到保护。当选者要履行其权利和义务，也可能受一定的惩罚。整个系统中的惩罚可以是第三方权利的体现，即制约着重要者、当选的一般者以及执行者，也是制约均衡必不可少的措施。

不过，目前尚没有公有链成功地开发和部署基于分权制衡算法的共识机制，到目前为止，那些自称是公有链的系统能否真正实现"去中心化"乃至"绝对去中心化"，有待时间及参与者的反复检验。

除了要有确保每个节点参与者的合理、合法利益的共识算法之外，未来的公有链要为广大民众所接受并普遍应用，在性能上具有图灵完备性（图灵完备是指一个能计算出每个图灵可计算函数的计算系统。或者说，图灵完备使区块链的脚本系统有能力解决所有的可计算问题。一方面，它带来了强大的处理能力；另一方面，它也使对脚本的静态分析变为不可能），在高效、安全与"绝对去中心化"中达到优化，并真正地去除了绝对中心化控制的风险，从而能保护每位参与者的合理、合法权益。这种公有链可以被称作科学完善的公有链。只有科学完善的公有链，才能充分展现区块链技术的价值所在。

倘若这种公有链存在并经受住了实践的反复检验，其必将成为新一代互联网操作系统，也必将大力推动"链改"走向全面普及深化。

五、联盟链扩展至超大规模，能否践行出一条公有链之路

要形成科学完善的公有链绝非易事，毕竟只有经过亿万人次的参与和

检验，才能定性定格。在这个过程中，很难认定一条科学完善的公有链的产生。

因此，从联盟链着手，通过在行业内、体系内、多个局部中、小范围内应用区块链技术，在实践中不断地将这个融合了多学科知识的科学技术加以应用、完善，形成局部的共识，将局部的共识逐渐地拓展为全体的共识，反而可能是一条稳妥可行的构筑科学完善的公有链的路径。

换句话说，联盟链通过有共识的节点的不断加入以及跨链技术的不断扩张，形成超大规模的节点，且相对自由地加入联盟链，这是否可以视为一种有实践价值的科学完善的公有链的形成呢？

"链改"的普及和深化是否能为科学完善的公有链的产生探索出一条道路呢？

互联网也是由局域网逐渐扩展而发展成为今天的互联网。当一条条通过"链改"而实现了商业化应用价值的联盟链克服了技术上的诸多难题而实现"众链互跨"至超大规模，是不是一种真正能为广大用户从容接受并可从中获益的公有链就形成了呢？

无论是在理论上，还是在实务上，都绝不能否认这种发展路径存在的合理性。因此，基于现实的考虑，不妨踏实推进"链改"，在政府的积极领导、引导与推动下，各类社会经济组织结合自身业务需求，组建起一条条可为其带来经济效益的联盟链，并将自身的经济行为和信息全都"上链"运行。

第八节　"链改"落地运行可参考的一种程序

"链改"并没有固定的程序或模式，针对不同的行业和场景可以有不同的步骤安排。从目前较为出名的联盟链来看，其组建的程序步骤、模式以及运行方式都各有特色。

组建联盟链最重要的是培育观念，形成共识。因此，"链改"的第一步是相关知识的掌握及行动观念的形成。尤其是社会经济组织的领导者要以积极的态度、开放的心态去学习、研究、领悟，认识到链改的价值及远大前景。

同时，区块链技术的掌握者带动更多的人认识、感受、利用区块链，将区块链技术的作用充分地展现出来。

例如，中国通信工业协会成立的区块链专业委员会，聚集了区块链领域的专家、学者和企业领导，共同探讨研究区块链技术，并在适当的时机举起"链改"的旗帜，推动区块链技术对传统社会经济组织的改造。

图 6-2 是中国通信工业协会区块链专业委员会于 2018 年 9 月 18 日在河北承德地区举办的"链改"行动第一期政府培训班的活动留影。这样的活动连续不断地举办，能够推动各级领导干部深入学习并认识区块链技术的应用前景，从而积极参与到"链改"行动中来。显然，领导干部对"链改"的价值和意义有了充分的认识和掌握后，就能主动组织好宣传造势活动，从而让"链改"深入人心。

图 6-2 "链改"行动第一期政府培训班合影

在培训宣传的基础上达成基本共识之后，精通区块链技术应用的区块链企业就可以进场开展工作了。这一般是区块链应用场景单位与区块链技术企业多次互动的结果。区块链技术企业会在与区块链应用场景单位进行沟通及现场调查之后，制订初步的实施方案。这是"链改"工作的第二步。

为更具有操作性，下面以某市招商引资发展的一个产业园区如何进行

"链改"为例做系统阐述。

　　某市新建了一个产业园，想要将之做大、做强，因此为之出台了相当多的优惠政策以吸引投资者入驻园区，并召开了场面宏大的新闻发布会进行宣传。但由于出现过前届市政府领导的承诺因某些原因无法兑现的事件，精明而慎重的投资者不相信这些入园优惠政策。

　　在此情况下，区块链技术企业可以此为发端，与政府相关部门沟通，向其说明如果将其出台的优惠政策"上链"并智能合约化，投资者就能确信政府的优惠政策并不会因为领导的更换而出现变化，进而对园区进行投资，政府就能做大、做强产业园区。

　　当然，政府"链改""上链"的好处绝不仅限于此，如果以产业园为一个圆心，将与其经济活动有关的企事业单位和政府机构全部连在一起，就能形成一个互为真实可信的区块链生态体系，就可以大大地提升各单位的工作效率，也能大大地降低各类成本费用，还可以在有企业需要融资时，实现低成本、高效率的融资。从区块链技术角度来看，这也意味着有了一定数量的参与节点，能够更加充分地发挥区块链技术在促进社会诚信形成中的作用。如图 6－3 所示。

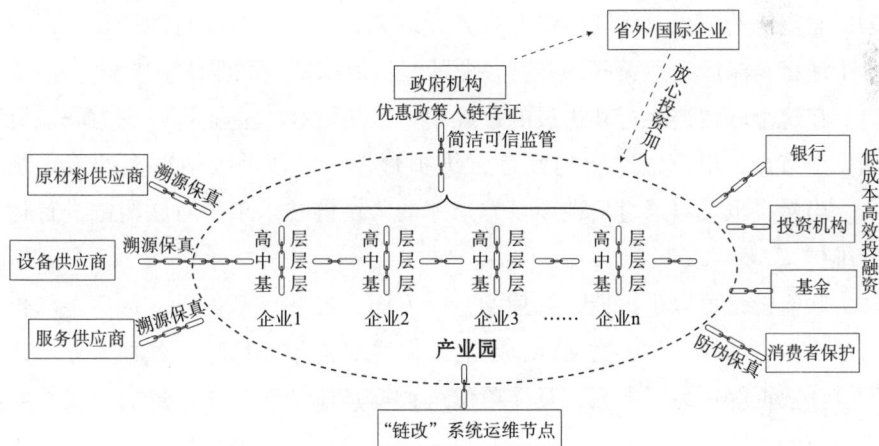

图 6－3　产业园"链改"节点参与全景图

　　这样，一个有足够数量参与者的联盟链生态系统就清晰地呈现出来了。

　　圆圈内是产业园中的各类企业，圆圈上面是政府机构，政府机构可以将其与园区有关的各项政策通过构建联盟链全部"上链",以确保其优惠政策真实可信并有保障地执行,从而吸引企业放心投资和入驻。政府机构可以为园内企业提供原材料、设备、服务供应商,也可以在园内企业的要求及带动下,"上链"以做保证和激励;园内企业生产的商品也可以"上链"确证保真,让消费者放心使用以扩大商品的市场占有率。园区内各企业还可以通过"上链"的方式来进行内部管理,从而使园区内各成为高效可信的价值共同体,员工感觉不是在为老板打工,而是在和企业共同发展。园区外的各金融机构和投资者也可以"上链",以便获得各企业发展的真实信息,为低风险放贷资金获得更多投资先机。而对园区内企业来讲,当"上链"价值区块达到一定高度时,园内企业产能要扩张、项目需要资金时可低成本、高效融资。

图6-3将有可能加入联盟链的节点基本展现了出来,下一步就可以围绕这些可参与的节点开展宣传培训工作,使之能够参与进来,同时带动更多的单位积极主动参与进来形成诚实可信的生态系统。

当然,图6-3是全景图,在"链改"技术具体落地实施时,一般会分步骤从局部进行。首先,可以由政府相关部门与园区内已经入驻的企业构成联盟链的节点,将联盟链开发建设起来。然后,在政府的推动下,一步步地将与园区企业关联的各行各业的经济组织链入联盟体系中。

在这个联盟链运行和扩展的过程中,区块链技术企业可以成为联盟链的一个节点,根据需求承担其运营维护责任,以帮助吸纳更多的节点加入。当然,也可以通过培训项目方当地的区块链技术单位对联盟链进行运营维护。

联盟链是可以进行授权管理的,一方面,各节点都可以进行信息与价值的交互,如政府的各类文件,企业应向政府汇报和传输的各种财务与运营统计数据等;另一方面,具体单位可根据具体情况开放信息的相关权限给对应的不同性质的节点,如企业财务等数据可向金融机构开放,为未来的直接定向融资做好准备。

当这样一个区块链联盟链体系达到了相当大的节点数量时,价值会越来越大,成员不仅可以从中得到效率提升与费用成本下降的好处,还能优化配置资源,共同在可信互信状态下繁荣壮大,形成一个美好的社会经济生态系统。

图6-4将上面所阐述的内容简约而直观地表示了出来。

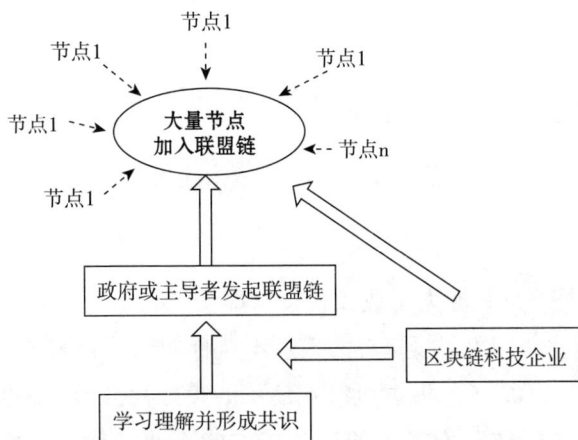

图6-4 可以参考的一种"链改"程序步骤图

随着区块链技术研发的深入，中国目前有不少区块链科技企业在开发维护联盟链方面取得了较为丰富的经验，其功能与性能都达到了可以满足商业化应用的程度，对于存在的可能风险也有了颇为完备的应对手段。

2018年，国家权威机构中国信息通信研究院对包括腾讯、百度等著名互联网企业在内的42家区块链科技企业提供的区块链应用系统进行了测试，并于2018年10月9日至10日在北京召开的可信区块链峰会上公布了测试结果：有14家企业提供的区块链应用系统通过了功能测试，7家既通过了功能测试也通过了性能测试。

显然，在应用联盟链拓展"链改"事业方面，目前已经有技术体系颇为成熟的区块链科技企业提供全方位可信服务。随着区块链技术的发展普及并深化、区块链人才培养体系的完善，将会有更多区块链科技企业参与到"链改"事业的服务中来。

第七章 "链改"可实现直接的
低成本高效融资

"链改"是不是只能无币或无代币？即便"链改"后的社会经济组织使信息充分透明，解决了投资者的信息不对称问题，化解了内部控制人的道德风险问题，形成了"两两可信互信"的美好社会形态，也不能通过代币融资吗？为"链改"而投入的那些成本能否通过代币融资的方式来回收？这些问题是"链改"参与者需要考虑的，因此本书必须对其进行系统且深入的分析，以使读者明白，通过"链改"成功构建自觉诚信的社会后，就完全可能实现直接的低成本、高效率融资，而不仅仅是提高管理与运行效率。

第一节 "链改"后社会经济组织
可实现直接的两两互信

区块链技术被认为是打造信任的机器，区块链技术在社会经济组织中的应用可以实现不再需要第三方来增信的两两互信。这将是区块链技术促进社会发展的意义所在。

缺失信用而导致的巨额成本是难以甚至无法推动社会经济持续、稳健发展的，甚至会导致社会财富减少、经济停滞状态的出现。即便在付出了高额成本后得到了环环相扣、眼见为实的诚实交易，其实也损耗了应有的增长率。只有在社会成员皆诚实守信的状态下，才可以最大限度地减少交易环节、降低交易成本，从而获得应有的增长率，最终呈现出持续稳健、强劲有力地促进社会经济发展的结果。

由分布式数据存储、链式数据结构、点对点传输、共识机制、加密算法、时间戳、智能合约等严密构成的区块链技术机制使数据及行为过程不可更改、不可抵赖，再配之以强硬而不可通融的计算机系统公正执行，将使被纳入区块链系统的人类社会经济行为不得不基于真实客观的情况提交其社会经济行为信息，而这样被区块成功记录并连接的信息必然是真实、可靠、可信的。

当一个经济组织将其与其他经济组织有关的社会经济行为信息成功"上链"后，其他想知晓其真实情况的个人或机构通过"上链"查询就能够对其做出较为真实的评判，也就有了信息较为对称的投资或交易基础。

显然，这种基于区块链内部信息的评判，不再需要通过第三方提供类似评估、审计、担保、公证等增信方式，完全可以做到"两两可信互信"，如图7-1所示。

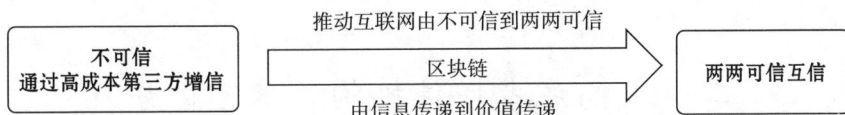

图7-1 区块链技术的普及和深入可实现无须第三方增信的两两可信互信

两两互信的社会会带来很多好处。以常见的网购为例，传统模式是买家购买商品，然后将款项支付给第三方支付机构这个中介平台，等卖方发货、买方确认收货后，再由买方通知支付机构将款项打到卖方账户。由区块链技术支撑的交易系统，不仅可以对卖方的商品信息来源、质量等诸多信息进行确证，也可以对双方为交易提供判断的信息进行确证，买家和卖家就可以直接两两交易，无须通过第三方中介平台。买卖双方交易后，系统又可以通过广播的形式发布真实交易信息，所有收到信息的主机在确认信息无误后记录下这笔交易，相当于所有的主机都为这次交易做了数据确认备份。即使今后某台机器出现问题，也不会影响数据的记录。

类似的情形可拓展到借贷、支付、结算、公益、监管等社会经济生活的方方面面。

"链改"后的社会经济组织，倘若能够将其对外的经济行为信息全都"上链"运行，会有助于采购、生产、交易、投资与融资等对外经济行为拓展业务。这种信息全方位"上链"的经济组织，能够将真实信息全面地向他方展示，从而取得关联方的全面信任。

当然，参与"链改"的社会经济组织，因为联盟链的要求不同，有的只是将其部分信息"上链",这对于客观评判其"上链"信息是有帮助的,但不足以全面、客观、真实地评判整个经济组织的情况,也不利于取得关联方的全面信任,只能是基于某些方面的两两互信。不过,这也是一种容易被社会经济组织所接受的渐进的"链改"举措,人们可以从"部分两两互信"的价值中逐步认识到"全面两两互信"的重大意义。

联盟链也是能够扩展和延伸的,相关的经济组织可以加入某条联盟链成为其节点,通过跨链技术也可以将不同的联盟链进行信息与价值链接交互,从而使两两互信在层次和范围上不断地延伸和拓展,并最终实现全社会接近全面和整体的两两互信,也为建立在两两互信基础上的直接、低成本、高效率的融资奠定坚实的基础。

第二节 高成本增信机构的难可信分析

人类社会形成普遍乃至全面的"两两可信互信"的形态,对于促进社会经济发展具有极其深远且重大的意义,将彻底改变向增信中介机构支付高额成本也不一定能确保诚信的尴尬状态。

通过具有较高信用的第三方来增信,是过去和当今社会经济运行中的常见方式,尤其是在涉及融资的经济行为发生时,更需要多个第三方来为融资机构背书。如前面"股改"相关章节所述,股份制企业要上市融资,需要评估师事务所、会计师事务所、律师事务所、公证机构、证券公司、政府机构等多个第三方组织来为之增信,给融资方带来沉重的成本负担。

通过第三方组织来增信,对社会的发展起到了一定的促进作用,但也带来了不少问题。除了让社会承担了一笔不菲的、本来不必花费的开销,还造就了巨大的社会经济浪费,因为这些经由时间积累了信用的第三方机构,并不能确保其一直是信守承诺的,它们同样可能会实施欺骗和欺诈。

成立于1930年、总部设在美国休斯敦的安然公司曾是世界上最大的电力、天然气以及电讯公司之一,资产规模曾高达1000多亿美元,在2000年《财富》世界五百强中排名第16位,连续多年被《财富》杂志评选为"美国最具创新精神公司",其资信实力可谓相当高,但它于2002年因为财务做假而倒闭。

安达信会计师事务所（以下简称安达信）曾与普华永道、毕马威、安永、德勤比肩，是全球五大会计师事务所之一。成立于1913年的安达信曾经在84个国家拥有85000多名员工，经常被世界主要媒体和出版物评为"最适合工作的公司"，并在有关客户满意度的独立调查中持续名列榜首。其资信不可谓不高，甚至在全球都属于高可信水平。但就是这样一家积累了近90年信用的公司，却偷偷地为美国安然公司作假并放肆地销毁财务文件。安达信自1985年起为安然公司做审计，但安然公司一半的董事与安达信有着直接或间接的联系，甚至首席会计师和财务总监都来自安达信。安然案爆发后的半个月时间，安达信故意销毁了数千页安然公司的文件，直到收到美国证券交易委员会的传票才停止销毁文件。

2002年3月，美国司法部以妨碍司法公正为由对安达信提起刑事诉讼，成为美国历史上大型会计师事务所受到刑事调查的先例。同年6月，安达信被美国法院认定犯有阻碍政府调查安然破产案的罪行。安达信就此宣告倒闭，结束了其从事了近90年的会计审计业务。

会计审计负责监督企业的财务行为，以其独立性、公正性赢得投资者的信任。投资者认为具有悠久历史的会计师事务所更值得信任，但安达信案给出了一个否定的答案。

安达信倒闭，给所有会计师事务所提供了警示。实际上，会计师事务所渎职的现象并不少见。

安达信等公司曾经以信用为基础经历了几十年的积累，曾经承载了无数人的信任，但最后都毁灭于失信之中，说明并非公司历史越悠久、规模越大，就越值得信赖。

垄断或寡头垄断的经济组织，即便建立的过程是基于信用的积累，但若缺乏对垄断权力的集中与专制进行的有效制约，则其信用难免"打折"，难免会损害消费者的权益。产权理论认为企业规模是有边界的，也存在社会规模不经济的现象，因此，并非企业规模越大越有信用，越能够抵抗风险。另外，企业的自我监管是不可信的，缺乏可以建立完全信赖关系的机制，即便是有相当长历史的大企业，即使其对外宣称自身建立起了强大的自我监管体系，也不一定是可信的。

因此，只有建立起借助科学技术力量的可信任的监管机制，才能确保社会普遍的诚信。这正是区块链技术的价值所在。区块链技术是用来构建完全信赖关系的一整套科学机制。

当区块链技术被广泛应用于社会经济中，通过改造各种经济组织，使之能够全方位地构建起两两互信的社会形态时，人们不仅能够对大企业产生信任，也能够对建立时间不长的企业产生信任；各企业不仅可以放心地进行实物商品交易，也可以放心地进行投融资等深度合作。

第三节　token 与利用区块链实现直接定向投融资

前两节内容提到，基于社会化的两两互信将实现低成本、高效率的直接定向投融资，本节将阐述在两两互信的社会状态中，如何实现这种投融资体制，token 与两两互信的社会状态中的低成本、高效率的直接投融资体制是什么关系。

一、token 的解析

token 是"象征、符号"的意思，在区块链这个概念还未出现时，计算机领域常将其翻译为"令牌、信令"。在区块链技术中，token 成为英文中常见的专业术语，尤其是伴随着以太坊 ERC - 20 标准的使用，任何使用它的人都可以在上面发行自己的 token。为了方便理解，部分炒币人士将 token 直接翻译为"代币"，因为贴合实际，"代币"这个说法广为流传。

ICO 及其相关行为受到中国政府的严厉禁止后，业界开始认识到货币与政治密不可分，货币是国家主权的一部分。将 token 翻译成"代币"并发行"代币"显然不妥，而区块链技术中的 token 毕竟不是法定货币，也无法替代法定货币。人们又将之翻译成"通证"，并且对"通证"进行了更多的诠释。

（1）通证被认为是在区块链上流通的、带有价值的、加密的权益凭证。这意味着现实世界的各种权益证明（如股权、债券、积分、票据等）都可以通证化，放到数字世界里去流通。也就是说这些有价值的资产，未来都可以"上链"，然后通过网络来实现跨国界、高效率、低成本的交易和流通。通证包括以下三种形态。

证件类通证，如身份证、出生证、毕业证等不可交易的凭证。

功能类通证，如虚拟化的商品、积分、折扣券、代金券、门票等，这些通证的特点是拥有它的用户可以在某一个场景下消费和使用。

权益类通证，如证券、期权、股票等。

功能类通证和权益类通证通常是可以交易的，其流动性远远高于目前的金融产品。因此，区块链中的通证的核心是可以解决流动性的问题。从本质上说，通证对应的物品的"价值"没有变化，如通证代表的股权还是原本的股权等，但是在技术层面，通证大大提升了价值传输的效率。

总之，在这种解释中，区块链里的通证完全可能集金钱、荣誉标识、身份标识（即确权工具）、系统资产量化指标、系统通行证和系统保护于一身，通证带来的不只是"钱"，更重要的是共识机制。

因此，通证被认为具备了以下4个要素。

第一，权益证明，数字化的权益凭证，体现事物的价值。

第二，可靠性。通证的真实性、防篡改性、保护隐私等能力由密码学予以保障。

第三，经济价值。

第四，流通性，能够在一个网络里流动，可以随时随地被验证。所谓"通"就是它可以大范围地流通，这种大范围地流通，意味着可以迅速地被验证和消费，也可以迅速地被兑换为其他的通证。

（2）通证被认为能够变革生产关系。

该解释认为，传统社会的生产关系结构类似于金字塔结构，上层主要是规则的制定者，如公司总经理，人数最少。中层是规则的监督者和管理者，如公司的总监，人数相对上层要多。底层是规则的执行者，就是员工，人数最多。这样的模式可能会导致各层的利润分配失衡，同时各层之间的沟通也可能出问题。通证的出现改变了这个金字塔形的社会关系结构。以某个内容推广网站为例。通常情况下网站的盈利主要靠广告收入，但是网站的收入与广大基层的员工未必有多少利益关联，甚至毫无利益关系。但有了之后，作为规则的制定者和管理者在各自预留一部分token后，剩余部分则对基层员工和网站的支持者进行分发。分发数量的多少主要看劳动的质量和传播效果。有了通证，广告商要在网站上面做广告，就需要去购买通证来进行广告的投放；客户想购买网站上的内容商品或服务也可以通过购买通证通证来进行……这样，那些基层员工和网站支持者都可以参与分享。

按照上述逻辑与步骤，一个小型的通证经济体系就建立起来了。至此就能看到，通证改变了生产关系，生产者既是用户，又是股东，还可能是客户。从个人层面来看，实现了自我价值，还能与公司一同分享公司的价值，更有成就感。从公司层面看，员工积极性被充分调动起来，让公司的发展更加持久。

（3）通证能够简化人类信任的拓扑关系。

该观点是这样论证的：如果在一个人群里有 N 个人，要建立完整的信誉关系，如果是用两两相识的方式，就需要建立 N×（N−1）/2 个链接。而为了进行大规模的协作，大家共同主动或去相信某一个虚拟的故事，如君权神授，皇帝就成为这样的一个个节点。有了这样的一个个节点，广大普通民众之间互不信任没有关系，只要每个人或绝大多数人信任皇帝这个节点，大家就可以在一起协作。

但是，中心化节点容易出现专制集权及腐败问题。因为中心化节点发现，通过制造交易障碍带来的收益，远远超过帮助其他人顺畅建立连接所带来的收益。有专制集权与腐败就会有反抗与斗争，结果难以推进社会的进步。

而区块链技术使民众彼此之间不需要信任某个第三方，就可以相信这件事真实可靠，而且区块链技术不会腐化变质，因为信息是不可篡改的。

这个信任可以通过通证来进行表达以加速流通和传输，这意味着通证可使人类在不需要信任某一个中心的情况下，彼此之间达成共识，来进行大规模的协作；也意味着人类的协作方式将发生重大的变化。这样的变化已经开始发生了，虽然范围还很小，但由此可以预言，区块链可能会导致公司的协作形式解体。

token 还是那个 token，但从"代币"变换成"通证"后，便形成了以上的内容和观点。对于 token 的用处及其是否真能改变社会生产关系和构建新的协作方式，则需要通过更多的研究和实践来检验。

不过，token 具有激励作用是很明显的，当然也就有了构建惩罚机制的可能。激励与惩罚是 token 最显而易见的功能，这是加密数字货币兴起和发展的缘由，也是公有链最自然的选择。下面就分析和阐述其中的机制，尝试理解通过 token 实现直接融资的一般原理。

二、经济激励相容与惩罚机制的重要性

在市场经济中，每个理性经济人都会有自利的一面，其个人行为会按自利的规则做出行为、行动。如果能有一种制度使行为人追求个人利益的行为，正好与企业实现集体价值最大化的目标相吻合，这一制度就是激励相容。

企业实践表明，只有贯彻激励相容原则，才能有效地解决个人利益与企业利益之间的矛盾冲突，使个体行为符合企业价值最大化的目标。对于"去组织化"的分布式协同作业亦是如此。"无利不起早"，经济学的自愿原则以及经济个体对帕累托改进的动机，在加密经济的算法机制中依然成立。

尽管有些技术极客或创始人将其技术研究和成果无偿开源，如 Linus Torvalds 发起的 Linux 开源软件项目，Nakamoto 提出比特币的概念并设计、发布相应的开源软件，并非完全基于经济利益的动机，而是怀着社会理想或者大爱精神，但这种精神需求的满足何尝不是一种激励相容，毕竟不是只有货币及实物财富才能激励进取。

区块链是一种数字账本，是由一个个区块按时序组成的一串链条。分布式协同作业是指在区块链系统中，众多互不相识的参与者一起对区块的账本信息进行验证、确认并达成共识，形成统一的交易账本。新的区块在经过系统共识验证后被添加到区块链上。

由于任何输入端的细微变化都会对哈希函数的输出结果产生较大影响，再加上哈希指针的设计，区块链被认定为难以篡改。

对区块链的攻击一般发生在对新增区块进行验证和共识的过程中。最典型的方式是攻击者从某个区块开始构造一条秘密的区块链，当秘密构造的区块链比当前公开的区块链更长时，将其公开，其他节点将会视其为"正确"的链条，在该链条上继续工作并延长它，使被攻击区块包含的交易被撤销，制造"双花"攻击，从而破坏系统参与者原来达成的共识。

如何在"无组织"的群体中形成共识就是经典的"拜占庭将军问题"。在一个一致意见具有绝对必要性的系统里，如何在缺乏信任机制的情况下，通过一个可信的方法将一个一致意见同步给所有人？或者说，诚实者如何战胜破坏者，形成一个多数一致的、可信的意见？

传统上，解决"拜占庭将军问题"的算法是 BFT（byzantine fault tolerant）算法，其中最著名的是 PBFT，该算法是基于消息传递的一致性算法，在弱同步网络下，算法经过 3 个阶段可以达成一致性。在无法达成一致时，这些阶段会重复进行，直到超时。

PBFT 算法的优点是收敛速度快、节省资源，具有理论上的安全界（理论上允许不超过 1/3 的恶意节点存在，即总节点数为 3k + 1，其中正常节点超过 2k + 1 个时，算法可以正常工作）。其缺点是随着参与共识节点的增加，通信开销会急剧上升，达成共识的速度则快速下降，难以支撑上万节点规模的分布式系统。PBFT 假设系统的所有节点是已知的，且节点参与共识首先要获得投票权，因此需要为节点的加入和退出过程设计额外的机制，这不仅增加了协议复杂度和实现难度，还不允许节点自由加入和退出，不符合加密经济的开放性要求。

通过引入经济激励和惩罚共识机制的区块链技术，能更好地解决"拜占庭将军问题"。下面通过简单的博弈例子来阐述其中的逻辑。

对于参与共识验证的参与者，存在两种策略："协作"与"攻击"。选择"协作"即成为诚实者，选择"攻击"即成为攻击者。参与者权衡利弊后选择博弈策略。当参与者发现攻击的收益高于协作时，参与者选择攻击，否则选择协作。假定攻击没有成本，那么，如果大家都是攻击者，相当于"一拍而散"，双方收益均为负；如果有一方攻击，一方协作，则攻击者获利，协作者受损；如果大家都是协作者，则共赢，收益均为正。假定相应的收益矩阵如表 7 - 1 所示，对其求解，可以得到纳什均衡解：（协作，协作）和（攻击，攻击）。换言之，参与者可能协作，也可能攻击，因此系统存在安全隐患。

若在此基础上引入激励和惩罚，结果则会发生改变。

表 7 - 1　无激励相容与惩罚的纳什均衡解

策略	协作	攻击
协作	（18，18）	（-8, 16）
攻击	（16，-8）	（-9，-9）

系统给予协作者正向激励，如在表 7 - 1 数据的基础上，给予协作者 15 个单位的正向收益，那么其收益矩阵变为表 7 - 2。此时求解得到的纳什

均衡为（协作，协作），即参与者的最优策略均是协作，而不是选择攻击，从而消除了系统的攻击行为。

表7-2　引入激励机制后的纳什均衡解

策略	协作	攻击
协作	（33 , 33）	（33, 16）
攻击	（16, 33）	（-9 , -9）

惩罚机制则是系统给予供给者负向的惩罚，即攻击须付出一定的成本，如在表7-1的基础上，对攻击者施予20个单位的惩罚，那么表7-1的收益矩阵变为表7-3，得到的纳什均衡解为（协作，协作）。

可见，同激励机制一样，惩罚机制也消除了系统的攻击行为。毋庸置疑，若同时施加恰当的激励和惩罚机制，系统的安全性更能得到保障。

表7-3　引入惩罚机制后的纳什均衡解

策略	协作	攻击
协作	（18 , 18）	（18, -2）
攻击	（-2, 18）	（-29 , -29）

而这种激励与惩罚机制，也可以结合区块链系统中设定的 token 来进行，这也能够鼓励更多的用户参与并应用区块链系统。

显然，token 的形成有其内在的社会经济发展逻辑，其本意并非创造一种用来互相欺骗的工具。把各种权益证明，如门票、积分、合同、证书、点卡、证券、权限、资质等全部通证化（tokenization），进入区块链流转，进入市场交易，让市场凸显其价值，这种设想并非"天方夜谭"，只不过在"两两可信互信"的社会状态中才能实现。而要避免使之成为一种欺诈手段，需要具备可互相制约的社会条件。

三、利用区块链直接定向投融资合理合法的前提条件

尽管"链改"有不同的定义与主张，但通过上述的介绍阐述可以得出这样的结论：政府机构、社会组织及国有企业通过进行符合本书定义的"链改"后也可以发行自己的 token，以供拥有资金者投资；由于进行"链改"后的企业信息通过区块链的公认机制、不可篡改等本质要求而不得不

真实有效，"链改"中智能合约通过计算机信息系统的强制执行，也使得资金使用者不得不严格履约；这就为那些踏实整合资源以创造财富的经济组织提供了低成本、高效率获得资金的机会，也使那些试图蒙混、偷奸耍滑者因提供的信息得不到公认而难以获得资本。这些都需要相应的法律规范来保障。

因此，"链改"并非只可进行"无币无 token"的改造，必须将 token 应用于"资源 + 有效劳动 = 财富"中，才能真正推进社会经济的发展，才能为政府所接受。也就是说，"链改"要实现社会财富的增量，而不是使法定货币通过一些所谓的加密数字货币或 token 工具从众多人手中转移到小部分人手中的零和或负和博弈。

在政府机构、社会组织及国有企业直接融资发展方面，"链改"也能起到甄别实虚、精准定向的作用。这种基于区块链技术基础的直接融资将会使资金使用与管理拥有高效率和低成本，并大幅度消除乃至杜绝那些通过弄虚作假、恶意包装方式骗取资金的现象。

"链改"后的社会经济组织实现的直接定向融资，不再需要中心化的评估审计等中介机构介入，也不再需要中心化的交易平台。

总之，建立在"链改"基础上的直接融资，才能使资金真正有效地被用到资源的挖掘利用及财富的创造上，而不会用于非法投机与挥霍浪费上；才能实现诚信融资、诚信用资、努力创造财富的目标。

第四节　可信经济组织利用区块链
直接定向融资的案例分析

一、世界银行通过区块链技术成功发行债券进行定向直接融资

2018 年 8 月 10 日，世界银行宣布，已授权澳洲联邦银行发行世界上首个区块链债券。该债券由 CBA 负责筹划，被命名为 Bond－I，全称是区块链发行新债券工具（Blockchain Offered New Debt Instrument），目标是筹资 1 亿澳元（约合人民币 5 亿元）。当月 25 日，世界银行宣布，该证券已经筹集了 1.1 亿澳元（约合 8100 万美元），超过了 1 亿澳元的计划目标；

该债券的投资者包括 CommBank、QBE Insurance、First State Super、NSW Treasury Corporation、SAFA、维多利亚财政部和北方信托。此次发行的区块链债券息票可以在 2019 年或 2020 年的 2 月 28 日和 8 月 28 日兑付。这种债券的 2 年回报率为 2.2%，每半年的再报价回报率为 2.251%。

澳洲联邦银行指出，该债券是世界上第一个采用区块链技术来建立、配置、移转与管理的债券。债券推出后，将在世界银行与澳洲联邦银行共同经营的区块链平台上进行发行与销售，并提供实时的债券交易管理。

世界银行宣称，区块链技术在透明性、信息时效性、运营风险控制等方面较传统发行方式有很大优势。中国银行协会已经建立了一个用于购买转移债券所有权的自动化流程，满足了协调不同 IT 系统账本的需要，通过同步的分布式账本实时显示所有权信息，为发行人和投资者提高了效率，也减少了不必要的中介。世界银行债券与资本市场运营部门负责人保罗·斯奈斯（Paul Snaith）说，过去债券销售结算需"T＋2（天）"，未来可能会变成"T＋2（分钟）"，即借助区块链技术，能够使交易支付的速度更快，交易系统也能够管理债券转售，增加其流动性。

在全世界具有广泛而深远影响的世界银行，应用区块链技术直接融资，是区块链技术迈向主流的又一力证。美国的一些州政府也已公开表明要利用区块链技术直接融资。

另外，泰国债券市场协会也透露将在自己的注册服务平台上部署一个区块链方案。这个新平台将允许泰国债券市场协会提供更快速的债券认证和发行流程，从而提高二级市场的流动性。

这些案例说明，可信经济组织是可以通过区块链技术实现低成本、高效率的直接融资的。

二、以区块链技术构建联盟链实现农村、中小微企业与银行之间直接定向融资的案例

利用区块链技术对经济组织的业务模式进行改造后，农民个人、中小微企业与银行之间也能实现在"两两可信互信"的状态下定向直接融资。赣州银行率先进行了这方面的尝试，并取得了不错的成效。

农民个人、中小微企业对于金融机构来讲信息不透明、每笔贷款成本高，因此一直以来多处于银行放贷市场的大门之外。票据作为中小微企业

经济活动的重要组成部分，因其金额小、期限短、承兑银行规模较小，在正常的票据市场中不具备流动性，使得中小微企业很难通过票据获得融资。融资难、融资贵，严重阻碍了农民个人与广大中小微企业的发展。

随着区块链技术的兴起，赣州银行敏锐地抓住了区块链的本质，迅速把握机会，于2017年3月15日联合中金甲子（北京）深圳区块链金融服务有限公司等企业，打造了一条被称为"票链"的联盟链，并建立了票链全国监控运营管理中心。该联盟链一方面直接面对农民个人及中小微企业，另一方面则面向全国诸多农商行等中小金融机构，形成联盟链的各个节点，来共同拓展票据承兑贴现业务。

由于票链产品构建在区块链底层技术之上，所有交易信息不可篡改、可追溯，诚信度、透明度高；交易双方无须借助第三方信用中介便可开展经济活动，有效解决了传统金融系统存在的总分重复记账、安全攻击和信任关系等一系列问题，大大降低了金融行业的运行成本，提高了整个金融系统的运作效率。因此，小额票据承兑贴现业务也因边际收益大于边际成本而得以进行。

据报道，票链上线一年，票链注册用户超过5万家，为数百家中小微企业累计办理票链业务逾3000笔，交易金额超过6亿元，融资平均利率远低于中小微企业其他融资方式的利率水平。从融资金额分布来看，金额30万元以内的业务约占比80%，其中最小金额不足1万元；从期限上看，最短融资期限不足10天。票链服务范围已覆盖江西、贵州、河北、福建、四川等多个省份，切实解决了当地中小微企业的票据融资难题。无论是业务数据还是服务对象，票链产品都真正实现了服务实体经济的产品设计初衷。

2017年5月，在首届中国金融品牌高峰论坛上，赣州银行的票链业务荣获"2016中国卓越金融品牌创新案例"奖。2018年1月，江西省政府办公厅对全省23项培育经济发展新动能的典型经验做法给予通报表扬，赣州银行票链业务也在其中。

综上所述，无论从理论分析还是目前实践的成果来看，利用区块链技术在构建诚信体制的基础上实现低成本、高效率的直接融资，可靠性、可行性都是完备的。基于联盟链的架设，将相关社会经济组织乃至个人有效地纳入诚信机制，一方面能够使其较快地体会到区块链技术的硬约束、不得不诚信而带来的好处；另一方面可以以此为起点打造诚信社会，联盟链的不断建设与扩展就是一条由点及面通向诚信社会的道路。

第五节 区块链与供应链结合的联盟链 将展现产生颠覆性力量

一、"双链"：区块链与产业供应链的紧密结合

区块链与产业供应链的结合，被称为"双链"。"双链"是以联盟链的方式构建的，其紧密而有机的结合可持续不断地创造价值；实施"双链"战略是"链改"的一个重要内容。

区块链技术的本质是使"上链"经济单位组织能够实现不再需要第三方增信的"两两可信互信"状态，大大地降低交易成本、提升投融资效率，实现增量经济效益。

产业供应链金融是为一个产业供应链的上下游多个企业提供全面的金融服务，以促进产业供应链上下游配套企业"产—供—销"链条的顺畅流转，并通过金融资本与实业经济协作，构筑银行等投资机构、产业实体企业和商品供应销售链互利共存、良性互动、持续发展的产业生态。金融企业等有资本的投资机构，以及某些有能力提供相关服务的企业均可成为服务提供者；服务与参与的对象包括供应商、制造商、销售商、金融机构等；其服务的范围为产业商品与服务的生产制造与流通的全过程，如图7-2所示。

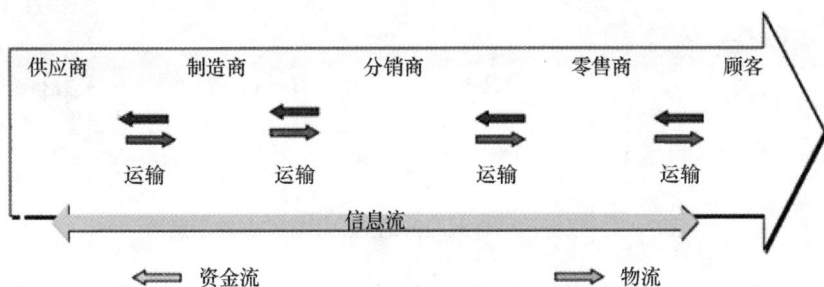

图7-2 产业供应链一般流程图示

　　实施基于区块链与产业供应链金融的紧密而有机结合的战略，能够使生产企业（卖方）、贸易企业（中间方）、使用者（买方）、金融机构（贷款方）组成区块链联盟链体系，能够使各方高效、安全、客观、真实地根据需要获取交易的订单、物流、库存、收入、利润等业务及财务数据。银行等金融机构及各类企业则可以依托安全可信的数据和信息进行融资贷款、审批发放与资金回收等业务，供应链中各参与单位也可以根据确定可信的资信状况进行交易与投融资业务活动，如图7-3所示。

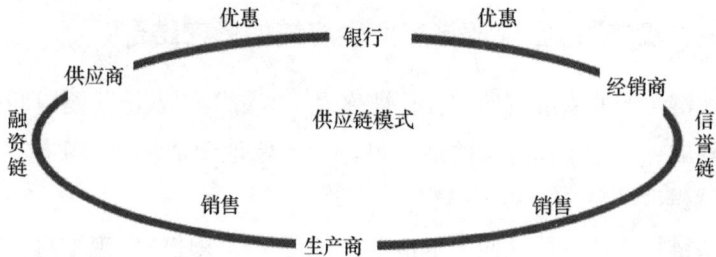

图7-3　区块链与供应链金融平台：信誉链与融资链

　　供应链金融是银行等金融机构的介入参与造就的。银行等金融机构需要通过参与产业各环节的发展来实现自身的经济效益。区块链技术的应用也需要与供应链金融密切结合才能充分发挥区块链技术的使用价值。同样地，供应链金融也需要与区块链技术紧密结合才能大幅度降低风险、降低成本并高效益地实现它的价值，如图7-4所示。

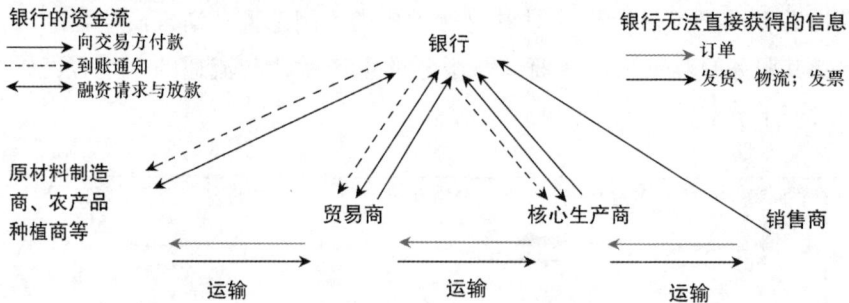

图7-4　银行提供金融服务的产业供应链金融示意图

　　在没有利用区块链技术之前，产业发展中的信息流、商流、物流和资金流是分开的：信息流存在于各自孤立的系统内，商流存在于不同的合同中，资金流存在于银行等金融机构的体系中。也就是说，包括银行在内的供应链各个参与主体各环节的信息保存分散，各主体自身内部和各个主体之间信息不够透明、信息传递速度较慢、易被人为修改，各个主体彼此之间缺乏信任；交易中，一旦出现纠纷或质量问题，查找问题原因时效率较低、时间较长，追溯易被中断，举证追责困难，难以监管溯源。同时，许多核心数据涉及商业机密，供应链体系中的各单位担心数据对外泄露，在数据透明和隐私保护两者之间难以平衡。

这种缺乏区块链技术的供应链金融发展受到诸多限制，融资难、成本高且效率低下，如图7-5所示。

传统供应链金融业务中，银行或贷款方对于供应链相关信息和资产，只能依据第三方提供的单据或证明文件来参考，其信息的完整性、真实性存在不确定性，伪造文件和信息骗贷的风险较大

以核心企业主导的供应链金融，由于缺少资产数字化的技术实现方式，企业融次方式单一，成本高。其他模式的供应链金融也均面临类似问题

图7-5 缺乏区块链技术的供应链痛点

二、"双链"能够为参与方创造机会

1. "双链"联盟中的参与方及盟主

"双链"应用模式，将整个产业链建成一个联盟网络，把产业上下游的相关企业、银行等金融机构都纳入进来，形成一个信息、资金、商务与物流的区块链应用联盟。"上链"参与者诚信经营，并能够高效率、低成本地获取资金。

产业链中的相关企业以及银行等金融机构组成了区块链联盟网络中众多的节点，节点与节点之间可以自由连接，进行数据、资产、信息等的交易与交换，无须通过第三方中心机构，也无须第三方高成本增信；同时，在加密技术保护下，交易各方不愿意公开的信息被加密处理，并可以定向向需要公开信息的对方进行授权；信息一旦经过验证并添加至区块链，就会被永久地存储起来，确保供应链上的所有行为都可以追溯、不可篡改；区块链系统按照既定规则自我管理，通过共识机制、智能合约来运行，从而构成一个不断成长扩展的诚信商圈，显著提高供应链系统的运行效率与经济效益。

在这个联盟网络体系中，参与者主要有以下角色：从原料供应、生产制作、批发经销一直到消费者所形成的产业链的所有产业上下游的经营者；提供资本资金的金融投资机构；区块链技术与应用开发技术提供机构。

区块链与产业供应链金融紧密结合的应用模式，需要由产业中有领导力量的经济组织来发起实施、开发建设、经营扩展。尽管"双链"联盟网络中并无中心化的服务器存在，但参与节点依然是基于利益加入运作的。

在此联盟网络体系中，发起实施并进行开发建设、经营扩展的经济组织称作盟主。

图7-6是一个影视行业诚信商圈"双链"平台示意图，"政府主管"是此"双链"平台的构建盟主，其他则为参与节点。

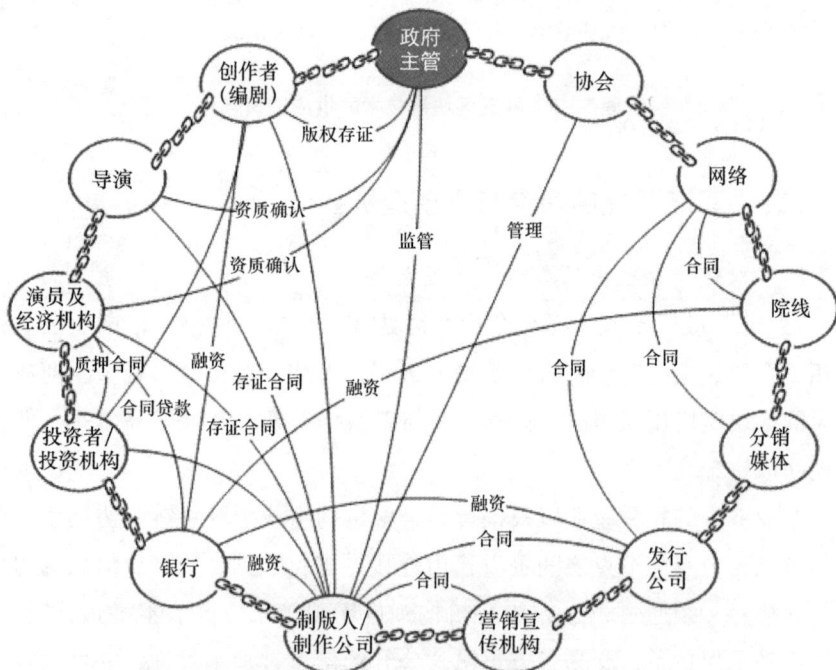

图7-6　以影视行业为例说明"双链"中的盟主及参与节点的含义

2. 对盟主而言，"双链"平台是一个整合产业大平台的商机

其一，实施"双链"战略，对原来的业务并不会有任何影响。

盟主实施"双链"战略，对于原来链下已经开展的业务不会有任何影响，原有的业务照样开展；作为过渡阶段，可同步将链下的业务通过存证记录的方式移到链上进行，如合同、发票、结算凭证等；若链下交易的对象也成为节点"上链"，则可将链下交易的业务移到链上同步操作。待到链内节点增加到一定程度，很多原来链下的业务就可在链上进行。在初期，为稳妥起见，相关业务可在链下与链上同步操作，直至完全熟悉并熟练进行链上操作。

其二，巩固原有业务并可清楚鉴别诚信合作者。

鉴于"双链"战略的实施并不会影响原有业务的正常开展，而敢于积极参与链上业务的产业合作伙伴往往是诚信的坚守者，因此可以加重这类合作者的业务量，从而在巩固原有业务的基础上发展诚信合作伙伴；也可以通过构建"双链"业务平台来鉴别真正的诚信合作伙伴。

其三，盟主可以通过"双链"平台分享赚取不断发展生态系统所创造的链上收益，并通过智能合约的方式确保实现。

作为盟主构建"双链"平台，不仅可以确保实现原先正常进行的业务，也可以分享做强、做大产业后的巨额收益，还能分享赚取不断发展生态系统所创造的链上收益。

构建"双链"平台，意味着让参与进来的节点共享盟主原先掌握的金融机构、产业上下游经济组织等各种资源，因此可以向加入进来的节点收取类似会费的费用。当"双链"平台发展到一定规模后，更容易实现这种收入模式。

若参与平台的节点通过分享盟主所构建平台的资源而做成业务与融资，则盟主可以通过智能合约的方式从中提取一定比例的佣金。佣金额度的多少取决于链内各节点业务与融资规模的大小，当然也取决于此平台运营的情况。这种模式是有良好的积累性的，倘若盟主认真经营，佣金会随着节点数量的不断增加及交易业务额度的增长不断增加。

经营良好的"双链"平台，随着商业生态的形成，盟主与诸多节点在链上链下的交流互动中也能形成更多的、在诚信基础上的商业服务及赢利模式。

其四，加强与金融机构的联系，吸引更多资本进入产业发展。

银行金融投资机构更偏重与坚守诚信的企业发生业务往来，因此，"双链"诚信平台可加强与金融机构的联系，吸引更多资本进入产业发展。银行等金融投资机构也可以通过"双链"诚信商业平台获得可信企业发展的真实状况，放心地参与产业运转进程，并从中客观、准确地判断可以做强、做大的企业，分享其发展的增长红利，同时为银行等金融投资机构带来结算资金流。

其五，在聚合原有资源及业务的基础上，通过构建诚信平台，低成本、高效益扩展，带动整个产业向更大、更强发展。

如果是政府主管部门、行业协会或产业龙头企业作为盟主来构建诚信商圈平台，那么完全可以在聚合原有资源及业务的基础上，通过构建诚信平台低成本、高效益地扩展，带动整个产业向更大、更强发展。信用与资本是促进行业发展或更新升级的最强劲的推进力量，构建能确保信用与吸引资本的平台，自然能够促进产业蓬勃发展。

其六，"双链"战略是区块链与供应链金融紧密合作构建并可发展为巨大的新业务生态平台的机会。

"双链"战略是区块链技术应用最好的合作场景，也是最适合商业落地、最有"钱途"与前途的运作模式。因此，对于政府主管部门、行业协会或产业龙头企业而言，实施"双链"战略是构建区块链与供应链金融紧密合作的新业务生态平台的机会。这种机会可以通过从垂直产业或行业介入获得，既能充分整合产业现有资源，又能不断地外延扩展，还可以通过跨链的方式实现不同行业链的整合，成就诚信大商圈、诚信大社会，取得社会与经济效益的丰硕成果。

其七，盟主是"双链"平台中权力相对最大的节点，包括盟主在内的各参与节点的隐私可以通过加密算法进行保护。

"双链"平台的盟主拥有整个平台相对最大的管理权力，这是区块链之联盟链的特点。区块链之公有链则不存在盟主，参与的各节点权限是对等的，但它需要发行数字货币来吸引大家成为节点，方能使公有链运行起来。这不仅违反中国的法律，也不符合社会经济发展的现实规律，因此难以真正实现商业应用。

而"双链"平台是可以通过盟主身份进行身份授权管理的联盟链，可以通过权力及业务驱动的力量来增加参与节点，不仅确保了联盟链的安全，也与现实社会中的商业模式相吻合，因此能够落地应用，并促进经济的发展。

"双链"平台的盟主虽然有对申请参与的节点进行 KYC 审查的权力，但鉴于区块链的技术特点，在没有得到对方授权的情况下，对于链内节点的业务及财务状况是无法查看其具体信息的，更不可能去删改节点所拥有的数据信息，自身也必须以诚信参与链内业务。同时，作为盟主自身需要保密保护的信息数据也可以通过加密算法进行保护。这和目前互联网平台所有注册用户的信息连同密码都能为平台提供者所掌握的情形是有本质区别的。显然，"双链"平台远比具有中心服务器的互联网平台更能保护全部参与者的对等信息数据。

综上所述，对于业务规模较大且具有领导性的经济组织，构建并运营"双链"平台将是投入产出回报比价较高的一个商业机会。

3. 对企业节点的而言：分享盟主搭建的"双链"平台的业务与融资机会

其一，诚信经营的节点单位可以分享盟主提供的聚合业务以及可与银行等金融机构密切合作的机会。

其二，可以获得盟主构建的"双链"平台上提供的更多业务合作机会。

其三，可以完全放心地与链内节点开展业务而不用担心上当受骗。

其四，对于自己的商业机密可通过加密算法进行严格保护。

其五，通过智能合约确保履约及收入的实现。

因此，即便要缴纳一定的费用才能加入"双链"平台，企业获得的收益也将远远超过支出，尤其是当"双链"诚信平台是由政府主管部门、行业协会或产业龙头企业为盟主构建时。

4. 对银行等金融机构节点而言：分享盟主搭建的"双链"平台的引流与揽储

其一，能够获得产业发展进程中具有真实发展前景的项目。

其二，可以争取到链内各节点资金的存储与结算。

其三，对于自己的商业机密可通过加密算法进行严格保护。

其四，通过智能合约的方式可以安全如期回收所融出投放的资金，并可以清楚确定地判断链内企业的业务拓展实力。

5. 对区块链技术机构节点而言：可获得应用开发商业落地及发展机会

其一，将区块链技术与产业发展紧密结合，分享产业发展的红利。

其二，能够通过智能合约确保履约及收入的实现。

其三，使区块链技术能够真正落地于商业应用，并推动区块链技术企业发展。

其四，在北京的区块链技术企业，可以充分利用国家部委、国家级的协会以及企业总部在北京的优势，低成本推广区块链技术，相对而言更容易实现多产业部署，实施"双链"战略。

三、区块链平台要由众多节点共同协作，而非单独一个经济组织就能使用

区块链分为非许可链（公有链）和许可链（联盟链和私有链）两大类，这两类都是要由诸多经济组织单位节点共同参与构成才能运行的平台体系。参与运行的节点越多，越可以确保链内数据信息的真实可靠。非许可链（公有链），因为对参与节点没有链下 KYC 审核，参与节点需要达到一定的数量规模，以防范51%攻击。许可链之联盟链和私有链，至少要有七八个参与的经济组织节点才能构建一个小规模的商业生态，否则就失去了部署区块链的意义。单独一个单位或一个节点是无法使用区块链的。

部署区块链是有较高的技术要求的，从架构到代码开发再到维护，需配备一定数量掌握计算机网络及加密学等多种知识、技术熟练的人才，这是传统产业所欠缺的。即便通过招募组建团队来进行区块链的开发，也需要投入不菲的资金、较长的时间，还要承担管理不成功的风险。

而只掌握了开发及部署区块链技术的团队，对于具体的产业应用是相对陌生的，也难以发动产业上下游的各类经济组织参与成为节点。因此，只有与具体的产业结合才能使区块链技术的价值得到充分发挥。

整合了区块链技术、成功开发了 BAAS（blockchain as a service）系统的区块链技术团队，能够快速地与产业结合进行区块链部署，在与具体产业进行了应用的衔接后就能基于 BAAS 系统进行应用软件开发或与原产业已经开发有的应用系统进行对接，就能相对低成本、高效率地部署区块链并运营区块链平台，实现政治、经济与社会效益。

为了使部署好的区块链平台能够更快地投入运营，结合中国的政治与经济实情，由政府产业主管部门，或在民政部注册的具有广泛影响力和众多会员单位的协会，或产业内龙头企业担任"双链"区块链平台体系的盟主，配合拥有成熟的 BAAS 系统的区块链技术公司，是最佳的组合方式。这两个单位可以作为发起人，邀请产业上下游有实力的经济组织和银行等投资机构，共同开发、部署、经营区块链诚信商业平台并分享这种商业模式带来的政治、经济与社会效益。

四、如何具体实施及参与"双链"战略

针对"双链"战略中角色、地位不同的具体参与者，本书提出以下实施及参与"双链"战略的具体方法。

1. 作为盟主构建"双链"产业平台

如果是政府主管部门、行业协会、产业龙头企业作为盟主实施"双链"战略，那么只要找到对"双链"有技术储备及资源整合能力的区块链技术企业合作，或组建技术开发团队就可以实施了。前期需要一定的资金投入，以帮助区块链技术企业将"双链"平台建设起来并持续维护经营；同时把原来已经有业务合作的单位以及金融合作的单位发展为链内节点，即可开展"双链"平台业务。

政府主管部门、行业协会、产业龙头企业可以先对产业目前的发展现状及未来发展态势进行量化的分析判断，然后结合自有资金以及链下可融的资本，着手构建"双链"平台。

开发与经营"双链"平台是非常重要的。当规模达到一定程度且有能力提供一个具有充分流动性的平台时，市场的其他部分会自动加入平台并开展交易。在创建通用方法和推动平台落地方面，同行协作对于技术初创型公司更具优势。有能力为区块链"双链"平台争取到更大体量的"先行者"的节点组织，最终将迫使整个市场采用该平台，这么大体量的实体在平台上运作，市场的其余部分也将别无选择地进入这个平台。

2. 掌握开发技术的区块链技术企业要积极发展盟主

掌握开发技术的区块链技术企业要积极寻找行业的政府主管部门、有广大会员的协会或产业龙头企业，为其讲解区块链技术与供应链技术紧密结合所能带来的社会和经济效益，分析其作为盟主的优势以及区块链技术

企业难以成为盟主的原因。

3. 节点组织选择"双链"产业平台积极参与其中

在获得产业"双链"平台"上链"信息后，准备好储存信息的本地服务器或云服务器；通过网络向"双链"盟主申请成为节点，参与培训学习，将业务及财务"上链"运行。

4. 有资本寻找可信机会的投资者与金融机构积极参与其中

受"双链"平台盟主邀请的投资者，直接参与成为节点。也可以主动选择"双链"平台，通过网络运行。

第六节 "双链"模式的成功案例分析：世界航运巨头马士基集团的 TradeLens

一、TradeLens 平台的建立

在复杂的跨国供应链的点到点管理中，需要无懈可击的文档、证据资料。延迟的集装箱、混乱的港口、麻烦的清关和分包商的混乱可能意味着滞纳金、额外的承运人付款和客户不满、货物丢失后寻查及追责，导致耗时、耗力、耗钱更多。

有鉴于此，2018 年 1 月，世界航运巨头马士基集团和 IBM 宣布组建一家合资公司，通过区块链技术为开展全球贸易提供更为高效、安全的方式；希望在进行数字化全球贸易文件处理的过程中使用区块链技术，在多个贸易伙伴之间建立信任，航运公司、货运代理商、海关、港口运营商等区块链生态系统成员可以在不牺牲细节、隐私或机密性的情况下，通过单一的交易共享视图，实时访问运输数据和运输单证文件，从而进行更有效、更可靠的协作。

平台主要使用了区块链联盟超级账本的 Hyperledger Fabric 区块链技术，而且能和其他 IBM 项目和超级账本项目交互。其最初的目标是拥有至少 28 个参与者，包括航运公司、港口运营商、内陆运输承运人和海关以及货运代理商。

2018 年 8 月 10 日，IBM 和马士基集团宣布将该合作开发的全球贸易

区块链平台从马士基集团中拆分出来，并起了一个新名字：TradeLens，调整了原来采用的"合资企业"方式，并将 TradeLens 描述为双方的一个"联合协作"项目。成员也从最初预计的 28 个发展到了 94 家各类性质的机构。其中，有太平船务有限公司（Pacific International Lines），还有包括 Agility、CEVA Logistics、DAMCO、Kotahi、PLH Trucking Company、Ancotrans 和 WorldWide Alliance 在内的货运代理商。

为了打造一个更加开放的供应链生态系统，TradeLens 还积极开发开放式应用程序接口，并且与 CEFACT 等运输标准组织和 Open Shipping Account 等行业组织建立了合作关系。

TradeLens 平台至 2018 年 12 月脱离了试点阶段，进入被称作"全面可用"的阶段。IBM 和马士基集团表示，该平台已经收集了超过 1.6 亿次航运事件。这些公司表示，"这些数据正在以每天接近 100 万个事件的速度增长"。

二、TradeLens 平台的特点

目前，TradeLens 平台在众多节点组织的广泛应用下已经显现出具有隐私保护功能的优点，不同运营商的敏感信息保存在不同节点上，运营商 A 绝对不会看到运营商 B 或运营商 C 的信息。

而平台节点用户可以实时访问船舶数据和船舶文件，包括物联网和传感器数据，从温度控制到集装箱重量，使托运人、航运公司、货运代理商、港口运营商、内陆运输承运人和海关能够更有效地进行数据交互。

平台提供了至少 18 个文档，其中 3 个文件——装箱单、海运提单和商业发票已经是结构化的。这些文件的结构基于市场设定的标准。到目前为止，其他 15 个都是非结构化的。一旦这些标准得到确立和批准，平台也会把它们结构化。这一点很重要，因为公司可能已经花费了大量的精力来创建电子发票格式，这种格式可以很好地满足几个顶级客户的数据管理需求。

未来，TradeLens 将会被打造成一个"无所不包"的平台，如利用射频识别（RFID）技术追踪器来指示实物，然后实时进行付款或签署文件等操作。

三、TradeLens 平台的发展现状

TradeLens 基于 IBM 区块链和超级账本构建贸易融资区块链平台，银行等金融机构显然会是平台的节点组织，通过平台区块信息来低成本、高效率地融资放款。据透露，汇丰银行已经多次与 TradeLens 进行接洽。马士基集团全球贸易数字化部门主管迈克尔·怀特（Michale White）声称："我们发现，包括金融组织和保险公司在内的许多行业和机构都希望利用这个平台。"

区块链常见的编程智能合约也在 TradeLens 平台上得到了应用，已经可以在全球贸易的多个供应链合作伙伴之间实现数字协作。

基于此，IBM 和马士基集团都声称将出售对 TradeLens 平台的访问权限。作为访问权限销售方，IBM 和马士基集团将会与客户签署合同并收取所有费用，而不是与其他合作伙伴共享。这不仅可以为马士基集团的航运产业每年节省数亿美元的成本及风险支出，而且还能够获取来自 TradeLens 平台的收入。这完全得益于马士基集团丰富的业务资源优势，马士基集团可以使 TradeLens 平台在一年间吸引大量实体合作伙伴，包括数十家港口运营商、海关、物流公司，甚至还有不少马士基的主要竞争对手如太平船务有限公司成为平台节点经济组织用户。

四、马士基银行

Maersk Trade Finance 是马士基集团旗下专为客户提供金融服务的企业，业界俗称其为"马士基银行"，是马士基集团转型和服务延伸的一枚重要的棋子，也是 TradeLens 平台的重要节点组织。马士基银行通过 TradeLens 平台获利甚丰。

马士基银行 2018 年取得了年收入同比增长 33% 的佳绩。马士基银行全球主管萨达纳（Sardana）曾经说："虽然贸易融资一直是扩张的催化剂，但对于大多数中小企业而言，由于严格的抵押要求和信用背景调查，它们获得资金的机会受到限制。随着数字贸易融资发展成为一种必不可少的选择，初创企业和中小企业将不再像以前那样依赖银行。""目前我们的业务已在 7 个国家成功开展，这其中包括印度、新加坡、阿联酋、荷兰、西班牙和美国，今年我们的业务开始涉足南非市场。"显然，基于 TradeLens 平

台，马士基银行可以将业务拓展至全球众多国家，而且能够在可信数据支撑下获得风险非常低的确定性收益。

五、TradeLens 平台的扩张

TradeLens 平台的节点组织是可以不断增加的，这意味着马士基集团可以将包括港口运营商、海关、物流公司、集装箱公司在内的整个产业内经济组织以及银行等投资机构全部整合在同一个平台上，从而构建起一个巨大的诚信商圈，获得丰硕的经济收入。届时，通过 TradeLens 平台的运营，马士基集团必然会成为航运业的超级集团企业。

2018 年 8 月 10 日之后，世界航运业中又有一批大型或重要的经济组织加入了 TradeLens 平台：

2018 年 8 月 11 日，在瑞士注册的物流巨头 CEVA Logistics 宣布加入 IBM 和马士基集团合作成立的区块链平台 TradeLens。

2018 年 10 月 28 日，加拿大边境服务局（CBSA）同意试行 TradeLens 项目。

2018 年 11 月 27 日，蒙特利尔港宣布将加入 TradeLens，从即日起，港口将提供有关马士基集团船舶和集装箱运输的数据。这些数据将集成到平台上，以生成有价值的商业智能，并提高供应链中的货物可见性。

2019 年 1 月 2 日，沙特阿拉伯海关将其跨境贸易平台 FASAH 与 TradeLens 区块链平台连接起来。

2019 年 1 月 21 日，西班牙阿格西拉斯湾港务局（APBA）与 IBM 签署协议，将在运输平台 TradeLens 上进行合作。

2019 年 2 月 26 日，俄罗斯金融媒体《生意人报》（*Kommersant*）称，该国交通部将与马士基集团签署一份谅解备忘录，在俄罗斯第二大港口圣彼得堡港口进行 TradeLens 试点。

2019 年 4 月 17 日，以色列的以星综合航运有限公司（ZIM）宣布加入 TradeLens。

2019 年 7 月，全球第五大航运公司赫伯罗特（Hapag‐Lloyd）和总部位于新加坡的全球第六大航运公司海洋网联船务（Ocean Network Express/ONE）宣布加入 TradeLens。而之前，达飞海运和地中海航运也加入 TradeLens 平台。

2019 年 12 月，位于越南胡志明市的盖梅国际码头（CMIT）宣布加入 IBM 和马士基联手推出的区块链平台 TradeLens。北美集装箱码头运营商——全球集装箱码头公司（Global Container Terminals）和泰国海关也成为 TradeLens 的用户。

互联网平台的经济规律是当规模达到一定程度且有能力提供一个具有充分流动性的平台时，市场的其他部分将会自动加入平台并开展交易。在创建通用方法和推动平台落地方面，同行协作对技术初创型公司而言更具优势。有能力为自己的区块链平台争取到更大体量的"先行者"，最终将迫使整个市场采用自家技术。

如果能让这么大体量的实体在平台上进行运作，那么市场的其余部分也将别无选择地进入这个平台。从上述信息来看，马士基集团的 TradeLens 区块链平台正在验证这个结论的正确性。

第七节　对"币改""票改"的分析

ICO 可以说是利用区块链技术实现的一种缺乏信用机制保障的低成本、高效率的直接融资方式。由此，有些人提出了"币改"。在"币改"被证明必然是"死路一条"时，又有人提出了"票改"或"共票改"，这些都是在为借助或利用区块链技术直接融资造势。不过，因为严重缺乏诚信机制约束，"币改""票改"都无法走上促进社会经济发展的正道。

一、"币改"

2018 年 7 月 5 日，一家从事加密货币交易业务的公司发表公告称，要开启 FCoin 币改试验区，随后筹建了 FCoin 币改委员会，"币改"概念吸引了众多关注，据说有数十个项目申请参加"币改"试验区。

按照该公司公告的内容，FCoin 主板品牌升级，启动"主板 C"为"币改"试验区，声称要推动已有的成熟产品或企业，经过通证化改造，完成"币改"及上币交易。

随后，该数字货币交易所又发布了"币改"试验区的筹备公告，其中提到"币改"试验区的目标是打造新形态、具有蓝筹特征的超大型通证经济体，建立区块链新世界的价值投资信心。

"币改"试验区面向三类项目：

（1）大型互联网平台通证化转型；

（2）大型实体产业通证化转型；

（3）全球范围内的通证经济创新项目，特别是"一带一路"全球"数字经济＋通证"项目，以及通证经济全球基础设施重大创新项目。

通过这种方式，可以让传统企业、有成熟产品和应用的平台或企业通过"币改"走上通证经济之路，帮助还无法通过 IPO 上市的企业快速融资，促进现有的加密货币市场实体化，扫除虚假与"空气"项目。

通过"币改"实现的通证属性大体上分为三类：

第一类为债务属性，即承诺返本付息。该类虚拟代币的发行模式是通过吸收公众存款达到融资的目的。

第二类为债券属性，即虚拟代币是代表债权、债务关系的凭证，代币发行方同投资者之间形成资金借贷关系，投资人成为债权人，发行方承诺一定期限内返还相应本金及利息。债券属性"币改"同债务属性"币改"的不同之处在于前者有明确的回报期，而后者的还本付息时间取决于项目情况。

第三类为股权属性，即虚拟代币是代表投资人对企业的所有权的凭证，代币持有人凭借持有的代币获得相应的权益，并需要承担相应的责任与风险。

"币改"这三类属性的通证其实都存在着巨大风险。

其一，按照《中华人民共和国商业银行法》的相关规定，未经国务院银行业监督管理机构批准，任何单位和个人不得从事吸收公众存款的业务。因此，在中国境内，在未取得国务院银行业监督管理机构颁发的经营许可证的情况下，发行债务属性的通证涉嫌违反我国现有法律。

其二，按照《企业债券管理条例》相关规定，企业发行债券必须由中国人民银行省、自治区、直辖市、计划单列市的分行会同同级计划主管部门审批，且相应的企业债券发行应由证券经营机构承销，企业债券的转让亦须在经批准可以进行债券交易的场所进行。因此，在中国境内，债券属性的"币改"有悖我国法律的监管要求。

其三，公开发行股票的行为按照《首次公开发行股票并上市管理办法》的相关规定，须按照中国证监会的要求制作申请文件，由保荐人保荐并向中国证监会申报。在中国境内，未经中国证监会批准而擅自发行股票，按照《中华人民共和国刑法》第一百七十九条规定，可判处 5 年以下有期徒刑或拘役。

从我国监管环境来说，2017 年 9 月 4 日，在中国人民银行等七部委发布的《关于防范代币发行融资风险的公告》，明确任何组织和个人不得非法从事代币发行融资活动。因此，如果"币改"以发行代币进行募资为模式，则为我国明令禁止。以境外主体形式在境外从事相关活动，其仍要符合境外法律对于代币性质的限制规范。

因此，"币改"注定只是一个利用区块链概念吸引投机客炒作的噱头，在中国不可能有发展的空间。

二、"票改"

2018 年 8 月 4 日，在清华 X－LAB 主办的"区块链 3.0 赋能实体经济"培训研讨会上，一些区块链研究机构发出了"票改"的呼声。

依照这些机构的观点，"票改"就是用物链票来替代通证；物链票依赖的据说是区块链 3.0 的底层公有链技术，是将实物资产映射到虚拟世界中代表价值的票证；物链票服务于实体企业的资产"上链"，以票的形式缓解库存积压及融资难等实体企业面临的难题，以实现合规、合法的产权确认、计量和存储，并最终实现资产权益在"两个世界"间的可追溯、控制和交易。

简单说来，"票改"就是将实体资产进行票证化改造。"票改"以票的形式呈现，从而区别于将虚拟商品资产进行通证化改造的"币改"，力图使交易变得相对合规；认为票与物相对，也就避免了"币改"中"空气币"的现象。这种说法看似想避开"币改"必死无疑的宿命，但结果依然是"此路不通"。

一是目前区块链的公有链技术很不成熟，远远达不到实用及通过公有链保护各节点及参与者权益的程度，"票改"直接面临着技术难题。

二是"票改"是一种金融行为，主要应用于金融领域，目的在于提高社会整体的融资能力，类似于资产支持证券化（ABS）、资产支持票据（ABN）模式。因此，"票改"依然存在违法违规风险和实际操作上的障碍：如果涉及公开发行，"票改"所依赖的票据或通证发行可能会触犯禁令。

传统的 ABS、ABN 模式可以对底层资产进行公允的市场估值，并且金融属性非常明显，"票改"项下如何实现实体资产的价值评估有待解决，否则很可能会出现欺诈行为。

由于实物和链上资产的对应关系无法完全保证，难以确保"票改"项下的实体资产不会被挪用、消耗或损坏，毕竟"票改"项下的实体资产体量都很小，且通常具备可替代性，这种融资模式下难以对底层资产进行监督。

有人认为，"票改"与"币改"有本质的区别。"票改"是将实体资产进行票证化改造，"币改"是将虚拟商品资产进行通证化改造，因此相较于"币改"，"票改"和实物一一对应，很难演变为"空气"。实质上，尽管 token 不再被译为"代币"而被译为"通证"，但"币改"和"票改"并无本质的差别，实质都是让资产证券化、货币化以实现流通并带来炒作的机会，从而重新分配利益。不管是叫"币改"还是叫"票改"，其目标都在于此。"币改"与"票改"的着眼点或者吸引参与者的焦点都是"代币"或"通证"译法下的"币"而已。

"链改"未必需要"代币"或"通证"，即 token。"链改"和"代币"或"通证"并没有直接的关系。"链改"是用区块链技术对企业进行区块链技术应用；"链改"和"代币"或"通证"并没有必然的联系。

"链改"是用区块链技术对企业进行区块链技术应用改造，利用区块链的透明、不可篡改等特点，提高信任关系，降低信任成本。起初的"链改"可以是无 token 之"链改"，只有区块链改造应用到一定程度，"链改"后的经济组织的各种信息才能够真实客观地运行于区块链体系中，才能够为投资者提供对称信息以供其进行投资判断，才会升级为有 token 的"链改"，而且即便到这个程度，也未必全都有 token。

区块链是分布式数据存储、链式数据结构、点对点传输、共识机制、加密算法、智能合约等计算机技术的新型组合应用模式，其解决的核心问题是信任问题，被称为"信任的机器"。

在传统经济活动中，信任主要靠权威、契约等方式维持，但这种依赖于人或者组织的信任，不可避免地会产生失信的情况，从而使一方或多方遭受损失。区块链以对技术的信任替代对人和组织的信任，改善社会的信任关系，降低信任成本，从而提高合作效率。

另外，智能合约技术强化合约的执行，增加了对区块链信任的保障。"链改"解决的是信任的问题，把传统的对人和组织的信任转化为对区块链技术的信任，降低信任成本，提高协作效率；融资也是基于可以充分信任后的两两互信的自发行为，而绝非用区块链技术来"通证化""代币化"，否则根本推进不了社会经济的发展。

总之，"链改"与"币改""票改"具有本质的区别。

第八章 以行业案例分析公有链参与 "链改" 的适宜场景条件

第一节 区块链开创分布式存储数据产业新时代

区块链技术应该赋能于现有产业，消除传统和互联网方法都难以破解的痛点，为其强劲发展提供新支撑。

随着数字经济的发展，现有产业对存储的需求日益增加。传统的集中式存储方式对于促进数据信息存储发挥过巨大的作用，但在应用中出现了一些难以解决的重大问题。而这些重大问题只有用区块链技术才能解决。

一、集中式存储存在的问题及区块链分布式存储的好处

传统的存储方式被称为集中式存储。集中式存储，顾名思义，就是将所有的数据集中放在同一个地方，如大家存储在微信、淘宝、QQ 上的所有数据，都被保存在一个特定的服务器上，这是当下互联网服务的主流存储方式。

集中式存储是由一台或多台主计算机组成中心节点，数据集中存储于这个中心节点，并且整个系统的所有业务单元都集中部署在这个中心节点上，系统所有的任务均由这个中心节点集中处理。中心化的云存储也是一种集中式存储。

随着存储数据的增加，存储服务器越来越多，存储压力也越来越大，不仅增加了存储的成本，也使传统的存储方式在安全性和可靠性方面存在的风险显现出来。一旦一台大型机器出现故障，整个系统就会处于不可用的状态，后果非常严重。例如，腾讯云出现故障导致创业公司数据丢失、阿里云出现大规模故障使多家 App 网站瘫痪等，都是中心化存储面临的

问题。

随着存储技术的发展，存储设备的成本越来越低，但来自员工工资、法律成本、数据中心租金等中心化云服务的成本则逐渐增加，使中心化云服务的价格较高。

因此，替代中心化存储及云存储的技术逐渐形成。区块链分布式存储能够很好地解决传统中心化存储存在的问题。

其一，分布式存储也叫分布式哈希表（distributed hash table，DHT），通俗地讲就是在 DHT 中，某些被标记的信息按照某种约定或协议被储存在多个分散的节点上，这样可以有效地避免因中心化服务器出现宕机故障而导致整个网络瘫痪的风险。

与中心化服务器不同，DHT 网络中的各节点并不需要维护整个网络的信息，只需要在节点中存储临近的后继节点的信息，这样就大幅减少了带宽的占用和资源的消耗。DHT 网络还在与关键字最接近的节点上备份冗余信息，避免单一节点失效的问题。

其二，从技术层面来看，以往的电子文件是存在同一个硬盘上的，一个服务器上有 N 个硬盘，一个硬盘有 N 个完整的文件。这种存储方式很不安全，如果硬盘丢失或损坏，或者服务器遭到攻击，文件数据就很危险。

区块链分布式存储是把一个完整的文件切开，分成 N 片，即"切片"，然后把这 N 个"切片"加密存储到各个不同的硬盘上，每个硬盘只保存这个文件的一小部分。同时，有关"切片"文件的存储信息会被记录到区块链上，以防止信息被篡改。

用户从分布式网络中读取数据时，是从每个硬盘中读取一个"切片"数据，然后将所有的"切片"拼起来，得到一个完整的文件。区块链分布式存储在存储程序上看起来比传统的存储方式麻烦一些，但普通用户不会感知到这一过程，只需要上传和下载即可完成数据存储。

分布式存储是一种数据存储技术，通过网络使用每台机器上的磁盘空间，将分散的资源构成一个虚拟的存储设备，数据分散地存储在网络的各个角落。因此，分布式存储技术不是每台电脑都存放完整的数据，而是把数据切割后存放在不同的电脑里，就像把 100 个鸡蛋分开放在不同的地方，但加起来的总和是 100 个。

其三，无论是计算还是存储，区块链分布式存储最大的特点就是低成本。区块链"去中心化"存储成本只有中心化存储的 1/100 ~ 1/10，如果"去中心化"存储系统是完全自动化的，区块链分布式云存储价格最终会降到接近 0。因此，分布式"去中心化"云服务将规模化地取代中心化存储。

区块链分布式存储可以应用一些无服务器的系统。下一代互联网会以无服务器为起点，自然也能大幅度降低储存成本。

总之，区块链分布式存储是存储技术发展的一个主要方向。区块链分布式数据存储能提高系统的可靠性、可用性和存取效率，而且易于拓展，在计算机领域的应用非常广泛。

二、以 IPFS 项目为例，解读区块链分布式存储的优势

在区块链分布式存储领域，有一个著名的创新项目——星际文件系统（inter – planetary file system，IPFS）。

星际文件系统是一种网络传输协议，也是一种点对点的分布式文件系统，通过底层协议，可以让存储在 IPFS 上的文件在全世界任何一个地方被快速获取，且不受防火墙的影响，可以让访问数据的速度更快、更加安全，并且更加开放。

IPFS 与传统的超文本媒体传输协议（HTTP 协议）等中心化存储的方式具有本质的不同，IPFS 实现了真正的分布式存储，将成为未来所有区块链项目的数据存储基础，为整个区块链产业的发展提供有力支撑。

IPFS 和所有的区块链技术一样，都是基于 P2P 形成点对点传输网络。通过 IPFS，人们可以更容易地连接在一起，共同组成一个全球化的超大网络。这个网络中没有中心节点，你需要的资源可能在你的邻居那里，也可能在地球另一端。存储在 IPFS 中的资源可能分散在世界各地，更可能依据资源的人气集中在某个热点地区。热点的资源会更容易获得，访问的速度也会更快。

在不久的将来，IPFS 协议有可能会彻底取代传统的 HTTP 协议。如果说区块链是对传统互联网技术的一次重塑，那么 IPFS 则是对传统 HTTP 传输协议的一次重塑。

HTTP 协议是全世界统一的全局信息格式协议，它的制定为分发和显示信息提供了规范，至今已经应用了 20 年，可以说没有 HTTP 协议，也就

没有今天的互联网。我们今天所访问的所有网站，几乎都是基于 HTTP 协议的。

HTTP 传输协议之下，数据是被集中地储存在服务器上的。这种简单的中心化存储传输方式，将发布信息的成本降到了最低，但同时也在可分布性和可持久性方面造成了先天的缺失。2017 年所产生的数据比过去 500 年的总和还要多，随着数据以几何级数快速增长，中心化的存储方式很难成为人类知识的永久载体。中心化的存储也显现出了诸多难以解决的问题，例如：

（1）存储安全性差，数据有可能被监控、复制，甚至被篡改。

（2）存储成本高，数据很难被永久保存。

（3）当存储服务器出现突发状况时，数据很可能永久消失，无法找回。

（4）服务器的带宽有限而且昂贵，会造成集中访问时的网络拥堵。例如，当大家抢票时页面打不开，是中心化的服务器带宽不够造成了网络拥堵。如果访问其他国家的网站，需要经过长长的光缆和无数个节点，才能到达对方的服务器，网页的打开速度会很慢。

HTTP 协议的这些缺点表明中心化的 HTTP 协议并不完美，而 IPFS "去中心化" 的分布式存储方式能完全避免上述问题，这是其技术运行机制可以实现的。

假设在 IPFS 中存储一段音频，这段音频数据首先会通过 IPFS 提供的特殊加密算法被分割成若干小份，然后再分散地存储到世界各地 "矿工" 们的存储器里。

IPFS 中的容错机制会保证这些数据被复制了足够多数量并存放在不同的地区，即使某一个地区的数据因自然灾害完全被毁，通过其他地区的备份也可以恢复完整的数据。这就极大地保证了存储在 IPFS 上的数据的安全。

大多数网络罪犯目前倾向于瞄准中央数据存储库，区块链分布式存储消除了传统集中式存储存在的单点故障。首先，想要闯入一个单独的区块去窃取一些信息几乎是不可能的。其次，区块链技术为任何类型的虚拟资产（法律文件、医疗记录、支付或身份信息）提供了新型存储。一旦这些数据点被计入区块链，技术上未经所有者明确的许可，任何人都无法复制这些信息。

此外，IPFS 的用户不必担心数据的隐私性，被加密保存的小块数据是无法被人查看的，也就是说你的邻居既不清楚替谁保存了数据，也不清楚保存的数据到底是什么内容，相比中心化存储，区块链分布式存储能更好地保护隐私。

在数据传输速度方面，IPFS 也更有优势。当需要读取数据时，所有的存储者会同时发送自己保存的那一小块数据，服务器接收后自动进行拼接，因此下载速度将不再受制于服务器的带宽，而主要取决于用户的下载带宽，这使得访问速度比中心化的 HTTP 协议模式更快。

三、区块链分布式存储设置"token"性质的"filecoin"的必要性分析

全球的数据存储者为什么愿意贡献自己的硬盘去保存别人的数据？因为一套合理的激励机制，使得数据的存储者充当了 IPFS 中的"矿工"，他们能获得存储数据的奖励。首先，只有被奖励，才会有大量的储存设备被提供；其次，只有被激励的"矿工"节点才可以解决分布式存储的区块链系统需求，才能够彻底解决由需要支付成本而导致的无法长期在线的问题。当然，作为公有链系统本身的机制也要激励出块节点（写节点）。

这套合理的奖励机制就是典型的区块链思维及区块链运行方式，也是整个 IPFS 的核心所在，同时也是 IPFS 中 token 的体现形式 filecoin 不可或缺的依据所在。

什么是 filecoin？filecoin 是一个"去中心化"存储网络，它让区块链分布式存储变成一个算法市场。这个市场运行在有本地协议令牌 token（filecoin）的区块链上。区块链中的"矿工"可以通过为客户提供存储来获取 filecoin，相反，客户可以通过花费 filecoin 来雇用"矿工"存储或分发数据。

和比特币一样，"矿工"们为了巨大的奖励（filecoin）而竞争挖区块，但 filecoin 的挖矿效率取决于存储活跃度，这直接为客户提供了有用的服务（不像比特币的挖矿仅是为了维护区块链的共识）。这种方式给"矿工"以激励，激励他们尽可能多地聚集存储器并且出租给客户。

filecoin 协议将这些聚集的资源编织成世界上任何人都能依赖的自我修

复的存储网络。该网络通过复制和分散内容实现鲁棒性（robust），同时自动检测和修复失败的副本。客户可以选择复制参数来防范不同的威胁模型。filecoin 的成果作为可以为任何数据提供存储基础架构的 IPFS 最上面的激励层，对"去中心化"数据、构建和运行分布式应用程序以及实现智能合同都非常有用。

filecoin 协议构建于区块链和带有原生令牌的"去中心化"存储网络。客户花费令牌来存储数据和检索数据，而"矿工"们通过提供存储和检索数据来赚取令牌。filecoin"去中心化"存储网络分别通过两个可验证市场——存储市场和检索市场来处理存储请求和检索请求。客户和"矿工"设定所要求服务的价格和提供服务的价格，并将其订单提交到市场。市场由 filecoin 网络来操作，该网络采用"时空证明"和"复制证明"来确保"矿工"们正确存储他们承诺存储的数据。"矿工"们能参与区块链新区块的锻造。"矿工"对下一个区块链的影响与他们在网络中当前的存储使用量成正比。

filecoin 协议由 4 个新型组件组成。

（1）"去中心化"存储网络（decentralized storage network，DSN）。

（2）新型的存储证明：①"复制证明"（proof of replication）允许存储提供商证明数据已经被复制到自己唯一专用的物理存储设备上，执行唯一的物理副本使验证者能够检查证明者是否存在将多个数据副本重复拷贝到同一存储空间的问题；②"时空证明"（proof of spacetime）允许存储提供商证明在指定的时间内存储了某些数据。

（3）可验证市场：将存储请求和检索需求作为两个由 filecoin 网络操作的"去中心化"可验证市场的订单进行建模。验证市场确保当一个服务被正确提供时能执行付款。

（4）有效的工作量证明（proof of work）：基于"时空证明"构建有效的工作量证明以应用于共识协议。"矿工"们不需要花费不必要的计算来挖矿，而须将数据存储于网络中。

filecoin 的应用价值体现在以下 3 个方面：

（1）让数据的存储更安全、更便捷。没有了中心化的数据管理，数据的安全性更高，很难被窥探或被复制。全网分布式的数据存储，降低了战争、自然灾害、人为等原因造成的数据遗失或损坏的概率，有利于让有价值的数据被永久保存。

（2）完美支撑区块链领域的应用。区块链的本质是分布式和"去中心化"，其发展"瓶颈"之一就是分布式的存储能力，尤其是对于目前大部分的基础公有链而言，如何让大量的数据存储在自己的主链上是急需解决的问题。未来的分布式应用（DAPP）想成为被大众广泛使用的超级应用，也必须解决存储问题。因此，IPFS 的分布式存储很可能成为未来区块链产业的基础设施，这一点给人们带来了巨大的想象空间。

filecoin 可能会成为所有区块链项目的基础设施，EOS 已明确表明要接入 IPFS。而 filecoin 白皮书最后一章提到了"桥接"功能，允许 filecoin 运行其他区块链项目的智能合约，也允许其他区块链运行 filecoin 的智能合约。

（3）降低存储成本和带宽成本。传统的中心化数据存储依托的是大量的 IDC 机房，存储资源和带宽资源都是非常昂贵的。IPFS 分布式存储充分利用了公众的存储资源和带宽资源，这类似于共享经济的概念，提高了资源的使用率，降低了使用成本。

IPFS 和 filecoin 的诞生从根本上提升了人类的数据存储效率。因此，filecion 数字资产就有了长远而巨大的投资价值。filecion 通过向存储资源贡献者（"矿工"）发放奖励，激励公众参与进来贡献出自己的存储资源。这在全球范围内极大地增加了网络的节点数量，让整个分布式存储网络变成一个巨大的存储空间。在整套机制的配合下，IPFS 在与 HTTP 协议的竞争中拥有了更强的发展优势。

第二节 只有区块链技术才能解决自助售货机行业的发展痛点

区块链应该赋能于现有产业，消除传统和互联网方法都难以解决的痛点以促进其发展，如其在自助售货机行业的技术应用。

自助售货机行业在发达国家已经得到了深入发展，日本大约 25 人、美国大约 50 人就拥有 1 台自助售货机。但在人口众多的中国，这个行业近几年虽然有了快速的增长，但依然还处在 7000 多人才拥有 1 台的低层次阶段，发展速度缓慢。

在中国，闲置场地产权属性的不明晰、激励机制的缺乏、社会诚信的孱弱等成为阻碍自助售货机行业发展的"绊脚石"。传统方法以及互联网常规技术方法是无法清除这些"绊脚石"的，区块链技术的兴起为根治阻滞自助售货机行业发展的顽症提供了极好的契机。

一、中国是自助售货机行业的后来学习者与追赶者

1993 年，从日本、美国、韩国等地进口的二手自助售货机在上海、广州等地出现，得到了部分消费者的欢迎。但是由于其只能识别人民币硬币，支付方式的局限加上当时人们并没有随身携带大量硬币的习惯，这些自助售货机很快就沉寂下去。

20 世纪 90 年代后期，自助售货机行业逐渐苏醒。先是出现了智能存储柜研发生产公司，而后形成了自助售货机相关技术和科研团队，如湖南一家公司的科研团队在 1998 年成功研制出国内第一台纸币接收器。

进入 21 世纪，自助售货机行业在中国得到了进一步的发展，自助售货机制造企业和运营公司开始逐渐出现并形成一定的规模。一批有实力的自助售货机运营企业开始登上历史舞台，如当今依然稳居国内自助售货机运营企业头把交椅的友宝。一些传统集团企业也开始切入自助售货机的业务，如青岛的澳柯玛集团，如今已是国内自助售货机制造商的第一实力圈成员。但该行业总体发展速度依然较慢。

近几年，随着人工、土地成本的飙升，消费观念的成熟，移动支付方式的逐渐普及，大数据、人工智能、物联网等技术的发展，国内自助售货机行业越来越被厂商所重视。

从终端到供应链再到运营，智慧化融入整个自助售货机产业链的每一个环节。自助售货机业务经营的效率也得以大幅度提升，特别是在一些新技术的支持下，自助售货机的经营正变得越来越简单和高效。

自助售货机的业务形态和设备种类也更加丰富，如出现了自动煮面机、自动米粉机、自动现磨豆浆机乃至自动炒货机等。应用业态的拓宽，使得自动售货机行业一改此前的单调形象，受到了年轻消费群体的追捧。自助售货机逐步从沿海经济发达地区和各大中城市，向中西部和欠发达地区及中小城市延伸。

二、中国智能自助售货机行业与发达国家相比存在巨大差距，且难克服因素众多

尽管在过去的几年，中国自助售货机行业在低基数的状态下已经取得了十几倍的增长，但相较于我国庞大的人口基数，中国自助售货机的总体渗透率仍非常低。截至 2018 年年末，中国只有 20 多万台自助售货机（对应人口 13.6 亿，大概 7000 多人 1 台）。而全球目前至少有 1900 万台自助售货机处于运营中，包括自助售货机制造与运营在内的整个行业销售额超过 2500 亿美元。中国自助售货机行业需要大力发展才能达到世界平均水平，要达到美国、日本的水平，则需要实现几十倍的增长。

自助售货机在中国刚有一定程度的发展，暴露出的问题就已经让消费者顾虑重重，也揭示出自助售货机行业在中国发展缓慢的主要原因。

根据市场反馈的信息，目前自助售货机的消费问题可归结为几大类：①付款后，自助售货机不出货或者出货不对；②投币后不找零或者无法识别钞票；③商品存在过期以及假冒伪劣等质量问题。

这些问题只是消费者直接遭遇的、表面上的问题，消费者身份及联系方式等信息通过自助售货机在不知情的情况下被收集，然后被倒卖，更是一个非常严重的社会问题。

因此，对于有意经营自助售货机以及通过自助售货机来销售商品的中小投资者来讲，这个行业目前的状态只能以"爱你但不敢行动"来表述。

中国的自助售货机行业不仅与发达国家相比差距巨大，相对本国其他产业而言发展也明显缓慢。原因是多方面的，主要体现在以下方面：

（1）缺乏强力而有效的信用利益分配执行机制，参与各方风险和收益不对称。自助售货机业普遍存在风险收益不对称的问题，处于有利地位的一方经常利用制度的缺陷侵害相对弱势方的权益。自助售货机行业对投资金额的要求较高，1 台自助售货机价格多在 1 万~3 万元，场地点位租金多在 1 万元/年左右。即便投入几亿元，也不过布局了一两万台，难以形成规模经济效应。虽然也可以通过大力发展城市合伙人或加盟商来化解资本压力，但由于缺乏有效的信用利益分配执行机制，且过往尝试者经常被爆出诚信问题，这一行业一直难以让中小投资者接受并认可。

可信即时分账是解决业内诚信痛点的方法，但目前有牌照的移动支付

账户处于强势地位，消费者支付了费用而企业却得不到准确对账与及时分款。当自助售货机资金量大时，又不提供拆细分散服务，以至于参与者面临的风险较大，甚至要承受法律风险，严重阻碍了此行业的发展。

这一行业在发展中还容易出现三角债问题。自助售货机生产商和经营商、商品制造商和经销商以及场地提供者，供应链中某一环节出现问题就会形成三角债。通常的情况是商品经销商因难以得到及时的现金分账回款而承受着较大的风险，这也是商品经销商难以接受自助售货机的一个重要原因。自助售货机经营商可以承揽广告投放，但广告投放者与自助售货机经营商之间存在信任风险问题。这在广告行业也是痼疾。广告投放者不敢轻易委托，自然也抑制了自助售货机行业的发展。

（2）消费者身份信息被收集并倒卖。消费者身份信息被自助售货机经营商收集后倒卖以致泄露是自助售货机行业最为社会所诟病的问题之一。投币的自助售货机还不存在这个问题，但随着移动支付的兴起，消费者在扫码支付的同时其信息就被智能自助售货机记录。自助售货机经营商在收集到大量用户信息后，将其进一步处理成为有效数据倒卖牟利。在高校经营的自助售货机，收集与倒卖学生身份信息是常规的隐形营利模式，甚至有些在高校内提供自助售货机的经营商赢利的主要方式就是收集与倒卖学生信息。

例如，2018年8月，某公司推出先派样机，品牌商提供样品、选择所需派样场景，消费者使用手机扫码，即可以1分钱获得样品。先派样机通过这种方式"获客"，即收集用户的信息流，并出售给品牌方。派样数据可追踪、会员数据可沉淀，品牌方利用提供的人群画像进行广告投放，运营店铺粉丝和会员，对领取样品的人群进行二次营销。显然，这个方式真正获利的是收集用户信息并倒卖信息的自动售货机经营商。

（3）自助售货机难以及时提供证据，消费者维权难。这个问题体现在通过自助售货机消费的民众在出现问题时难以获取证据，难以低成本及时维权，难以通过自助售货机获得价廉物美乃至与普通超市同等价格的商品。

自助售货机行业总会存在不诚信行为，倘若不能及时对这种行为进行处罚，那些真正想提供高质量产品和服务的厂商也得不到发展。尽管有些自助售货机的经营商努力及时提供技术支持并定时对产品和机器进行维护，但整个行业若不能得到制度化改善，这些努力难以得到消费者认可。

（4）闲置场地与货机需求等信息不对称、场地产权不清晰提高了获取空间的成本。场地闲置与用户需求配置难以得到满足的现象大量存在，因为缺乏科学有效的利益激励机制来使闲置场地与需求配置的信息充分流动匹配。这也是抑制自助售货机行业发展的一个重要因素。

闲置场地的产权不明晰，在销售状态良好时，经营商容易被场地提供者驱赶，使得"拿点位（闲置场地）"的交易成本过高，这个因素也严重影响了该行业的发展。因此，需要建立一套科学有效的机制规避或淡化场地所有权属性问题，以调动闲置场地拥有者的积极性，促进自助售货机行业的发展。

当然，由于受到其他因素的影响，即便产权清晰或经营使用权确定的闲置场地，也因缺乏内在的激励机制，无法充分地与自助售货机结合以创造价值。

（5）难以确保商品质量，商品价格偏高。自助售货机中的商品质量不能确保，假冒伪劣以及过期商品经常混迹其中。

在自助售货机上购物，消费者不能先核对货物再付款，发现问题商品后不能通过自助售货机自行操作退货退款，且证据较难取得，使得自助售货机中的商品难以让消费者放心购买。

而政府或行业监管者因为不能即时同步自助售货机现场数据信息，难以及时准确地查看自助售货机中货物的真实情况，所以也难以精准、有效地进行监管。如今规模化的食品安全问题已经成为一个严重的社会问题，需要采用真正科学有效的方式充分发挥监管的作用。自助售货机如果不能从根本上解决这个问题，就会严重阻碍这个产业的发展。

在上述制约因素无法被消解的情况下，恶性循环导致的高居不下的成本使得自助售货机内的商品价格偏高，进一步抑制了自助售货机内商品的流转销售。

（6）自助售货机行业规范难以解决痛点问题。自助售货机行业存在的这些问题已引起政府及行业协会的重视。2017年8月16日，中国自动售货行业官方行业组织——中国百货商业协会自助售货机行业分会牵头制定并颁布了《中国自助售货机运营业务指导规范（试行）》。该规范共含15项内容，分别从经营资质（业务准入）、设备落地要求、运营管理、食品安全控制等方面对自助售货机运营业务做出了明确的要求。但该行业规范依旧是基于管理者主观主导的监管方式，从理论与实践两个方面来看，依靠该规范不能从根本上解决上述自助售货机行业存在的问题。

（7）传统互联网技术难以解决行业痛点问题。传统互联网技术难以解决自助售货机行业中存在的这些问题，因为它无法迫使行业的参与者诚信。互联网技术是基于中心化服务器进行管控的，谁拥有中心服务器，谁就拥有了修改、删除的权力，其他非管控者无法确定其是否真实可信，因此无法完全确保消费者以及相对弱势的参与经营者的权益不受侵害，尤其是在涉及利益分配时。这也正是这个行业无法健康、顺利地发展的根源所在。例如，场地提供者、自动售货机制造商、自动售货机经营商、商品经销商等行业的参与者在缺乏完全明确、肯定的利益分配机制时，纠纷难以避免。这使得许多拥有闲置空间资源或资本的企业宁愿观望也不愿意介入，毕竟在收益不能确保的状态下，参与经营反而可能带来包括亏本在内的麻烦。

区块链技术的兴起使人们对利用中心化服务器构建的互联网商业模式"作恶"问题的认识越来越清楚，明白以这种技术基础构建互相之间可信的社会生态系统是不太可能的。这也正是区块链技术为社会所看重的依据所在。

三、区块链技术有望较彻底地解决自助售货机行业的问题痛点

区块链技术是解决自助售货机行业这些痛点的最优办法。区块链技术是打造诚信的"机器"，或者说是使"上链"个体及经济组织不得不诚信的前沿科学技术。

由分布式数据存储、链式数据结构、点对点传输、加密算法、共识机制、智能合约等共同构成的区块链技术，使得"上链"经济组织和个体不得不诚信，并以此为基础逐渐促成社会普遍诚信。

因此，应用区块链技术可以较彻底地解决自助售货机行业存在的痛点问题。

1. 确权及保护身份、财务等私密数据

通过非对称加密算法、哈希算法等能对参与到链内的参与者的身份进行私心密保护，同时也能对交易数据进行确权及保护。区块链技术显然可

以彻底解决自动售货机经营商收集消费者身份信息加以倒卖的问题，让消费者安全地通过自助方式消费。

在区块链系统中，对于消费者身份、财务数据的确权及私密保护的原理及技术过程如下。

一是通过加密算法将用户身份和用户数据分离，对用户的身份信息进行哈希计算，将得到的哈希值作为该用户的唯一标识，类似于比特币的钱包地址。用户在该 App 上的行为数据将和前面得到的哈希值进行捆绑，而不是和用户身份信息进行捆绑。这样一来，用户产生的数据是真实的，而使用这些数据进行研究、分析时，因为不能通过哈希值还原对应的用户名、电话号码或是注册邮箱，所以起到了私密的作用。

二是将收集到的用户数据进行加密存储和分布式存储。加密存储，意味着访问数据必须提供私钥。相比于普通密码，私钥的安全性更高，几乎无法被暴力破解。而分布式碎片化存储，则在相当程度上降低了数据全部被泄漏的风险。

三是提供范围可验证的同态加密解决方案，保障用户在交易过程中不被泄露私密信息。同态加密技术可以实现无密钥方对密文的计算，密文计算无须经过密钥方，既可以减少通信代价，又可以转移计算任务，平衡各方的计算代价。

通过提供同态加密库，对用户的交易数据用其公钥进行加密保护，交易的时候都是密文运算，最终账本加密保存，即使节点被攻破，获取到的账本记录也无法解密；通过提供范围证明校验，背书节点能够对密文进行背书，无须解密就能校验交易的正确性，如校验转账金额是否为负数，从而识别出恶意交易风险，保证智能合约的正确执行。

四是通过零知识证明在不向验证者提供任何有用信息的情况下，使验证者相信该结论是正确的，证明过程中不用向验证者泄露被证明的消息，从而减少用户私密信息被泄露的风险。零知识证明对加密的交易数据执行加密验证，使发送者和交易额被证明是合法的（尽管它们仍是私有的）。

2. 对产品溯源保真及责任确定

溯源保真与数据确定是区块链技术的基础作用。只要将自助售货机内所有的商品信息"上链"，就能对商品进行溯源及真伪确定。这将使假冒伪劣商品不能混入其中，从而大大提高消费者对自助售货机行业的信心。

在区块链系统中，对于产品溯源保真、数据确权及私密保护的原理及技术过程如下。

首先通过防伪标签进行前端的数据采集，然后利用后端的相关软件系统实现防伪的查询、比对验证等，或对生产、销售的各个环节进行溯源（追溯）。

在溯源保真方面，实现有效追责也是很重要的。区块链技术的不可篡改、时间戳等特性，让交易可以追溯。供应链数据被篡改时，多节点信息的"共识"会排斥伪造、篡改的信息，进而实现有效追责，使得商品信息透明、真实，根除假冒伪劣问题。

政府主管部门及公安、司法等机构成为同一个区块链平台上的监管节点，可以同步记录所有数据信息，将"作恶"的节点暴露在不可抵赖的证据面前，使其能够及时得到惩罚，确保溯源保真的完全有效。

3. 可锁定消费者维权证据并及时做出反馈

只要将消费者所购买的商品录像入链存证，就可以对消费者维权证据进行不可删改的保存，从而对消费者的权益进行有效的保护。还可以通过积分或 token 的激励机制，鼓励链内各参与者对消费者提供及时乃至即时的帮助，大大改善消费者的自助购物体验，从而吸引更多的消费者通过自助方式购物，促进整个行业的良性发展。这是区块链技术在积分或 token 的激励机制之下才能实现的功能，传统互联网技术是无法实现的。

在区块链系统中，对于消费者维权证据的锁定原理及技术过程即证据信息的溯源保真确认。

4. 实现利益各相关方可信即时分账

只有应用区块链技术进行 token 的设置与规划才能实现利益各相关方可信即时分账。只有应用区块链技术才能使数据信息为"上链"各方所信任，才能实现由机器自动公正依照智能合约履行多方即时分账的规定。这将彻底消除行业内各参与者的失信忧虑，鼓励各大小投资者参与自助售货机行业发展。这是促进自助售货机行业健康、良性发展最重要的技术保障。

一般传统的电商平台的分账模式是顾客付款之后资金先进入第三方支付平台，然后再由第三方支付平台按照比例进行分账。这存在着销售数据删改作假的巨大风险。例如，目前国内电影市场普遍采取票房分账的模式，分账方一般由影院放映方、制作方、发行方等各方构成，虽然具体的分成数额在电影上映前都会有合同规定，但哪一方也保证不了票房的具体收入，票房经济是对外报一个夸大的数据，对内数据则大幅度缩水，弱势被动的一方往往只能吃"哑巴亏"。

在区块链体系中，消费者在自助售货机上扫码支付后，这笔交易数据就会上传到区块链，然后被迅速地分发和存储到利益相关方同步共享记录的账本中，确保所有参与者保存相同的记录副本。在运营过程中，利益相关方无法插手数据的记录和更改，但可以即时地查看每笔交易的信息和收益。基于这种可信的区块链数据，利益相关方可以按照之前签订的分成时间和比例，通过智能合约在结算日触发区块链系统，由计算机自动进行利润分成。这就是在区块链系统中，**场地方、机柜方、运维方、货品提供方等各利益相关方可信即时分账**的原理及技术过程。

5. 政府等监管方同处一个平台，及时参与验证监督

只有应用区块链技术，政府主管部门、行业协会以及司法机构等才能与自助售货机生产商、经营商及商品经销商处于同一个区块链平台，才能即时地对运行中的自助售货机及商品进行监管，才能即时、及时地为要维权的消费者提供基于确定、肯定证据的服务。

综上所述，要消除阻碍自助售货机行业发展的痼疾，区块链技术可以发挥巨大的作用。将区块链技术应用到自助售货机行业，必然会消除消费者及大小投资者的顾虑。充分挖掘闲置空间资源，在适当的地方配置适当的自助售货机，既促进了自助售货机行业的发展，也大大方便了广大民众，进而可以大幅度地增进社会福利。

四、设置积分及数字 token 在解决阻碍自助售货行业发展问题中的重要及必要性

token 的含义是令牌，代表执行某些操作的权利的对象，如访问令牌（access token）；表示访问控制操作主体的系统对象，如邀请码在邀请系统中使用；密保令牌（security token），或者硬件令牌，如 U 盾，或者叫认证令牌或者加密令牌，是一种计算机身份校验的物理设备；会话令牌（session token），交互会话中唯一的身份标识符，令牌化技术（tokenization）取代敏感信息条目的处理过程。

　　显然，token 是计算机数字世界用来使系统业务关联各方能够进行交互、交易、处理及解决问题的必备数字代码，它的存在使计算机网络系统能够快速、准确地运行。

　　在区块链公有链平台系统中，token 是必然且必须存在的。区块链系统是一种分布式点对点的网络系统，每条数据都是由私钥来识别其所有权的，拥有私钥的人就拥有对应数据的所有权。而整个所有权会通过共识机制让全网来共同验证。在这种机制中产生的带有所有权的数据，就是一种token，它代表着一种所有权，一种被网络中大多数节点验证认可的所有权。持有 token 越多的人越有动力去维护系统正常，并惩罚"作恶"的人。token 能够做到根据贡献获得激励，因此，token 有物权属性，能够代表使用权，可交付实际物品或服务；token 有流通属性，至少在平台内是硬通货；在具备前两者的基础上，token 具有投资属性，代表收益权，未来可以持续产生收益，升值空间随着前两个属性的增加而加大。

　　在应用于自助售货机行业的区块链系统中，首先，token 将造就便捷的即时交易结算工具。token 的数字可编程属性，能够部署在区块链上，由计算机机器根据智能合约自动执行，从而彻底消除传统互联网模式下必须由利益一方人为分账带来的信任障碍。倘若没有 token 的设置，要做到由计算机根据智能合约自动分账是不可能的，只有在区块链体系中的计算机能够根据由利益双方核查过的智能合约不折不扣、不偏不倚地进行公正的分账操作。

　　其次，token 将成为汇聚闲置资源、助推行业发展的利器。token 在区块链系统中有物权、流通以及投资等属性，这些属性将让那些有一定商业人流量的闲置空间的资源拥有者自愿结合智能自助售货机积极挖掘价值。因为他们将拥有可信的利润分享机制保障及 token 增值空间，而不是像传统互联网模式那样参与了也未必能够有可靠的收益。

　　最后，token 让消费者在私密保护及公开方面自由选择。在区块链技术系统中，消费者的身份信息能够得到极好的保护，自助售货机的经营商只有付出一定的代价才能获得消费者的身份信息，而不像传统互联网模式那样可以免费获得并从中牟利。token 的存在也可以让消费者在获得一定补偿的前提下让渡自己的身份信息及消费消息，这使得消费者有了选择的自由。倘若没有 token 的设置，消费者就只能被动地承受身份信息被倒卖的后果。

token 对促进自助售货机行业发展的重要性与必要性远不止这三条，但这些内容已经说明 token 是必需的。因为 token 在区块链系统中是解决自助售货机运营业的必备工具，所以在区块链系统中需要对 token 进行周全的规划，以促进自助售货机行业的长远、健康发展。

第三节　公有链及 token 参与"链改"的
适宜场景条件分析

基于区块链的非许可公有链对数据存储行业及自助售货机行业的赋能应用，实质上也是一种"链改"，一种促使该行业形成"两两可信互信"氛围，破解严重阻碍行业发展的绊脚石而进入可暴发增长状态的"链改"。

前面详细阐述了基于区块链联盟链的"链改"。作为一种基于中国国情推进区块链技术行业应用改造的区块链发展模式，联盟链自然可以作为"链改"的重要抓手来倡导；而区块链非许可公有链在上述两大行业充分应用后产生的飞跃，说明区块链公有链显然也可以参与到"链改"的潮流中来。但由于公有链是非许可的，是允许任何经济组织和个人自由进出的，区块链公有链要参与到"链改"潮流中来，应该符合以下要求。

一、公有链要参与"链改"，一定要与行业相结合

"链改"用区块链技术去改造现有的社会经济组织，以实现技术与治理的升级，全面构建诚信社会。从这个定义出发，公有链要参与"链改"，必然要与具体的行业相结合，而不能局限于区块链技术的研究。不能将区块链技术应用于具体的行业，使之构建起诚信经营体系，就不能称之为"链改"。以这个为标准，就能清楚地判明，即便存在不少公有链，但真正在实行"链改"的极少。

数据存储行业和自助售货机行业的应用案例显示了区块链技术在具体的行业中的应用，说明区块链技术与具体的行业不再是彼此孤立的，而是可以交融在一起以解决行业发展的难点和痛点。这两个行业与区块链技术紧密结合的案例表明，公有链参与到"链改"中来的一个重要前提，就是

要与具体的行业有机结合，形成助推其发展的强劲力量。只有这样，才能真实而客观地展现区块链技术的本质力量，才能体现倡导"链改"的初衷。而之所以存在"空气币"，就在于那些披着区块链外衣的项目，并不能从解决阻碍行业发展痛点的基础做起，只不过是做了"击鼓传花"的资金盘游戏而已。这种项目是不可能创造社会财富的，当后续的资金不再流入时，必然走向终结。

因此，分析一个区块链项目，首先要分析该行业存在哪些阻碍发展的因素；其次要分析是不是只有区块链技术才能解决这些问题，解决了这些问题后该行业是不是能够得到长足的发展。如果确实如此，那么这种项目只要运作得好，必然能够实现财富的持续不断创造，从而给项目的创始者带来可观的收益。

二、token 设置妥当能够促进社会经济的发展

token 是计算机数字世界用来使系统业务关联各方能够进行交互、交易、处理及解决问题的必备数字代码，它的存在使计算机网络系统能够快速、准确地运行。

显然，token 的含义及能够发挥的作用是中性的，即它本身并不存在利或害，它是有益的还是有害的完全取决于如何对其进行设置使用。倘若设置使用得当，就能充分发挥其性能；倘若故意设置错误或蓄意误导，则其会成为一些人假以侵害他人权益的说辞。因此，是人在实施欺诈而非 token。

从分布式存储以及自助售货机两个项目案例来看，token 的设置对于解决阻碍行业发展的问题是极其重要的，甚至可以说，倘若没有 token 的设置，根本就无法发挥区块链技术的作用，更无法实现行业的飞跃发展。

在分布式存储领域，没有 token 的设置与激励，就不可能即时地将存储双方关联在一起，也实现不了即时、准确、客观的结算，更无法提供分布式存储设备。

在自助售货机领域，没有 token 的设置与激励，就无法及时地对"作恶者"进行有效惩罚，更无法实现可信的多方及时分账，自然也无法扩展投资参与者，实现行业的扩张。

三、通过"链改"、token 配置，消除阻碍行业发展的因素

作为上述第三点的延展，"链改"设置 token 的原则，自然是要消除阻碍行业发展的因素，促推行业发展，即设置 token 是以社会经济增长为前提条件的，而非为小部分人谋取利益。

因此，对于试图发行 token 获得法定货币的项目，首先要质询的就是这些 token 的设置能否解决该行业存在的问题，是不是只有设置 token 才能达到目标。倘若是法定货币或常规的其他方式就能解决的问题，那设置 token 就没有太大的意义。既然不存在刚性的需求，那么这种 token 也就只剩下谋利及投机的价值，不太可能推动行业的发展及社会经济的进步。

当这种原则得以理解并贯彻时，就很容易判断试图发行 token 的区块链项目会不会走向"空气币"的结局。即便有些项目发行 token 融资成功，但因其 token 缺乏推动社会进步的内生力量，最终难逃价值归零的宿命。

四、DAO 自组织一定要以分权制衡原则来架构，才能确保参与者的合理权益

区块链项目一般不以公司的形式来运作，多是以持有项目 token 的成员组建成社群来共同实现既定的目标。这被称作"去中心化"的自治组织（Decentralized Autonomous Organization，DAO）。它通过智能合约保持运转，并将其金融交易和规则编码在区块链上，以有效地避免对中央权威机构的依赖。

在 DAO/DAC 中，智能合约在区块链上运行，根据预先设定的规则，还可以根据事件和条件的变化来自动执行预先许可的任务。智能合约构建的组织如同现实商业社会一样运行。

但智能合约的制定与部署依然得由现实生产生活中的人来实施操作；智能合约并不能必然地保护所有参与者的合理权益；在由计算机、数学、加密学等组成的区块链网络世界中，仍然有处于不同利益阶层、有不同利益主张的社会人，依然有相应的权力运行贯彻其中。因此，仍然需要相应的组织原则来确保每位参与者是依其自由真实的意愿行动的，并且其合理的权益是能够得到尊重并保护的，从整个组织的构成来看，其利益的分配分布能够呈现出帕累托改进状态。

基于这种社会经济规律作用下的现实，DAO 自组织一定要以分权制衡原则来架构，才能真正实现 DAO 这种提法的纯粹目标；否则，DAO 就会成为这种术语下优势权力拥有者肆意侵害弱势者的"遮羞布"。

第九章 "链改"的应用前景分析 及政策和立法建议

第一节 "链改"奋进的行业领域主方向

"链改"的前景其实就是区块链技术发展与应用的前景。

尽管区块链技术目前仍处于发展的早期，但其应用前景十分广泛。如果说蒸汽机和电力解放了人力与畜力，互联网改变了信息传递的方式，那么区块链作为构造信任的"机器"，将改变价值传递方式，造就互相信任的社会。

在政策、技术、市场等多重力量的推动下，我国越来越多的机构积极参与到区块链技术的研发和应用中来，区块链的应用领域正在向供应链管理、智能制造、工业互联网、社会公益、版权保护、医疗健康、文化教育、慈善公益、公共管理等领域延伸拓展。

有人对区块链应用的层次进行了阶段性划分。他们认为，加密货币、数字资产可以算作区块链1.0，体现为应用中与法定货币有关的加密数字货币，如货币、转账、汇款和数字支付系统等；股票、债券、期货、贷款、智能资产和智能合约等更广泛的非货币应用则构成了区块链2.0；区块链技术还可以推演到各类社会服务、合约行为及交易行为中，如"去中心化"的微博、微信等，甚至是打车软件都有可能出现对区块链技术的应用。区块链让人类可以无地域限制、彼此信任地进行大规模协作，在诸多领域都可以进行应用，从而构成了区块链3.0、区块链4.0……乃至开创一个"区块链时代"。

2019年10月24日，习近平总书记在主持中央政治局第十八次集体学习时，强调"要积极推动区块链技术在教育、就业、养老、精准脱贫、医疗健康、商品防伪、食品安全、公益、社会救助等领域的应用……探索在信息基础设施、智慧交通、能源电力等领域的推广应用……要探索利用区块链数据共享模式，实现政务数据跨部门、跨区域共同维护和利用"，明确了党中央期望区块链技术拓展应用的行业领域，也明确了"链改"奋进的主方向、主战场。

一、教育与就业领域的"链改"前景

（1）可对现行教育管理系统进行"链改"。通过分布式学习记录与存储，允许任何教育机构和学习组织跨系统和跨平台地记录学习行为和学习结果，并永久保存在分布式区块链储存系统中，形成个体学习信息大数据，这有助于解决当前教育领域存在的信用体系缺失和教育就业中学校与实体经济组织相脱离的问题。

（2）可对学位证书系统进行"链改"，实现学历信息的完整、可信记录，解决学历造假难题，为就业市场的公平竞争创造前提。

（3）区块链与在线社区的结合，可实现网络学习社区的真正"自组织"；利用区块链技术不可删除、修改的特性，强调持续完整学习、终身教育，淡化学历教育的僵硬死板，形成追求真才实学而非一纸文凭的社会风气。

（4）可进行教育资源服务供给与需求双方的系统"链改"，借助区块链技术智能合约的功能，确信教育契约和存证，从而实现一年无休24小时培训教育市场的智能交易。受教育者可根据学习需求选择恰当的学习服务，所有资源和服务均可依据学习者的个性需求实现自主消费。

（5）借助区块链"不得不诚信"的技术特性，对人事档案系统进行"链改"，将个人职业档案的相关数据，包括学历信息、职业历程、培训记录、所受奖惩等，以及过往的工作绩效指标、晋升情况以及离职原因全部"上链"记录，使得应聘方的简历信息不得不真实，彻底解决招聘信息失真的问题。

总之，通过对教育与就业市场的"链改"，可构建安全、高效、可信的开放教育资源新生态，大幅度降低劳动就业市场因信息不对称及作假造成的高额交易成本，从而形成通过终身学习以获得实用有效技能的社会潮流。

二、医疗健康与养老领域的"链改"前景

（1）通过"链改"，能够使健康数据保持隐秘性。患者身份背景、往期病史以及医疗支付情况记录等医疗数据是患者个人的私密数据。利用区块链技术的匿名性特征，个人的医疗健康数据可以像加密数字货币一样被放入区块链中，个人可以通过手中的私钥将其授权给医生、保险机构、药店等使用。

（2）通过"链改"，对不同地域、不同消费习惯和行为习惯的养老人群进行精细化分析，有助于金融机构精准投资养老机构。例如，养老社区的规划，床位和房间的规模，医养结合的模式乃至养老医院科室的分布、护理人员的安排和培训等。

（3）现有的养老供应食品及医药信息数据在存储、传输、展示等环节中都有被篡改的风险。现有的追溯体系也严重依赖政府监管措施，无法对监管者的权利进行有效的约束。通过"链改"，可以保证养老供应链追溯系统中信息的可靠性，避免数据被篡改。将区块链技术和物联网技术结合起来，就可以通过机器实现数据的自动采集，既可以提高效率，又避免了数据的作假和隐瞒。

三、精准脱贫与社会救助领域的"链改"前景

在精准脱贫与社会救助领域，"链改"使得"上链"机构和个人不得不诚信。首先，能够实现帮扶对象的精准识别。通过指纹或人脸识别等大数据手段，记录贫困人员原始资料，在区块链上建立储存贫困人员数据架构，并将帮扶对象的各类信息在数据库中筛选对比，消除金融机构、政府机构、帮扶对象之间的信息壁垒，进而精准识别帮扶对象。

其次，能够使项目申报、审批流程、扶贫救助对象、款项资助配给等信息真实可信，并监控金融扶贫救助中各个项目的实施进程，形成全程穿透跟踪式管理，让扶贫救助贷款可以精准发放，解决传统扶贫资助贷款存在的信息不对称、管理成本高、授信和用信场景线上化难度大等问题，让扶贫救助领域的欺诈、造假行为无处遁形。

四、商品防伪、食品安全领域的"链改"前景

首先，将包含食品在内的原材料流通过程、生产过程，商品流通过程、营销过程的信息进行整合并存入区块链，实现"一物一码"全流程正品追溯。利用区块链技术将不同商品流通参与主体的信息数字化并存入区块链中，包括原产地、生产商、渠道商、零售商、品牌商和消费者，使每一个参与者的信息在区块链中可被查看。

其次，将商品从生产到入仓的各个环节信息进行整合并存入区块链，每一条信息都拥有独立的区块链 ID，附有商品的数字签名和时间戳，为用户提供良好的底层数据支撑和货品质量把控。

在消费者层面，则可以通过终端化的溯源二维码及公开透明的区块链技术支持，让用户便捷查询商品真伪，培养用户的正品意识，同时提升品牌价值。

五、公务与政务领域中的"链改"前景

在公务及政务领域进行"链改"，可以让公安、民政、医院、银行等部门将各类公务数据全部"上链"，实现数据的融合应用，建成一体化政务云平台；同时优化政务流程、促进政务公开、公证和认证，更加精准有效地打击贪污、减少欺诈、消除腐败，降低运作和监管成本，有效提升政府管理效率。

这是区块链技术使"上链"机构不得不诚信的特性所致。例如，通过无钥签名设施允许公民验证政府数据库中所记录的个人信息的完整性，既确保了公民个人信息的安全及准确性，又消除了特权用户篡改政府网络中所记录信息的可能性。

政府通过区块链网络打破传统的政务服务状态，突破"各自为政""信息孤岛"等难题，保障了数据的安全性、真实性，缩短了行政办公周期，加快了资金流动。

另外，在区块链网络上办公，还能对政务工作起到有效的监督和规范作用。数据"上链"可从技术上防止管理权限泄密和擅自使用数据的情况，助力打造阳光型、服务型政府，实现公务管理制度的平和改良。

六、电力能源基础设施领域的"链改"前景

区块链技术在电力能源基础设施领域的应用，将使"通过分布式发电、智能电网和储能技术，居民参与能源的生产和销售，降低电费开支"成为现实。

建立在区块链基础上的智能电表可以直接把个体产生的电量记录在分布式记账本上，进行市场交换。与原来电能生产消费者与某家电力公司签订双边合同不同，由分布式记账本管理的能源市场，增加了电能生产消费者的选择权。自行消费之后的多余电量不仅可以存于电池备用，或返回电网，还可以出售给网络里出价最高的买家，甚至异地赎回。

这是一种将以社区或家庭为单位自行生产出的能源集中在一起的市场平台，区块链一方面将产销两端直接对接，另一方面将这种新型市场上的交易规范化。

在应用区块链技术之前，消费者在更换能源供应商时，需要进行程序烦琐的解约和签约流程，能源公司也需要配备后台人员。"链改"后，通过建立在区块链上的智能能源合约，可以数字化、智能化地完成能源供应商的切换，消费者只需在电脑或手机上点击几次，就可以便捷地完成供应商的更换。

七、智慧交通基础设施领域的"链改"前景

"链改"在交通基础设施领域的前景，在于通过区块链技术来解决交通拥堵、交通安全和环境污染方面的问题；并同时解决交通监管部门存在的随意处罚、徇私舞弊的问题。

目前城市交通系统的现状是移动客流、车流体量大，人们的出行需求难以预测，基础设施配置不均。仅采用传统的交通管理决策机制已无法满足城市精细化管理的需求。

采用多类型区块链协同的交通信息管理模式，可以在放权给公众的同时兼顾信息的合理管控。在这样的模式下，节点信任度高，链接速度快，数据不会轻易地被拥有网络连接的任何人获得，可以更好地保障数据安全。可以对安全性、准确性和信任度等需求较低的信息，采用相对公开透明的区块链模式实现信息的发布和流通。通过多等级、多链协同的方式，

积极调动多元力量参与交通管理，从而有效地传递交通拥堵或顺畅的信息，起到调节通行能力的作用。

对于车辆信息交互的安全性，则可以采取基于分散区块链结构的分布式密钥管理方案。利用区块链的共识过程、封装块来传输密钥，然后在相同的安全域内对车辆进行重新编码，充分利用区块链中数据无法更改这一特性，保证数据的安全。整个交通行政执法过程全程数据"上链"，使得执法者不得不严格执法。

八、金融领域的"链改"前景

区块链在金融领域的应用最为活跃，通过在金融系统进行"链改"，可以大大推进各项金融业务的发展。

（1）跨境支付。"链改"前，跨境支付到账周期长、费用高、交易透明度低，主要表现为以第三方支付公司为中心，完成支付流程中的记账、结算和清算，如跨境支付到账周期在 3 天以上；费用较高，如 PayPal，普通跨境支付交易手续费率为 4.4% +0.3 美元，提现到国内以美元进账，单笔一次 35 美元，以人民币进账手续费率为 1.2%。

应用区块链技术后，不再需要第三方支付机构加入，缩短了支付周期、降低了费用、增加了交易透明度。

（2）供应链金融。"链改"前，融资周期长、费用高。以供应链核心企业系统为中心，第三方增信机构很难鉴定供应链上各种相关凭证的真伪，造成人工审核的时间长、融资费用高。

应用区块链技术后，不需要第三方增信机构鉴定供应链上相关凭证的真实性，降低了融资成本、减少了融资的周期。

（3）票据市场。"链改"前，存在操作风险，由于系统中心化，一旦中心服务器出现问题，整个市场将会瘫痪；存在市场风险，根据数据统计，在 2016 年，涉及金额达到数亿元的风险事件就有 7 件，涉及多家银行；存在道德风险，市场上存在"一票多卖"、虚假商业汇票等事件。

应用区块链技术后，减少了传统中心化系统中存在的操作风险、市场风险和道德风险。

（4）资产证券化。"链改"前，底层资产的真假无法保证；存在参与主体多、操作环节多、交易透明度低、信息不对称等问题，风险难以把控。各参与方之间流转效率不高，各方交易系统间资金清算和对账往往需要大量人力、物力。资产回款方式有线上、线下多种渠道，无法监控资产的真实情况。还存在资产包形成后，交易链条里各方机构对底层资产数据的真实性和准确性缺乏信任等问题。

应用区块链技术后，增加了数据流转效率，减少了成本，可实时监控资产的真实情况，以保证交易链条各方机构对底层资产的信任。

以上对行业领域"链改"的前景做了基础概述性分析，用以明确"链改"赋能实体经济的发展方向。显然，"链改"就是应用区块链技术改造传统经济组织因信用欠缺而造成的诸多问题，建成诚信的社会氛围，促进社会经济的持续稳健发展；"链改"应该应用到行业领域的方方面面。

从目前已经成功运行的联盟链取得的效果来看，区块链技术的应用对于去除原来业务痛点、降低成本、提高效率起到了极为明显的作用。把区块链技术的行业应用提炼为"链改"的工程倘若能在全国系统地展开，必将让中国社会经济的发展更加健康、人民生活更加和谐安稳。

第二节 以"链"治"链"，大力推进全国"链改"的政策建议

"链改"在全国各行业领域系统地展开，将能够实现中国社会经济发展更加健康、人民生活更加和谐安稳的目标。那么，从国家层面最好制定哪些政策、架构何种组织领导形式来实现构建诚信社会、促进社会经济发展的伟大目标呢？本书认为，可以按照领导、统筹与具体组织实施等工作层次组建下面3种性质的组织机构。

（1）由国家级在职或离职领导、省部级在职或离职领导、院士、专家及相关的司厅局单位领导组成跨部门、跨行业横向的顾问机构——区块链改革（"链改"）国家指导小组（简称链改组）。这是一个汇合国家顶层高端力量，通过号召与领导来提升社会视野、凝聚全国共识的组织机构，是"链改"成为国家战略的集中体现，也是确保"链改"能够在全国顺利推进并取得成果的有力保障。

（2）由国家相关部委及其所属科研机构、实体企业及区块链技术企业

联合组建全国行动机构——区块链改革（"链改"）全国行动委员会（简称链改委）。链改委是将国家战略转变为具体政策和政务行动的组织领导机构，在指导思想及实施方案经链改组审核同意后，负责组建具体办事机构并落实推进。链改委对链改组工作负责，要定期向链改组汇报工作，及时汇报工作中出现的问题并提出科学而完善的策略方案。

（3）设立具体办事机构——区块链改革（链改）全国行动委员会办公室（简称链改办），由规划与宣导、技术与平台、资金与基金、学术与智库、实验室管理、试验区管理、服务队管理、超级节点等工作处、室构成。这是由链改委直接组建并进行具体工作的执行组织机构，其根据链改委的工作部署和指令严格、认真完成各项工作任务，并及时将工作中出现的问题向链改委汇报，也可以对链改委的工作规划内容提出建议。

链改办对于参与链改技术架构和部署的区块链技术企业，可以通过建设混合制国家级股份公司来组建"链改"国家技术团队；还可以联合全国各地掌握区块链核心技术的科技企业组建"链改"服务队，将各地区块链技术力量整合起来为实施"链改"提供技术保障。

可以鼓励区块链技术企业参与中国信息通信研究院等权威测试部门的可信区块链计划，在通过第三方测试后，加入"链改"服务队。

在各省市可以对应链改办设立省市级别的链改办，作为负责"链改"落地工作的地方机构。

链改组、链改委、链改办与各省市链改办，可以率先部署一套联盟链，以使各项工作在透明诚信的机制保障下顺利开展。这也是联盟链的优势，可以通过顶层设计，自上而下进行组建。这样也能为国家战略实施程序与方法提供一个具体的示范，如图9-1所示。

当然，在取得一定实践成果之后，由链改组在链改委充分调研的基础上向全国人民代表大会发起关于"链改"的立法工作，使"链改"能够在法治的轨道上健康运行。"链改"立法工作的完成将宣告"链改"国家战略的确立并为建设"诚信中国"奠定最为坚实的基础。

这个体系就是以"链"治"链"，从治理组织层面应用区块链技术，确保"诚信治理、坦诚治理、公开治理"，也就能确保领导全国全行业领域"链改"成功。

当然，要组建这些机构，开展并落实相关工作，必须有经费保障，这

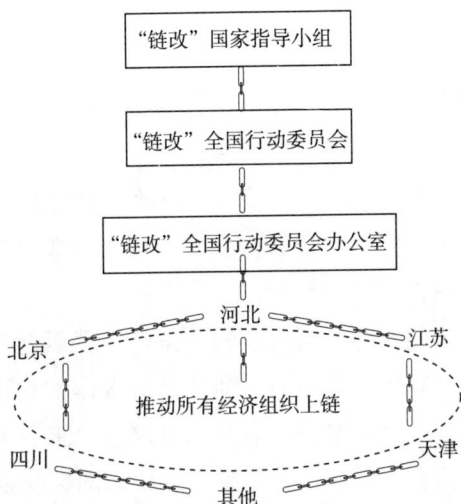

图 9 - 1 用联盟链管理的全国"链改"领导组织机构

是推进"链改"事业稳步前行的基础。如果"链改"成为国家战略，那么"链改"所需经费可以视为国家政府机构的经费，一般会由财政提供保障。

不过，相对于实际要部署区块链的地方政府、企业，国家层面的机构经费相对容易保障；而要推进全国各社会经济组织都"上链"，费用则是最大的问题。即便有些地方政府和企事业单位领导对于区块链技术改造有了深入认识，也会存在缺乏启动资金的问题。因此，国家级机构要研究出台政策，帮助条件成熟的经济组织尽快实施"链改"。一方面可以发挥各方力量，加强部门之间、中央和地方之间、政府与企业之间、企业与企业之间的沟通交流与良性互动。在充分利用现有资金渠道，盘活存量资金的基础上，探索建立市场化、多元化的经费投入机制，做好有关项目的经费保障工作。另一方面，既然"链改"是一种更高层次的"技改"，那么政府对"技改"进行扶助的资金，就可以用于"链改"。当然，也可以对参与"链改"的企业进行税收减免。

在市场化募集"链改"资金方面，可以由国家及全国各省市链改办发起成立"链改"产业发展基金公司，以市场化的方式汇集各方资金推动"链改"事业的发展。

在经费的申请、使用方面可以先部署一条联盟链，确保"链改"经费在公开、透明的基础上发挥最优效率。

"链改"也可以采取先试点、再全面推广实施的步骤。联盟链（而非公有链）作为"链改"的抓手，本身就是有试点的特点。各地各行业应用区块链技术组建的联盟链必然不是全国性的，一定是局部性的。这就为稳步推进"链改"提供了前提。

"链改"还可通过设立链改试验区、链改实验室的方式实施，并且可以采取由政府部门主导建立"监管沙盒"的方式，将"链改"置于完全可控的范围与程度之内。

例如，针对由赣州银行发起构建的"票链"联盟链，赣州市政府与工业和信息化部国家计算机应急中心、新华网等合作，共建赣州区块链金融产业沙盒园暨地方新型金融监管沙盒，同时建立"工业和信息化部互联网金融安全技术重点实验室赣州试验基地""新华网区块链与物联网应用双创试验基地"，运用区块链、大数据等先进技术加强地方新型金融监管，有效提升跨金融行业、覆盖多个金融市场的交叉性金融风险的识别、防范和化解能力，推动普惠金融和科技金融发展，服务实体经济。

"监管沙盒"由英国首创，并在澳大利亚、新加坡等多个国家实践。"监管沙盒"可以为金融科技、新金融等新兴业态提供"监管实验区"，支持创新企业有序发展，是极为有效的举措。区块链技术将推动金融监管从行为监管转向技术监管，让多方同时实现信息的对等和互动，对监管数据进行实时搜集、分析与监控，为金融健康规范发展开辟成长空间。

通过这些已经被技术与实践证明了的手段和方法，可以控制"链改"在全国的落地实施过程中的风险，健康地运行于构建"诚信中国"的轨道之上。

第三节　实现"链改"国家战略目标的立法建议

以"链"治"链"的治理组织可以依据现有法律来架构；但要促进区块链产业的健康发展，应该从国家层面尽快推动区块链立法。

2019 年 10 月 24 日，中共中央明确提出把区块链作为核心技术自主创新的重要突破口，加快推动区块链技术和产业创新发展。这是区块链行业落地"链改"工程，赋能实体，应用民生，走向诚信社会的新起点、新征程；也为"链改"立法、促进区块链产业蓬勃发展创造了良好的社会环境。

我国政府从 2013 年起，就关注并出台过加密数字货币与区块链相关的政策，至 2019 年年底，中共中央发布与区块链技术有关的文件 4 份，国务院及国务院办公厅出台区块链相关指导政策 13 份，国家部委发布与区块链相关的指导政策 32 份。这些政策所体现的与区块链有关的社会环境的发展变化与世界各国总体一致，即先谨慎对待，而后强力监管。对加密数字货币和代币，出台了严格监管的政策；对"无币区块链"联盟链的应用则加以鼓励。

但迄今为止，国家没有制定过针对区块链行业的专门法律。

2019 年 1 月，国家互联网信息办公室发布第 3 号令，颁布了《区块链信息服务管理规定》，这只是部门规章，且主要是对基于区块链技术或者系统，通过互联网站、应用程序等形式，向社会公众提供信息服务方面的管理规定。

在世界范围内，美国政府率先制定法律来规范区块链产业的发展。2014 年 6 月 29 日，美国加利福尼亚州发布了《数字货币合法化法案》（"AB‑129 法案"），规范了加密数字货币的性质定位及其风险管理。2018 年 8 月 3 日，美国俄亥俄州发布了一项新 SB220 法案，允许使用区块链技术传输和存储从金融服务到供应链管理、房地产和医疗保健等多个行业的电子记录。至此时，美国超过 70% 的州颁布了有关加密数字货币或区块链技术的法规。

2019 年 7 月 9 日，美国联邦国会批准了《区块链促进法案》（Blockchain Promotion Act of 2019）。该法案要求在联邦政府层面成立区块链工作组，共同制定美国联邦层面的区块链定义和相关标准，防止区块链技术在认知、管辖、立法等方面在州级层面碎片化，并为未来的区块链技术监管设置框架，以更好地推进区块链技术的创新，保持美国高新技术在"信息互联网"向"价值互联网"转变的趋势下继续处于全球领先地位。

韩国国会民主党议员、韩国科学技术情报通信部主席李相旻则于 2019 年 3 月 24 日发起了制定"区块链振兴和培育促进法案"的提案，希望建立区块链技术研究基础，培养专业人才并对区块链技术初创企业进行支援。2019 年 9 月 27 日，欧盟委员会在其发起的 EU Blockchain Observatory and Forum 上通过积极的讨论，提出了 8 项针对"区块链产业法"立法者与监管者的指导性原则，目的是使监管机构与立法者们制定出有利于区块链新产业健康繁荣发展的法律。

区块链技术涉及个人身份的认证以及数字化，资产数据的确权、共享、交易及隐私保护，还涉及数字合约的机器履行等诸多问题，没有明确具体的法律规范，产业难以健康发展。通过法律有序引导规范，为区块链产业的健康发展营造创新友好的法律环境，才能充分发挥区块链产业在推动社会经济发展中的重大作用。

这也是"链改"事业发展的重要一环。

本书建议从以下 4 方面来研究思考区块链规范。

一是要明确区块链的基础规范，如彻底禁止数字货币领域的 ICO；或者参考瑞士及新加坡的经验对 ICO 的经济功能做分类——支付类、应用类和资产类，明确规定哪一类是合法的。

对于区块链技术基础标准、区块链业务与应用标准、区块链在金融服务、供应链管理等行业领域的标准、区块链信息安全标准、区块链平台在网络层、数据层、合约层、激励层和应用层的信息安全标准，凡是能够明确的，也可以在法律中进行具体清晰的规定，从而构成区块链专门法的基础规范内容。

鉴于区块链是一门综合类新技术，对于区块链领域的技术概念，可以参考国际相应监管组织所下定义，对"加密算法""智能合约""共识机制""分布式存储"等做出简单、明确的定义。

二是要重点完善区块链金融领域的监管规范，严格监管主体和企业准入条件，并依照分权制衡的原则使监管主体的权力处于分立对等有效的被约束之中。在区块链企业发展金融业务的准入条件上，集中解决准入门槛和技术标准问题，设置科学而清晰的区块链金融企业准入门槛。

三是要保护区块链项目的试点应用。对不太成熟的试点采取观望或鼓励进入沙盒监管的模式，甚至提供豁免条款规范。从以往新兴行业的发展经验来看，政府职能监管机构过早干预技术运用，多会阻碍其正常发展，或者适得其反；明确给予观望期，适时再予以规范，反而会取得良好的效果。因此，在一些不太成熟的试点中，如分散式自治组织（DAO），可以由法律提供一些可先行观望的条件、标准，并在试点成熟时再进行密切关注或干预。

募集资金小额豁免制度也可以在区块链产业专门法律中加以明确，同时在立法上扩大"证券"的概念内涵，以适应区块链技术的发展变化。

在证券法修改的讨论中，募集资金的小额豁免一直有学者在倡导。这种制度也可以纳入区块链产业相关法律的条文，以帮助监管部门快速确定ICO项目所应遵守的具体法律情形，同时，ICO项目方也可以在发行代币前合理地避免法律风险。

四是要明确区块链技术本身作为监管工具的地位，对"以链治链"进行法律定位。这主要涉及对区块链技术中智能合约法律效力的确定。

智能合约实质上是自动执行的计算机编码，法律和合同条款可以通过它转化为简单而确定的基于代码的规则，这些规则将由底层区块链网络自动执行。技术规则承担和法律规则相同的作用和功能，它的优势在于法律自动执行，减少法律文本固有的不确定性，区块链技术也就成为自动监管的技术，智能合约的法律监管就能推进整个区块链法律监督机制的构建。

基于对区块链技术特性的理解，初步提出的上述建议应该有助于区块链产业法条文的研究拟订。这些内容通过法律条文的形式明确，履行立法程序生效后，无论是监管主体还是从事区块链技术发展的企业主体，就都有了可以依照执行的法律规范。

当然，制定区块链产业促进法是一项任重道远、艰难复杂的任务，需要相当多专业工作人员通过大量的访谈、调研，征询多方意见、反复讨论乃至博弈才有可能完成。结合《中华人民共和国立法法》的法律规定，应从推进区块链产业立法工作程序方面明确以下工作步骤。

第一步，由区块链行业的专业协会联合高校或产业主管部委，向全国人民代表大会提交促进区块链产业法的立法建议。

第二步，立法建议机构可先行配套资金成立立法研究团队。

第三步，研究团队展开立法研究，通过专业的各种研究方法，拟定撰写法律基础文本，同时向上述国家机关提交。

参 考 文 献

［1］习近平. 习近平谈治国理政［M］. 北京：外文出版社，2014.

［2］厉以宁. 中国股份制改革的历史逻辑［N］. 人民日报，2018 - 07 - 18（7）.

［3］廖博谛. 告别宏微观架构的经济学［M］. 北京：经济日报出版社，2018.

［4］科斯 R. 企业，市场与法律［M］. 盛洪，陈郁，译. 上海：格致出版社，2009.

［5］波普诺 D. 社会学［M］. 李强，译. 北京：中国人民大学出版社，1998.

［6］郑杭生. 社会学概论新修精编版［M］. 北京：中国人民大学出版社，2009.

［7］杨义先. 钮心忻安全简史［M］. 北京：中国工信出版集团，2017.

［8］埃尔 T. SOA 架构［M］. 李东，李多，译. 北京：机械工业出版社，2018.

［9］孙关宏，胡雨春，任军锋. 政治学概论［M］. 上海：复旦大学出版社，2008.

［10］尚帕涅 F. 区块链启示录：中本聪文集［M］. 陈斌，胡繁，译. 北京：机械工业
　　出版社，2018.

附录 "链改"语录

一、本书推荐语

本书著者凭借他们在计算机科学、数学、经济学、金融学、政治学等领域多年的理论与实践之积累，为"链改"事业提供了全面深刻的思想圭臬和务实有效的操作指南。

——赵小凡，工业和信息化部软件服务业司原司长、
中国软件行业协会原理事长

《"链改"——区块链中国方案》具有里程碑意义。一是为《中华人民共和国民法典》提出的自然人、法人、非法人组织三大民事主体"链通"提供了一个新思路；二是为中国社会经济广泛而深入地推动"治理效能"变革提供了一套新工具；三是为"区块链+中国治理"的应用场景提供了一个新范式。

——巨建国，全国知识管理标准化技术委员会委员，
原中国电子科技集团有限公司总经理助理、
规划计划部主任

随着数字经济的发展，企业必将朝着技术驱动的数据型企业方向发展，区块链作为核心驱动引擎，在企业的数字化战略中将发挥重要作用。"链改"是企业借助区块链实现数字化转型的可行性方案，本书详细讲解了"区块链中国方案"的理论与实务。

——赵忠抗，工业和信息化部机关原巡视员

"链改"不仅能在构建可信社会经济组织的前提下实现低成本融资，而且还能贯彻帕累托改进原则，实现社会形态的优化。本书从理论、政

策、法律、技术等角度全面讲解了"链改"的中国方案。

——艾安军，公安部十局原局长

《"链改"——区块链中国方案》一书，从政治、经济、社会、法律、技术等视角，对"链改"进行了全面而深刻的论述，为促进区块链技术在中国各领域的推广应用提供了新的启示和途径，意义重大。"链改"就是现实世界的区块链化，是区块链技术产业化与产业区块链化的必由之路，是建设诚信中国不可或缺的推手与工具。衷心希望在《"链改"——区块链中国方案》一书的指导下，更多的有识之士能够积极参与"链改"，为构建诚信而美好的中国社会做出努力。

——张序国，科技部火炬高技术产业开发中心原党委书记

本书系统而扎实的理论阐述及案例分析，为政府的管理工作和经济发展工作提供了具有建设性的建议，"区块链中国方案"确为实至名归。

——许国禄，工信部运行监测协调局原副巡视员，中国国际经济交流中心
创新发展研究所副所长

二、"链改"理论"七君子"（按姓氏笔画排序）

区块链是全球基础设施非常最重要的一次迭代和升级，未来三年，区块链将成为人们生活中必不可少的事物，如同自来水、交流电、云服务、4G 网络。

同时，"区块链 +"会引发基础设施建设模式的变革，由过去单一主体建设、多方使用的传统模式，变为多方利益相关人"共建、共治、共享、共赢"的创新模式，并将极大地提升新型基础设施建设的速度，也会大幅提升新型基础设施带动社会经济发展的"乘数效应"。

"链改"对产业影响的速度、广度和深度将是互联网的十几倍，产业互联网时代也是产业区块链时代。因此，认识区块链、掌握区块链、用好区块链将是未来社会生存的基础性技能。

——于佳宁，中国通信工业协会区块链专业委员会（CCIAPCB）
终身副主任委员

"链改"依托区块链、通证和共识社区，构筑基于信任、激励和组织三大机制的治理新逻辑，万业可用，万人可进。"链改"通过企业资产通证化、数字金融和产业数字化快速发展，以及国家治理体系升级，为工业时代转向数字时代百年级别财富增长提供不竭动力！

——朱幼平，中国通信工业协会区块链专业委员会（CCIAPCB）终身副主任委员

区块链是技术化的制度，"链改"是制度层面的技术升级。

——孟岩，中国通信工业协会区块链专业委员会（CCIAPCB）
终身副主任委员

"链改"的本质是一场协同融合的产业革命，区块链的技术理念最终将改变所有行业的商业格局，这个过程是商业模式的创新，也是资源整合、结构调整、流程优化的过程，我们有幸参与其中，这值得我们所有人为之付出一切！

——武源文，中国通信工业协会区块链专业委员会（CCIAPCB）
第一届、第二届副主任委员

公司制被称为现代企业制度，而上市公司是公司制的最高形式，因为上市公司在证券市场整合资源和各类生产要素的效率最高。所谓的"股改"，就是让企业上市。"链改"，则是将以上市公司为代表的企业作为整合的对象打造产业生态。由于这些企业之间既非上下级，也没有股权关系，需要通过"链改"加强彼此之间的信任来降低交易费用。

——程晓明，中国通信工业协会区块链专业委员会（CCIAPCB）
终身副主任委员

区块链技术的核心价值是存证和通证，通证有丰富的含义，是快速达成共识的重要工具。期待中国政府率先赞助通证发行的"链改"，将资源引向政府最为鼓励的关键产品研发或技术攻关领域，引导市场力量快速应对公共事务和治理中的突发事件。

——蔡恒进，中国通信工业协会区块链专业委员会（CCIAPCB）
终身副主任委员

区块链技术是打造"两两可信互信"的机器,"链改"的普及深入是建设诚信社会的机制。

——廖博谛,中国通信工业协会区块链专业委员会（CCIAPCB）
第一届联席秘书长

三、"链改"行动联合发起人

"链改"是加快区块链与大数据、物联网、人工智能深度融合,打通创新链、应用链、价值链在各应用领域赋能经济发展的一次重大革命。

——王军,中国通信工业协会区块链专业委员会（CCIAPCB）
共创人、第一届主任委员

理论先导为技术发声,应用落地为产业服务。"链改",区块链的中国方案,赋能实体经济,构建诚信社会。

——何超,中国通信工业协会区块链专业委员会（CCIAPCB）
共创人、秘书长

区块链是第五次工业革命,是关系科技进步,赋能制度创新、机制改革、商业模式重构、可信价值网络建设、分布式存储等的有效思维与手段,落地路径在于工程化。"链改"成为可操作路径共识的最大公约数,可以用上链、上市表达。可信与过程数据上链的目的在于价值创造与发现的可信数字化,相当于给价值上了"户口",也就是可信数字身份;上市的目的在于价值流动,相当于给了账号,可以互联、互通物理世界与数字世界的价值交换。应加速区块链分布式商业落地,同时30万亿元新基建及未来应用是区块链主战场。

——吴高斌,中国通信工业协会区块链专业委员会（CCIAPCB）
第一届副主任委员兼联席秘书长

四、"链改"技术"七大牛人"

在数据产生的源位置就近进行计算和存储,是面向物联网的下一代网络的必然发展方向，这使得分布式的存储和计算成为下一代网络的基础设施。

在数据经济时代，用户数据可以物化为某种形式的财产权。因此，包含个人私密信息的用户数据，既需要作为私密保护予以考虑，也需要作为财产保护予以考虑。

——李祥明，中国通信工业协会区块链专业委员会（CCIAPCB）
第一届副主任委员

区块链，能在互不信任的各方之间自动、高效、低成本地实现信任的建立、累积、传递，甚至基于历史积累创造信任。区块链的分布式信任，具有作为数字时代的信任基础设施，助力实现降本、增效、增信，而且能够改造现有的业务模式，甚至催生新的业务模式的潜力。但是，现实的应用复杂多样、众口难调，基本上要求安全、私密，大多是互联互通、交叉获客，由小生态形成大生态。堪当数字时代信任基础设施的区块链平台，必须是高性能、可调节的区块链，以适配不同场景可能不同甚至冲突的资源、规模、性能、安全等偏好；必须是真正支持私密应用，做到支持数据和代码在区块链节点上的"选择性存在"的区块链；必须是多链融合、无限扩展、交叉获客、全生态背书的区块链集群，能真正解决区块链孤岛问题，支持形成可信的数字全生态。

——张建钢，中国通信工业协会区块链专业委员会（CCIAPCB）
第一届副主任委员

区块链作为构建秩序、规则和信任的典型技术集成手段，在新基建数字化基础上提供了可追溯机制和多方高效协同等能力，区块链技术集成后将呈现出突破性、高层次的协同效应，将引发产业链重构、发展中国经济。

——李伟，中国通信工业协会区块链专业委员会（CCIAPCB）
终身副主任委员

区块链对生产关系方面的革命被过度强调了，但对其提高生产力方面的思考则非常不到位。这导致了两个问题，第一，很多旨在革新生产关系的区块链方案要解决的是不存在的问题；第二，真正解决生产力问题的区块链方案凤毛麟角。

——邓琦，中国通信工业协会区块链专业委员会（CCIAPCB）

终身副主任委员

"链改"顺利与否依赖于区块链生态的安全防护和保障。如果区块链系统本身存在安全漏洞，则区块链系统及其"链"上行为将会失败，并且带来不可估量的经济损失。系统安全检测、安全监控、安全预警报警、安全监管等防范技术，可以为"链改"项目提供全生命周期的安全解决方案。助力"链改"，使区块链产业健康、安全地发展，使其更迅速、更成熟地应用于各社会场景之中，对经济发展有举足轻重的作用。

——杨霞，中国通信工业协会区块链专业委员会（CCIAPCB）

终身副主任委员

数据社会中三项最重要的技术——物联网、人工智能、区块链是相互支撑、相互融合的。物联网代表对现实社会的直接数据感知，解决了数据社会海量数据的有效产生问题。人工智能代表对现实社会的有效数据的应用问题，没有人工智能，数据社会中海量的数据无法获得高效、及时、精确的应用。区块链是黏合剂和赋能平台，把现实社会中数据的生产关系直接映射到数据社会中，解决了数据社会中不同维度、不同来源、不同质量的海量数据实体之间的可靠、有效的数据聚合、分发、交易和流通问题。三者缺一，就很难形成一个闭环完整有效的，覆盖数据采集、传输、存储、管理、交易、应用全生命周期的良好生态。

"链改"做什么呢？"链改"就是针对具体行业、具体应用领域，以区块链为产品和技术纽带，有效地聚合相关资源，打造可落地实施的、可评估的、可持续发展的、可复制的产业生态。

——彭波，中国通信工业协会区块链专业委员会（CCIAPCB）

终身副主任委员

新基建物联网方兴未艾，"链改"物联网，犹如给"猛虎"插上了"翅膀"。

——王刚，中国通信工业协会区块链专业委员会（CCIAPCB）
终身副主任委员

五、"链改" 33 先锋

区块链技术的核心价值，从生产数据、销售数据"上链"，到区块链溯源体系，到区块链的结算体系建设，谁能够率先打通区块链的真实数据"上链"，并通过区块链打通跨境贸易结算，谁就有可能在下一波经济全球化中掌握主动权和话语权。中国的法定数字货币项目（DCEP）应该迅速抓住新型冠状病毒肺炎疫情下贸易全球化的机会，抓紧推出服务于全球化的数字资产DCEP，将中国的生产、销售、跨境贸易结算贯穿始终，打通供应链体系。中国有望引领世界经济的新一轮竞争。

——段仁洪，中国通信工业协会区块链专业委员会（CCIAPCB）
第一届副主任委员

信息互联网时代让数据进行流通，价值互联网时代让数据产生价值。"链改"正是借助了区块链构建的"账本"，以透明公开、不可篡改、社区自治、容易追溯等特征，构建基于信任机制的基础设施，为企业进行区块链改革带来时代的红利。

——李志皎，中国通信工业协会区块链专业委员会（CCIAPCB）
终身副主任委员

"链改"使更多的上市企业实现平凡化、公开化、公正化、可信化。

——严峥，中国通信工业协会区块链专业委员会（CCIAPCB）
第一届副主任委员、第二届常务副主任委员

区块链所架构的"价值网络"要比互联网的"信息网络"更具价值，"链改"就是要把这种价值更充分地释放出来。

——胡建雷，中国通信工业协会区块链专业委员会（CCIAPCB）
第一届副主任委员

区块链改变世界的程度将远远超过互联网。企业拥抱区块链，从"链改"开始！

——侯月文，中国通信工业协会区块链专业委员会（CCIAPCB）
第一届常务副主任委员

"链改"共识定义是什么？为何"链改"，"链改"什么，如何"链改"？"链改"能为实体企业在本质上提供什么，或许是实体企业更加关注的。

——吴庆豹，中国通信工业协会区块链专业委员会（CCIAPCB）
终身副主任委员

互联网的诞生，让信息实现了全球同步；区块链的诞生，让价值实现了全球同步；新型冠状肺炎病毒把人与人之间的信任和健康问题推到了首位，而"区块链＋物联网＋大数据＋人工智能"，无疑是解决信任的最佳技术，没有之一。"链改"是有效路径。

——邓详达，中国通信工业协会区块链专业委员会（CCIAPCB）
第一届副主任委员

21世纪初ERP（企业资源计划）助力中国企业，使其管理能力上了一个台阶，我相信"链改"会帮助中国企业在模式创新上领先全球。很荣幸20年前参与了那次变革，同时也很幸运现在能投身于"链改"的浪潮中，成为"链改"行动的践行者。

——尚堃，中国通信工业协会区块链专业委员会（CCIAPCB）
第一届副主任委员

"链改"既是应用创新，更是思维创新。通过坚持技术落地之路，科学地推动传统产业结构调整和升级赋能，是我们每个行业参与者的责任与使命。

——李海明，中国通信工业协会区块链专业委员会（CCIAPCB）
第一届副主任委员

"链改"推动区块链高质量、深度融入产业的新生态，为赋能实体经济发展带来新的机遇；同时，"链改"加速区块链产业落地。我们有幸参与并见证了这一过程。

——李颖，中国通信工业协会区块链专业委员会（CCIAPCB）
第一届、第二届副主任委员

数字化浪潮从信息革命开始，经历了数字贸易、数字营销、数字工厂、数字金融、数字商业，再到数字信用，以数字经济为依托的数字社会形态正在形成。区块链技术是数字经济的基石，它的出现深刻影响着交易方式与价值创造，为人类价值流动提供了新的信用手段。推动"链改"，将引领产业深刻的变革与创新，促进社会进入数字信用时代。

——王东，中国通信工业协会区块链专业委员会（CCIAPCB）
第一届副主任委员

实体产业的健康、有序发展离不开信息技术的支撑，也依托于公司治理结构的升级。区块链技术在数据存储、数据传输、数据一致性检验的研究与发展上都具有突破性，其技术先进性、系统健壮性，多中心化的数据治理模型也引起了技术从业者、公司高级管理人员、国家领导层多个维度的关注、参与和应用实践。

"链改"推动者既是区块链社会实践的探索者，也是顺势而为的先行者，用区块链技术武装实体产业、构建信用数字时代是我们的共同目标。

——尹瑞春，中国通信工业协会区块链专业委员会（CCIAPCB）
第一届副主任委员

工业时代让人们走向富裕、安康的生活。互联网时代让全球信息公开、透明化，人们的生活更便捷，世界在变小。区块链时代则是在建立共识、信任、共建、共管、共荣的世界。区块链的第一个时代实现了数字金融全球化，而"链改"的目标就是让大家行动起来发挥区块链的作用，使其走进人们的生活，为人们的衣食住行做好生态服务，体现它的生活属性，服务于社会，服务于人民。

——杨玉龙，中国通信工业协会区块链专业委员会（CCIAPCB）
第一届副主任委员

　　在历史发展长河中，每一次技术革命都会带来财富的重新分配，而区块链技术的革命不仅改变财富的创新方式，而且改变财富的分配方式。"链改"将使新兴区块链企业在新的技术革命中成为新的独角兽企业。

——林国栋，中国通信工业协会区块链专业委员会（CCIAPCB）
第一届副主任委员

　　区块链及"链改"不是万能钥匙，但能被它打开的锁，绝对是一把金锁。

——柴伟翔，中国通信工业协会区块链专业委员会（CCIAPCB）
第一届副主任委员

　　"链改"为引导社会应用区块链技术、构建诚信社会而努力奋斗。

——周华，中国通信工业协会区块链专业委员会（CCIAPCB）
第一届副主任委员

　　区块链是数据时代的核心工具，"链改"是实体企业转型的发展基础。

——胡见华，中国通信工业协会区块链专业委员会（CCIAPCB）
第一届副主任委员

　　"链改"是区块链技术赋能实体经济的一次工业革命！

——张如铁，中国通信工业协会区块链专业委员会（CCIAPCB）
第一届副主任委员

　　区块链技术可理解为无法篡改、便于追根的只写技术或只写功能，应用和推广区块链技术能够在各行各业建立起自律与有效监控的良性机制，能够保证和快速推进各行各业在有事实依据的信任前提下健康发展，进而带动社会进入真实、互信、公正、公开的新纪元！

　　"链改"就是迎来这一新纪元的助推器！

——徐建新，中国通信工业协会区块链专业委员会（CCIAPCB）
第一届副主任委员

"链改"是开启数字经济时代大门的钥匙。

——王书伟，中国通信工业协会区块链专业
委员会（CCIAPCB）终身副主任委员

"链改"就是一群守法的人做成一件合法的事。

——王扬，中国通信工业协会区块链专业
委员会（CCIAPCB）终身副主任委员

改革开放，已使中国赶上全球工业进程；

实业"链改"，将使中国引领新的科技革命；

金融"链改"，将确立中国在国际金融秩序中主动主导地位。

——刘海林，中国通信工业协会区块链专业
委员会（CCIAPCB）终身副主任委员

"区块链＋数据经济"的未来，关键在于核心技术的创新和应用，在于行业领军企业与人物发挥更大作用。"链改"和数据经济的发展将为企业转型升级和创新发展增添活力。

——向凌云，中国通信工业协会区块链专业
委员会（CCIAPCB）终身副主任委员

自小多才学，平生志气高。别人怀宝剑，我有区块链！天若有情天亦老 人间正道是"链改"。"链改"是宣言书，"链改"是宣传队，"链改"是播种机，"链改"是火箭军，天要下雨，企要"链改"！Blockchain Changes the World（BCW）！

——麻白三国，中国通信工业协会区块链专业
委员会（CCIAPCB）终身副主任委员

区块链不是万能的，可是今天的世界万万不能没有区块链。这就是区块链的魅力与能力，区块链将世界万物一一载入，"链改"才是永恒不变的未来！

——李蕴光，中国通信工业协会区块链专业
委员会（CCIAPCB）终身副主任委员

"链改"，既是技术改造，又是体制改革，是两者的有机结合。

————甘华鸣，中国通信工业协会区块链专业
委员会（CCIAPCB）终身副主任委员

"链改"如同互联网兴起时的信息革命，推动区块链技术、分布式信任共识发展新机制成为下一代互联网发展的新方向、新需求。

————晏梓桐，中国通信工业协会区块链专业委员会（CCIAPCB）
第一届副主任委员

人类从电力时代开启了算力时代（算力，即哈希率），算力将会成为数字化经济生态的核心竞争力。而"链改"行动积极推动了这一趋势，本质上让社会价值的分配更公平、更合理。

————李林春，中国通信工业协会区块链专业委员会（CCIAPCB）
第一届副主任委员

随着人类科技进步，区块链技术将赋能实体企业，重构商业生态。面对未来的无限可能，有志者无畏，对区块链数字金融和企业"链改"的信仰支撑着我与志同道合的先行者们一起开拓"链改"事业！

————林新生，中国通信工业协会区块链专业委员会（CCIAPCB）
第一届副主任委员

人类社会加快步入数字化时代，全球人类命运共同体将成为发展共识，区块链信任社会基础设施体系将成为重要基石！"链改"不但是一种技术革新，更是一种理念升华，共管、共治、共赢才是人类社会可持续发展的永恒目标！

————闫昶德，中国通信工业协会区块链专业委员会（CCIAPCB）
终身副主任委员

互联网创建了一个令全世界疯狂的信息时代，区块链将开创一个全新的信任时代。价值的前提是信任，区块链将创建一个人类史上前所未有的价值时代，"链改"是实现这一目标的基础，"链改"可逐渐改变人们的思

维体系, 重建全新的生产关系、社会关系, 进而实现全民共建、共享、共赢、共荣的目标!

——宋登峯, 中国通信工业协会区块链专业委员会(CCIAPCB)

第一届副主任委员

互联网改变了人们传递信息的方式, 而区块链改变了人们传递价值的方式, 因此我们把区块链称为价值互联网。20 年的时间, 互联网已经完全融入了我们生活的方方面面。我坚信区块链的价值将是数倍于互联网的, 并将以更快的速度影响现实生活中的各行各业。"链改"为区块链的高速发展指明了前进的道路。

——李栋杰, 中国通信工业协会区块链专业委员会(CCIAPCB)

第一届常务委员

"链改"是对习近平总书记提出的"区块链技术的集成应用在新的技术革新和产业变革中起着重要作用"的诠释和有效践行。

——窦俊, 中国通信工业协会区块链专业委员会(CCIAPCB)

第一届执行秘书长